广东省高等学校名牌专业教材

管理科学与工程类专业应用型本科系列规划教材

应用信息经济学简明教程

YINGYONG XINXI JINGJIXUE JIANMING JIAOCHENG

◎ 杨伟隆 / 编著

华南理工大学出版社
SOUTH CHINA UNIVERSITY OF TECHNOLOGY PRESS
· 广州 ·

内容提要

本教程主要介绍了信息经济学的基本概念、基本方法和基本理论，并配置了典型的真实案例。全书分七章，即导论、博弈论、委托代理与激励、逆向选择、信任与信誉、信息商品与市场和信息经济的测度理论。

本教程参考国内外众多信息经济学著作、教材和一些最新的研究成果。其特点：一是内容特别适合应用型本科大学的人才培养需要；二是教材知识体系系统化、逻辑清晰；三是各章均配有真实案例，可提高应用理论解释和分析问题的能力。

本书可作为应用型本科大学信息管理与信息系统、电子商务、经济学等管理类或经济类专业的教材，也可以作为信息管理、信息经济及相关领域的工作人员的培训教材和自学参考书。

图书在版编目（CIP）数据

应用信息经济学简明教程/杨伟隆编著. —广州：华南理工大学出版社，2017.2
管理科学与工程类专业应用型本科系列规划教材
ISBN 978-7-5623-5182-5

Ⅰ. ①应…　Ⅱ. ①杨…　Ⅲ. ①信息经济学-高等学校-教材　Ⅳ. ①F062.5

中国版本图书馆 CIP 数据核字（2017）第 008219 号

应用信息经济学简明教程
杨伟隆　编著

出 版 人： 卢家明
出版发行： 华南理工大学出版社
（广州五山华南理工大学 17 号楼　邮编：510640）
http://www.scutpress.com.cn　Email: scutc13@scut.edu.cn
营销部电话：020-87113487　87111048（传真）
策划编辑： 潘宜玲　胡　元
责任编辑： 谢茉莉
印 刷 者： 佛山市浩文彩色印刷有限公司
开　　本： 787mm×1092mm　1/16　**印张：** 11.5　**字数：** 310 千
版　　次： 2017 年 2 月第 1 版　2017 年 2 月第 1 次印刷
定　　价： 29.00 元

前　言

信息经济学是一门不断创新、与时俱进的新兴学科。自1959年被作为正式的学科概念提出后，经历了半个多世纪的发展，已成为现代主流经济学的主要部分，成为学术界积极开拓的重要领域。信息经济问题越来越成为人们经济生活中关心的问题，信息经济学为人们提供了切实可用的分析方法和理论，其对经济与管理实践的指导意义已不容忽视。

本教材共分7章。第1章主要介绍信息经济学的发展历史、研究对象和基本内容，介绍了不确定性、风险和信息等基本概念和风险决策理论等基础知识；第2章作为信息经济学的主要研究方法，重点介绍博弈论的基本理论、模型和应用；第3章介绍委托代理与激励理论基础，主要探讨道德风险模型、激励机制设计和基本的约束机制；第4章介绍不对称信息下的逆向选择模型、信号传递模型与信息甄别模型及应用；第5章分析了信息不对称与市场信任问题、市场信誉机制的作用，并探讨了企业信誉的建立；第6章探讨了信息商品与市场问题，包括信息商品的概念、特点，信息搜寻理论和信息商品的成本与定价；第7章主要介绍信息经济及测度的基本理论。

本教材的主要特色：一是参考国内外众多信息经济学研究文献和教材以及一些最新的研究成果，特别针对应用型本科大学的培养目标、教学的实际需要和学时的制约进行了取舍；二是对信息经济学的主要内容进行了梳理，力求在知识点较全面，体现知识体系内在逻辑的联系与递进的基础上，把不对称信息经济学与信息经济研究两部分内容有机地统一起来（如下图）；三是特别体现理论的应用性，各章均有紧扣本章内容的实际案例与应用，要求在一般信息经济学理论阐述的同时，结合具体的经济现象进行信息经济学分析，使学生能够将学习到的理论知识和方法真正运用到实际中去。

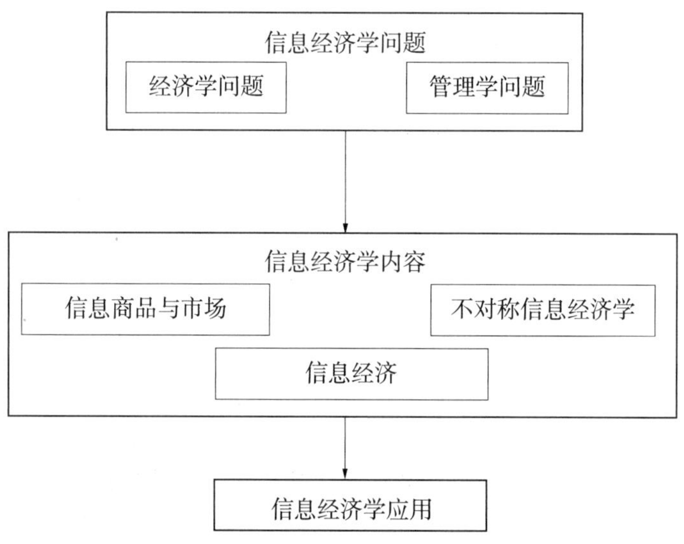

本书是本人多年教学经验积累的成果，感谢华南理工大学出版社给予的机会和支持，相信本书的出版将给予我教学极大的鼓舞。本书在编写过程中，得到了多方面的大力支持，同时参考和摘编了许多专家和学者的相关论著和教材，有的在参考文献中已列出，但难免有遗漏，在此向所有的专家和学者深表谢意！

本书可作为应用型本科高等学校信息管理与信息系统、电子商务、经济学等管理类或经济类专业的教材或教学参考书。对于信息管理、信息经济及相关领域的理论和实践工作者也具有一定的参考价值。因水平有限，书中难免有疏忽遗漏甚至认识肤浅之处，敬请专家和读者批评指正。

作　者
2016 年 12 月

目录

第1章 导论

1.1 信息经济学的产生与发展[①]

人类社会的经济活动可以分为两类：一类主要与物质和能量的转换有关，构成物质经济；另一类主要与知识、信息形态的转换有关，构成信息、知识经济。纵观人类历史，可以说每一项技术进步和社会进步都离不开信息的积累和知识的增进，但是由于在以往的社会经济活动中信息和知识投入所占比例有限，更新速度缓慢，对社会经济结构不足以产生根本性的影响，致使传统的物质经济在人类几千年的生产活动中一直占据着主导地位。

第二次世界大战后，令人瞩目的信息革命开辟了信息时代。现代科学技术和社会经济迅速发展，导致社会信息总量与知识总量的激增和传递手段的不断更新，知识、信息的经济价值逐步引起人们的高度重视。20世纪50年代以来，随着电子计算机、光纤通信技术、卫星通信技术的出现和普及应用，发达国家的经济结构、产业结构、就业结构和经营方式等都发生了新的变化，科学技术创新的突破对经济发展的推动日益增大，科技进步对经济增长的贡献率日益提高，知识、信息作为物质、能源之后在国民经济中所占比重越来越大，已日益成为社会发展的重要资源，以知识和信息为依托的新兴经济结构正在形成和发展。

美国是推动世界进入信息时代、知识时代大变革的主要发源地，信息经济的启蒙思想可追溯到20世纪20年代。伟大的美国经济学巨匠、制度经济学鼻祖托斯丹·邦德·凡勃伦（Thorstein B Veblen）1918年在他的《资本的性质》一书中就曾提出，知识的增长构成财富的主要来源。美国经济学家富兰克·奈特（Frank Hyneman Knight）在1921年出版的《风险、不确定性和利润》一书中，发现了“信息是一种主要的商品”，并注意到各种组织都参与信息活动且有大量投资用于信息活动，他已把信息与市场竞争、企业利润的不确定性、风险联系起来，认识到企业为了获取完备的信息必须进行投入的重要性。在随后的40年里，哈耶龙、马尔萨克、阿罗和西蒙等著名经济学家均对信息经济学的思想启蒙作出了巨大的贡献。

1959年，美国经济学家马尔萨克（J. Marschak）发表了《信息经济学评论》一文，这标志着信息经济学的正式诞生。马尔萨克首次使用了信息经济学（economics of information）一词，提出研究经济学特有的信息范畴问题，讨论了信息的获得使概率的后验条件分布与先验的分布存在差别的问题，后来又研究了最优信息系统的评价和选择问题。1961年，美国著名的经济学家乔治·丁·斯蒂格勒（C. Stigler）1961年在美国《政

① http://bbs.pinggu.org/forum.php?mod=viewthread&tid=2907336&page=1

治经济》杂志上发表了著名论文《信息经济学》，他研究了信息的成本和价值、信息对价格和工资以及其他生产要素的影响，第一次将信息作为经济活动的要素和经济运行的机制加以研究。他指出经济行为主体掌握的初始经济信息是有限的，是不完全信息，这就决定了经济主体的经济行为具有极大的不确定性，提出了信息搜寻理论，后来还在 1977 年指明，应当用不完全信息假设来替代有完全信息的假设，以修正传统的市场理论和一般均衡理论。

在 20 世纪 60 年代，赫伯特·西蒙、肯尼思·阿罗等一批欧美经济学家率先对传统经济学的“完全信息假定”提出质疑。20 世纪 70 年代，乔治·阿克洛夫、迈克尔·斯彭斯、威廉·维克里、詹姆斯·莫里斯、杰克·赫什雷弗、格罗斯曼、乔治·斯蒂格勒等知名学者均从现实的制度安排和经济实践中发现，行为者拥有的信息不仅是不充分的，而且其信息的分布是不均匀、不对称的，而这将严重影响市场的运行效率并经常导致市场失灵。这一发现构成了不对称信息经济学产生和发展的重要基础，针对“不对称信息”概念展开的信息经济学研究正式兴起。从此出发，不对称信息经济学逐渐形成了包括信息形式及效用、委托代理理论与激励机制设计、不利选择与道德风险、市场信号模型、团队理论、搜寻与价格离散、拍卖与投标、最优税制理论以及信息资源配置等内容在内的微观分析基础。这一时期的研究主要从具体应用和基础理论两方面展开，为西方信息经济学的产生奠定了理论基础。

在 20 世纪 70 年代后，不少经济学家在考察作为经济行为变量的信息的不完全性和不完备性以及需要支付成本等因素的同时，进一步分析了信息的非对称性对市场运行的影响，导出了种种理论。其中诺贝尔经济学奖获得者、美国著名经济学家肯尼斯·阿罗（K. J. Arrow）1972 年出版的《信息经济学》论文集，着重从微观和理论方面探讨了信息的经济含义、信息的价值和成本、信息不对称导致市场失灵、不完全信息与风险转移等重要问题，被学术界誉为信息经济学领域的开创性著作，他 1984 年出版的《信息经济学》论文集，又对信息经济进行了开拓性的研究。1991 年诺贝尔经济学奖获得者科思（R. Coase）也十分重视信息对经济行为的影响，他提出了“交易费用”概念，而信息成本是构成交易费用的重要部分。

就信息经济的研究而言，1962 年美国普林斯顿大学教授马克卢普（F. Machlup）把知识生产的理论研究与其统计调查结合起来，出版了一本专著《美国的知识生产和分配》。该书于 1966 年被译成俄文，1967 年出了第 3 版，1968 年又被译成日文，至 70 年代还先后被译成法、德、意以及西班牙语。书中提出知识产业与知识职业问题，并对 1958 年美国知识产业的生产进行了统计测定（1958 年美国知识产业的产值占国民生产总值的 29%，在知识产业部门工作的就业人数约占全部就业人数的 31%）。在美国国内对该书的引用与评论延续了 10 多年，甚至有学者认为知识产业的发展将会改变传统的经济及其经济学。1980 年至 1983 年，马克卢普又扩展上述研究，并对美国知识产业的统计测定进行更新，陆续出版了《知识：它的生产、分配和经济意义》多卷本著作，其中第一卷为《知识与知识生产》。

波拉特（M. Porat）在马克卢普对知识产业研究的基础上，于 1977 年完成了《信息经济》9 卷本内部报告。其中第一卷是他的基本观点和主要方法的总结。他把产业分成农业、工业、服务业、信息业，把信息部门分为第一信息部门（向市场提供信息产品和信息服务的企业所组成的部门）、第二信息部门（政府和企业的内部提供信息服务的活动所组成的部门），通过产出与就业两个方面，运用投入产出技术，对1967年美国的信息经济的规模和结构做了详尽的统计测算和数量分析。这种方法不仅引起美国商务部的重视，而且于1981年被经济合作与发展组织（OECD）所采纳，用来测算其成员国的信息经济的发展程度。

1979年首届国际信息经济学学术研讨会召开，信息经济学研究开始引起世界各国的重视，1979年丁·希契莱福门（D. Hirsshleifer）和赖利（J. G. Riley）从与不确定性经济学关系的角度对信息经济学的有关基本问题、基本概念进行了研究，对信息经济学的完善作出了贡献。1983年《信息经济学和政策》国际性学术杂志创刊。西方对信息经济学的研究更是蓬勃展开，“信息”一词在经济学著作、论文中出现的频率日益提高，许多著名经济学家都开展了信息经济学的研究，使得信息经济学成为当代西方经济理论的一个热点。

进入1980年代中期，随着世界新技术革命尤其是信息技术革命的兴起以及它的影响的扩大，信息经济学开始从发达国家向发展中国家传播。我国学术界对信息经济学的研究正是从这一时期开始的。

20世纪90年代以后，随着信息经济学理论开始日益系统化、逻辑化，有关专著与文集相继出版，各方面研究更加深入，并不断有学者的信息经济学成果获得诺贝尔经济学奖。如约翰·福布斯·纳什、约翰·海萨尼和莱茵哈德·泽尔腾因在非合作博弈的均衡分析理论方面作出了开创性的贡献，对博弈论和经济学产生了重大影响，获得1994年度诺贝尔经济学奖；维克里（W. Vickrey）和莫里斯（J. Mirrlees）两人因从事非对称信息条件下的激励理论研究而同获1996年度诺贝尔经济学奖；阿克洛夫（G. Akerlof）、斯彭斯（M. Spence）和施蒂格利兹（J. E. Stigliz）一起因研究信息不对称理论获2001年度诺贝尔经济学奖；美国明尼苏达大学经济学教授赫尔维茨（Leonid Hurwicz）、新泽西普林斯顿高等研究院讲座教授埃里克·马斯金（Eric S. Maskin）、芝加哥大学经济学教授罗格·迈尔森（Roger B. Myerson）由于对机制设计理论（mechanism design theory）研究的贡献共同获得2007年诺贝尔经济学奖。这标志着信息经济学已经成为当前经济学最活跃的研究领域和最为关注、探讨最多的领域，特别是在世界范围市场经济发展的推动下，在全球信息化浪潮风起云涌的形势中，信息经济学正在与时俱进，不断发展。这主要表现在传统的经济学理论如生产力要素理论、边际效益递减理论、规模经济理论、企业治理理论、经济周期性理论等，不断受到信息经济学研究的进一步审视，并得以修正和完善；有关信息基础设施经济问题的研究，国际信息贸易与其相关的投资、金融等问题的研究，以及电子商务、数字经济、网络经济、知识经济等问题的研究也急剧增长，信息经济学已经成为当前主流经济学的主要部分。

1.2 信息经济学的研究内容[①]

信息经济学的研究从一开始就有两条主线：

一是以弗里兹·马克卢普（Fritz Machlup）和马克·尤里·波拉特（Mac Uri Porat）

---

① http: //bbs. pinggu. org/forum. php?mod = viewthread&tid = 2878350&page = 1.

为创始人的宏观信息经济学。宏观信息经济学又称情报经济学、信息工业经济学，以研究信息产业和信息经济为主，是研究信息这一特殊商品的价值生产、流通和利用以及经济效益的一门新兴学科。宏观信息经济学是在信息技术不断发展的基础上发展建立起来的，是经济学的重要领域。

二是以斯蒂格勒和阿罗为最早研究者的西方信息经济学、微观信息经济学。微观信息经济学又被称为理论信息经济学，是从微观的角度入手，研究信息的成本和价格，并提出用不完全信息理论来修正传统的市场模型中信息完全和确知的假设。重点考察运用信息提高市场经济效益的种种机制。因为主要研究在非对称信息情况下，当事人之间如何制订合同、契约，以及对当事人行为的规范问题，故又称契约理论或机制设计理论。

从本质上说，西方信息经济学是非对称信息博弈论在经济学上的应用，是微观经济学的新发展。博弈论研究的问题是决策各方的行为发生相互影响时各自的决策以及这些决策所能达到的均衡，而信息经济学研究的问题则是决策各方的行为发生相互影响时存在着非对称信息。

1.3 信息经济学的基本概念

社会经济系统是不确定性系统，人们的行为和决策都是在不确定性条件下进行，于是总希望尽可能地消除或转移风险，以便将注意力集中在更重要的问题上，虽然各种风险转移制度和机制发展起来了，但风险是不可能完全转移出去的，人们的多数决策必须在风险环境中做出，风险和不确定性成为影响决策的重要因素。风险和不确定性归根结底是信息问题，在社会经济系统中，完全信息、对称信息几乎是不存在的，信息不完全、不对称是常态，信息分布的形式是影响经济效益和决策的重要因素，所以对风险和信息问题的分析、研究是信息经济学发展的基础。

1.3.1 不确定性

当一项决策产生且只产生一种可能的结果时，决策的结果是确定的，没有不确定性可言。例如在一个力学系统中，给定物体当前的位置、状态，施加一个力，物体运动的速度、方向是可以计算的唯一的值，如图 1.1 所示。

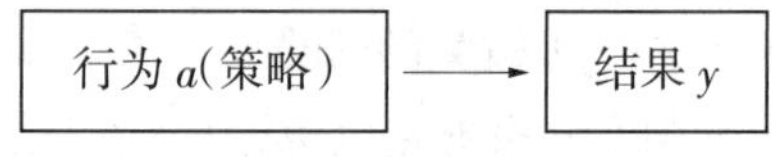

图 1.1 确定性

这里行为 a 和结果 y 的关系是单值函数 $y=g(a)$。

但许多社会经济问题决策具有不确定性。例如，当一个企业决定投资于一个新产品开发项目时，其结果可能是新产品大获全胜，或者反应平平，甚至以失败告终，各种可能性都存在，如图 1.2 所示。

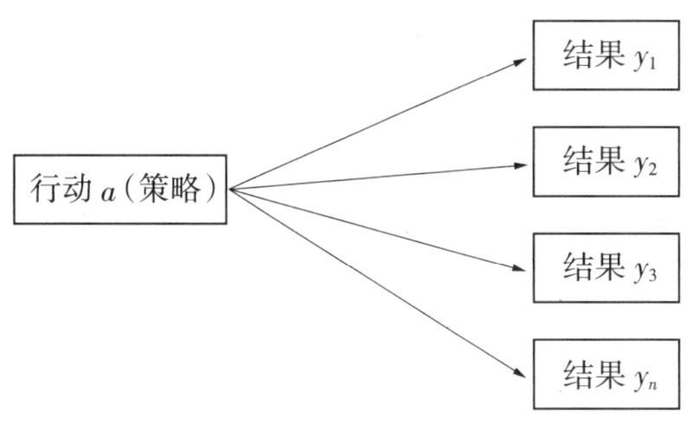

图 1.2 不确定性

其实，我们可以用“环境状态”描述决定决策可能结果的控制因素，将决策的环境状态划分为已知环境状态和可能环境状态两种形式。在可能环境状态中会出现不确定性，会有多种可能的结果出现，如图 1.3 所示。

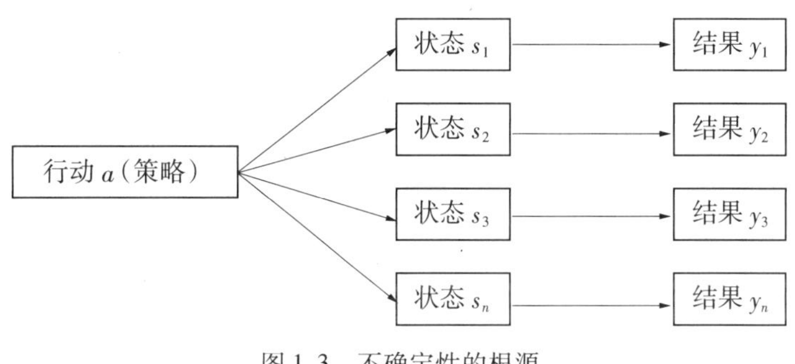

图 1.3 不确定性的根源

在已知环境状态中，决策的结果是唯一和确定的。可见确定性可以看成是不确定性的特例。不确定性问题可以表述为：

（1）可选择的行动集 $a \in (a_1, a_2, \cdots, a_n)$。

（2）可能发生的状态集 $s \in (s_1, s_2, \cdots, s_n)$。

（3）显示所有行动和状态组合所构成的结果。这里行为 a 和结果 y 的关系是一个二元函数 $y = g(a, s)$。

对于可能环境状态，依据对所研究系统边界的划分，可以将不确定性分为外生的不确定性和内生的不确定性两种。外生不确定性是生成于某个系统自身范围之外的不确定性。例如，对于企业家而言，自然灾害等意外事故可以被看成是经济环境状态中的外生不确定性。在现代经济中，还存在着一种对经济运行有明显影响的特殊形式的外生不确定性，即政策不确定性，那些对经济发展、税收体制、利息率、社会公共财货的保护等方面有重大影响的经济政策，对于企业来说都是不容忽视的不确定性。内生不确定性则是生成于某个系统自身范围之内、影响系统操作效用的不确定性。例如，技术研发能否成功、产品投放市场后是否受消费者欢迎等都是不确定的。内生不确定性的变化比外生不确定性的变化更为敏感，同时也更为复杂。专业性保险公司不会愿意为企业的内生不确定性进行承保，因为保险公司无法估计出企业内生不确定性的各种变化状态和偶然结果。

1.3.2 风险

在经济学中，风险与不确定性的概念是有区分的。美国经济学家弗兰克·奈特（F. H. Knight）认为，如果一个随机状态可以用具体的概率值表示，这种随机状态就称为风险；如果一个随机状态不能够（至少在目前条件下还不能够）以具体的概率值表述，这种随机状态就称为不确定性。即风险是指那种结果不确定，但每种可能的结果出现的概率是可知的或可被估计出来的情况。在这种情况下，人们可以运用涉及风险的决策和选择理论。

在现实经济中，市场是不完全的，企业面对的是一个不确定性的环境，企业家在做出一项决策特别是创新性决策时，对未来的结果无法准确预知，存在一定的风险。原因就是企业不可能在信息完备的基础上，通过仔细计算进行理性决策，而只能在现有已知的、不完全的信息条件下做出决策。企业的行为与结果之间不存在已知的、唯一的对应关系，任何决策都包含着成功与失败的可能。奈特认为，只有在不确定性条件下，“实施某种具体的经济活动才成为生活的次要部分，而首要的问题或功能是决定干什么及如何去干”。“利润就是企业家处理经济环境状态中的各种不确定性的经济结果”。随着经济的发展，市场分工的深化，市场专业化程度的提高，市场的不确定性和市场风险也随之加深了。在不确定的环境中，存在着巨大的利润机会，激励着企业家的创新。不确定性和信息缺乏也是企业存在的一个重要前提，在企业这种组织结构中，企业家进行决策与管理，其他成员服从企业家的领导，企业家按照合同规定向他们支付固定报酬。

奈特在其《风险、不确定性和利润》一书中，将处理不确定性的基础放在人类的知识上。由于认识到知识（信息）可以用于处理经济活动中的各种不确定性，因而企业家或厂商也就自然而然地收集各种可以为厂商经营带来利润的信息。市场竞争越激烈，企业家所面临的不确定性或不可保风险也就越多，为保持市场竞争优势，或者压倒竞争对手的竞争优势，企业家必然会考虑更多的信息处理问题。这样，大量的资金将被投入到企业的信息处理活动中。结果，人们对信息（系统）价值认识的加强和经济竞争活动的日益发展，经济组织在利润和竞争优势地位的刺激和推动下，逐渐由纯粹工业生产活动转向信息活动。奈特的这些观点，预见了自20世纪60年代以来被马克卢普和波拉特等人证实的信息经济的发展事实。

弗兰克·奈特
（1885—1972）

1921年，弗兰克·奈特正式将不确定性概念引入经济学的理论殿堂中。不确定性概念导致20世纪经济学五个主要流派或知识的诞生，它们分别是不确定性经济学、合理预期学派、制度经济学、经济博弈论和信息经济学。奈特的首要贡献是区分了风险与不确定性。《风险、不确定性与利润》一书涵括了他对当代经济学思想主体的主要贡献——关于竞争模型中利润本质与作用的理论。完全竞争模型假定消费者与生产者之间信息充分。但在这种假设下，利润就不存在。如果每个企业家都充分知道未来的需求和成本情况，那么，他们就会立即转向高回报的领域，从而利润消失。在支付所有生产成本包括管理者工资之后，就没有任何留存收益。但是，奈特认为，如果稍微放松这种完全竞争的极端假设，就能得到存在利润的解释。消除了完全信息的假设，“不确定”因素就成为经济活动的一部分，正是因为这种不确定性才产生了利润。

1.3.3 风险转移

由于现代社会经济活动中风险不确定性复杂多样，多数市场参加者愿意或喜好风险转移。许多市场制度都具有转移风险的作用，保险制度和股票市场是通过市场以十分明确的形式来转移风险的两种最成熟的风险转移形式，此外，期货市场中的套期保值、成本保利合同、企业的有限责任制和破产法，以及企业向上和向下的垂直一体化等也都是常见的风险转移形式。

（1）保险制度。

保险公司为社会提供两类保险市场：完全保险市场和不完全保险市场。所谓完全保险市场，即当投保人为风险厌恶者而保险公司为风险中性者，对于保险公司来说，在投保人未来财产期望值具有确定性，且保险公司利润期望值不发生改变的情况下，保险公司使投保人无论是否发生损失其所获受益都等于投保人未来期望值。例如，假定市场参加者初始资产价值为 3 500 元，且损失 1 000 元的概率 $P=0.01$，则他面临的概率分布为：拥有 2 500 元资产的概率为 0.01，拥有 3 500 元资产的概率为 0.99。假定保险合同规定每 1 元可承保 10 元，且该市场参加者决定花 100 元购买 1 000 元的保险。那么，当可能性为 1% 的损失发生时，市场参加者的受益为 3 500 − 1 000 + 1 000 − 100 = 3400（元）；当损失没有发生时，市场参加者的受益为：3 500 − 100 = 3 400（元）。显然，无论是否发生损失，市场参加者最后的财富都是一样的。

而在不完全保险市场上，投保人在发生损失时从保险公司获得的补偿略小于投保人稍微努力就能不发生损失所获的收益。在一般情况下，保险公司更愿意为社会提供不完全保险市场。保险市场实现的风险转移，为企业家的冒险进取提供了必要的社会保障条件。

保险制度在转移可保风险上具有其自身的限制。首先，可保风险的范围随保险公司经营能力的大小而有所不同，因而产生了对可保风险的专业和种类上的限制；其次，可保风险的数量也是有限制的，保险公司常常对保险责任的总数加以限制，最为明显的事例就是私人医疗保险；最后，保险公司还将对投保人施加某些直接控制。

（2）股份制度。

股份制度是企业转移风险的重要制度。通过股票市场，企业家可以在一定限度上将大量的不可保风险可能带来的损失转移出去，使企业的风险损失部分地由企业的股东来承担。企业家做到这一点的代价是允许他人共同分享企业的利润。企业盈利是企业承担的风险所致，所以，不同的股票证券含有不同的风险水平，同时也含有不同的盈利水平。在这里，股票的风险水平与盈利水平之间是对等的。

股票风险水平与盈利水平之间的对等关系与企业经营管理制度相联系，形成了现代社会中的股份制，即按照股东承担企业风险的份额来决定是否对企业的经营发展具有决策权或具有多大的决策权。同时，按照股东承担风险的份额分享企业利润。

然而，股票市场也不可能承担企业的全部不可保风险，股票发行数量和流通领域的限制使股票市场承担企业风险的水平是有限的，不是所有希望通过发行股票转移风险的企业或企业家都可以成功地使投资者愿意以股东身份加入到企业中来，分担企业经营的风险。事实上，在某些情况下，企业家有可能并不希望以股票的形式转移风险。例如，当某个企业家对某种新技术的前景有很强的信心时，如果该企业家以发行股票的形式来降低企业生产和销售过程中的风险，就意味着他也必须同时与其他股东一起分享新技术带来的丰厚利润。在这种环境状态下，企业家一般会独自承担起生产和销售中的全部风险，不愿意向社会转移风险。

（3）期货合同。

期货市场的操作中，有一种非常重要的风险转移方式，即套期保值。套期保值可以分为两种最基本的操作方式：买入套期保值和卖出套期保值。

买入套期保值是指套期保值者先在期货市场上买入与其将在现货市场上买入的现货商品数量相等、交割日期相同或相近的该商品期货合约。然后，当该套期保值者在现货市场上买入现货商品的同时，在期货市场上进行对冲，卖出原先买进的该商品的期货合约，用对冲后的期货盈利来弥补因现货市场价格上涨所造成的损失，进而为其在现货市场上买进现货商品的交易进行保值。

买入期保值是那些准备在将来某一时间内必须购进某种商品时价格仍能维持在目前自己认可的水平上的买者常用的保值方法，他们最大的担心是当他们实际买入现货商品时，价格上涨。例如，面粉加工企业为了防止日后购进小麦时价格上涨，在期货市场进行保值；粮食购销企业已经与加工企业签订好现货供货合同，将来交货，但该企业此时尚未购进货源，担心日后购进货源时价格上涨；粮食购销企业认为目前现货市场的价格很合适，但由于资金不足不能立即买进现货，担心日后购进现货时价格上涨等，都可以采用买入套期保值转移市场价格波动的风险。

卖出套期保值是指套期保值者先在期货市场上卖出与其将要在现货市场上卖出的现货商品数量相等、交割日期也相同或相近的该种商品的期货合约。然后，当该套期保值者在现货市场上实际卖出该种现货商品的同时或前后，又在期货市场上进行对冲（买进与原先所卖出的期货合约），用对冲后的盈利弥补因现货市场出售现货所发生亏损，进而实现为其在现货市场上卖出现货保值。

卖出套期保值的目的在于回避日后因价格下跌而带来的亏损风险。那些准备在未来某一时间内在现货市场上售出商品的生产经营者，他们最大的担心就是当他们实际在现货市场上卖出商品时价格下跌，希望日后在现货市场售出实际商品时所得到的价格仍能维持在当前合适的价格水平上，可以采取卖出套期保值方式来保护其售出实物的收益。例如，农场有粮食即将收获，担心日后收获时价格下跌；粮食购销企业手头有库存粮食尚未出售，担心日后出售时价格下跌；面粉厂担心库存小麦价格下跌等。

做套期保值交易时，所选用的期货合约的交割日期应当与交易者将来在现货市场上实际买进或卖出现货商品的时间相同或相近，套保的数量必须与交易者将要在现货市场上买进或卖出的商品数量相等。套期保值不一定是在期货市场抛实盘或接实盘，保值者只要能达到规避现货市场风险的目的，完全可以通过平仓了结期货持仓。

（4）成本保利合同。

成本保利合同就是购买者补偿生产者的全部生产成本，并且同意付给生产者一个双方都接受的利润额的购买合同形式。在某些生产成本极不稳定的生产行业中，或关系重大的科技或军事发展的探索性研究和制造中，如成本昂贵但数量不多的作战飞机的研究与生产，将没有企业愿意独自承担巨大的风险，这时可能会由政府出面利用成本保利合同的形式完成。如果生产和研究取得了成功，收益由政府获得；如果失败了，损失也由政府承担。实际生产者能够得到成本的补偿和适当的收益，而不承担风险。

（5）有限责任制度和破产法。

实行有限责任制度的企业，投资者在其投资额的限度之内承担企业的风险。企业在市场中是具有独立利益的竞争主体，有生死存亡的危机，而股东作为企业的所有者，即使企业破产了，也并不意味着其所有者也要破产，无论这个所有者是自然人、法人还是政府。有限责任制度具有减少和转移风险的功能。有限责任使股东的投资风险能够预先确定，即投资者能够预先知道其投资的最大风险仅限于其出资的损失，这就给予投资者一种保障。另一方面，有限责任促使股东将其投资自由转让。假如风险是无限的，公司的责任与个人的责任难以分开，则股份不能随意转让，证券市场也难以形成。所以，有限责任也对投资者的广泛参与投资形成了有效的刺激。

破产法也是一种有效的减少风险的制度。从债权人角度看，对于因经营管理不善造成严重亏损、不能清偿到期债务而被法院宣告进入破产还债程序的企业，将被强制以其最大偿债能力，即以该企业的全部资产作为偿债的客体，尽早清偿债务，有效防止相互拖欠的连锁反应，以及负债企业的根本不打算还款的恶意欠债，保护债权人的合法权益；当债务人的清偿能力不足以偿还所有债权人的债权时，破产制度规定了要依照不同性质的债权获得不同的清偿，体现了对债权的完善保护。从债务人一方看，随着破产制度的发展，已从主要保护债权人利益发展为同时保护债权人与债务人的合法权益，尤其是免责主义和非惩罚主义的广泛应用，使企业破产为债务人摆脱过分的沉重债务、轻装上阵、东山再起提供了一种机会和可能。当债务人陷入不能清偿的困难境地时，应将其全部资产提供给所有债权人，依照法律程序公平地分配，破产程序结束后，债权中未能清偿部分则不再予以清偿。

（6）垂直一体化。

企业经常需要做出这样的选择：是在市场上从上下游企业购买，还是在自己企业的内部将其制造出来。在市场上，资源的配置由非人格化的价格来调节，而在企业内，则通过权威关系来完成。当市场风险较大时，即买方或卖方力量强大，造成市场不稳定性增强，企业将趋向于向上或向下一体化。垂直一体化使上下游厂商置于统一的管理之下，从而确保了厂商之间信息的有效交流，减少了上下游厂商协调问题而产生的风险。但需要指出的是，纵向一体化虽然能够传递更好的成本信息并产生更有效的决策，但却损害了被一体化企业管理者降低生产成本的积极性。非一体化与一体化之间的转换其实就是扭曲的生产决策与扭曲的管理者激励之间的转换。

1.3.4 信息

就信息的具体形式而言，消息、情报、指令、密码、符号、信号、声音、图形等，都可以成为信息的存在与表现形式。在信息经济学中，信息的概念不仅包含数据、文献资料等狭义的信息意义，而且包含有广义的信息含义，即只要是事件或事物，都包含有信息经济学所理解的信息内涵。

任何事件本身都包含或传递着一定量的信息。如果从研究信息的传播和对经济行为的影响及其后果出发定义，信息就是传递中的知识差。在同一传递过程中，如果任意给出一个知识度 S_0，只要能够确定另外一个知识度 S_x，那么，当 $S_x - S_0 = \Delta S > 0$，且 $\{\Delta S\}$

$\subset \{Sx\}$ 时，ΔS 对于 S_0 是信息，S_x 是 S_0 的信息源，S_0 是 S_x 的信息用户。当 $S_0 - S_x = \Delta S' > 0$，且 $\{\Delta S'\} \subset \{S_0\}$ 时，$\Delta S'$对于 S_x 是信息，S_0 是 S_x 的信息源，S_x 是 S_0 的信息用户。当 $|S_x - S_0| = \Delta S$，且满足 $\lim \Delta S = 0$ 时，S_x 对于 S_0，或 S_0 对于 Sx，都不能发生信息或成为信息源。这里 S_x 是随 S_0 而确定的随机知识度，反映信息发生的概率统计特征；唯有 S_0 与 S_x 之间存在传递关系，才可能发生信息。如果 $|S_x - S_0| = \Delta S > 0$，但 S_x 与 S_0 之间并没有发生传递，那么，只能说 S_x（或 S_0）能够成为 S_0（或 S_x）的信息源。有趣的是单项信息关系 $[S_0, S_x]$ 的规定，也同样适合于多项信息关系 $[S_0, S_1, S_2, \cdots, S_n]$ 的规定。

在经济活动过程中，经济知识差是存在于信息源与用户之间经济知识度的逻辑差，它表明了经济信息存在的事实和度量。该定义反映了信息发生的基础与过程，并揭示了信息价值的基础所在。信息之所以存在价值，关键在于存在知识差，后者能使经济代理人改善决策环境而获得预期收益。知识差解释了信息与知识的关系，表明了信息具有层次性、不可逆性与共享性，同时说明了噪音、信息失真或误差的存在。

诺贝尔经济学奖获得者肯尼思·阿罗（K. Arrow）认为，信息就是根据条件概率原则有效地改变概率的任何观察结果。如果用信息论中的概念来说，信息量的大小等于信息传播后排除不确定性的多少，亦即信息传播后产生的负熵。用公式表示即

$$H = \log_2 N \tag{1.3.1}$$

或者

$$H = \sum_i P(x_i) \log_2 P(x_i) \tag{1.3.2}$$

其中，公式（1.3.1）适用于等可能事件，N 即等可能事件的数目；$P(x_i)$ 是每一个可能事件发生的概率。公式的单位均为 bit（比特），是一个二进制数位。

在信息经济学领域，完全信息和不完全信息、公共信息和私人信息，以及对称信息和不对称信息等概念构成了其重要的基础。

（1）完全信息与不完全信息。

所谓完全信息，就是市场参加者拥有某种经济环境状态的全部知识。在现实经济中，没有人能够拥有各个方面经济环境状态的全部知识。尽管如此，完全信息概念在信息经济学分析中却很重要，因为要想真正认识和理解不完全信息的重要性，首先必须要对完全信息以及以完全信息为隐含条件的经济理论有充分的理解和认识。

新古典经济学理论的瓦尔拉斯一般均衡体系隐含着完全信息假定，即消费者在每个时点上都了解市场上各种商品的全部可能价格，以及他自己的偏好、存货，并能够在每个个人的环境状态（偏好和资本）和市场价格的基础上计算出需求。同样，厂商也知道生产要素、价格与投入产出之间各种形式的可能组合配置。这样，消费者和生产商之间在任何时点上都能了解市场各种商品的供求状态，于是就出现了市场均衡价格。

瓦尔拉斯描述的是一个静态的理想经济世界。在这个世界中，具有完备信息的信息体系被每个市场参加者无偿使用，并且，市场将出现一位拍卖人，他根据市场供求状况提出多组市场价格。由于拍卖人和市场参加者都具有完全信息，所以，市场价格将灵敏地反映出市场的供求变化，而供求也能服从价格指导进行合理调节，这样，经过拍卖人所谓“错了再试”的不断调试，价格将最终处于均衡位置，当然，这个均衡价格在某些时候有可能

会发生轻微波动，但价格体系在总体上完全承担管理市场供求和指导市场出清的责任。显然，瓦尔拉斯一般均衡模型是以环境状态中存在完全信息为条件建立起来的。与瓦尔拉斯一般均衡体系隐含的完全信息条件相对应的市场，必然是完全市场的有关概念。微观经济学“完全竞争”假设包含有“纯粹竞争”和“完全市场”两个具体假设命题。纯粹竞争意味着产品同质，厂商和消费者数量不受控制，且能够自由地进出市场。完全市场则指市场参加者对于环境（产品价格和质量）具有完全信息，市场参加者在任何时间和地点都能拥有任何希望获得的信息。显然，完全市场假设中的信息就像空气一样，是人们不需要支付任何成本就能够免费获得的。所以，完全市场的信息没有可能成为商品，也没有市场价格，同时，信息在市场参加者之中不受任何形式阻滞而广泛及时地传播，使每个市场参加者都能同时接收到同样的信息。所以在完全信息经济中，卖主不能以高于市场均衡价格出售商品，而买主也不能以低于市场均衡价格购得商品，因为完全市场中同质商品的单一价格（均衡价格）完全支配着市场的全部交易。

有关完全信息经济的分析清楚地表明，完全信息经济所假设的环境状态和经济条件与现实环境和社会可能提供的条件相距甚远，这种差距导致完全信息经济理论存在难以克服的缺陷。

不完全信息经济比完全信息经济更具有经济现实性，市场均衡理论必须在不完全信息条件下予以修正。在现实经济中，信息的传播和接收都需要花费成本代价，而市场通信系统的局限和市场参加者施放市场噪音等客观和主观因素的影响，也将严重影响市场信息的交流和有效的传播。结果，价格信息不可能及时地传递给每一个需要信息的市场参加者，而每个市场参加者所进行的交易活动以及结果也不可能及时地通过价格体系得到传递，因而市场价格不可能灵敏地反映市场的供求状况，市场供求状况也不可能灵敏地随着价格的指导而发生变化，市场机制因此可能失灵。

（2）公共信息与私人信息。

市场信息还可划分为公共信息和私人信息。

公共信息是指所有的相关信息都能被所有的市场参加者获取。在市场体制下，市场价格体系正是通过市场参加者的共同知识来实现其支配力的。没有市场参加者的共同知识，市场价格体系就不可能有资源配置的调节和指导功能。举一个最简单的例子，如果人们对某同质商品单价是 60 元还是 70 元两者之间的价格高低争论不休，那么，价格体系就会因为这种因逻辑的混乱导致的共同知识的丧失而无法操作。可以认为，价格对于每个以自我利益为中心的市场参加者的指导和协调，是以市场的共同知识为基础的。简单地说，市场公共信息导致了市场支配力。

再如，市场上的中间商，如经纪人、代理人的作用是他们拥有的信誉，长期利益驱使他们不愿意在经济活动中从事“一锤子”买卖，而宁愿遵守职业道德，从而建立起信誉，这是他们从事这一职业必备的要求，事实上正是中间商的信誉使这一市场得以运行。

私人信息是指个别市场参加者所拥有的具有独占性质的市场信息。私人信息可以划分为三种类型：①个人自身特征的知识，如个人身体状况或工作能力等。②个人行为的知识，如努力程度、工作热情等。③个人对环境状态的理解和认识方面的知识，这主要是指个人对市场信息的掌握和认识程度。

私人信息与公共信息之间没有严格界限，私人信息可能会随着时间的推移而转化成为公共信息。但是，如果在某个时点上，市场参加者所具有的私人信息优于市场公共信息，市场参加者就具备了对于其他市场参加者的信息优势或信息领先。相反，某个时点上的市场参加者所具有的私人信息落后于或在质量上劣于市场公共信息，该市场参加者就在信息上处于劣势或不利的位置，信息经济学将这种环境状态称为信息劣势。信息优势使市场参加者易于获取市场价格体系等信息系统所传播的最新信息，从而能够对市场资源实施更为有效的配置。反之，信息劣势则使市场参加者难以获取新信息，从而在资源配置中处于不利的位置。

在劳动市场和法律合同等经济活动中，拥有私人信息，可以获得贸易过程中的收益，因此人们用各种形式的市场信号传达自己拥有的私人信息。如在谈判和讨价还价等过程中拖延签订合同的时间，或以某种借口将议案搁置等行为，都可能是希望或要求传递私人信息的信号，因为谈判、讨价还价等经济对策就是一个对策双方以初始信息差别为条件的信息交流过程。这就是所谓的“私人信息假定”。

“私人信息假定”的中心就是假设拖延行动和其他具有成本的活动为市场参加者提供了一种简单的经济信号。在传播途径上，私人信息通过个别交际网络而实现其对市场参加者的影响。就其传播频率与效率而言，虽然私人信息没有公共信息那样同时在众多厂商中传播，但它们往往比公共信息更能引起厂商的注意。从私人信息的预期效用来看，它大多将导致偶然市场的形成，并可能相应地提高市场运行效率。所以，通过非正式渠道传递经济信息，或者收集与释放低成本的“小道消息”等活动，并非是愚蠢的经济行为，尽管这些小道消息常常不足为信。

私人信息分析表明，在个别或非正式场合真实地显示私人信息，可以极大地提高市场效率。例如，在厂商与工会关于工资市场博弈中，工会如果十分容易地同意低工资水平，就很可能导致厂商采取低工资策略，结果是即使工会工人的劳动力价值非常高，也可能只能领取低工资；而厂商如果隐瞒或伪造工人收益的期望值，即表示只能付这么多报酬，工会将认为得不到可行的高工资，那么将会刺激工会组织罢工。为了避免这两方面的风险，在理论上和实际事务中，一般是通过谈判解决，并在多次重复谈判中建立起来的诚实的名誉基础上，双方直接显示私人信息。

“袖里乾坤”的交易模式也是一个有趣的例子。古董交易，甚至过去农经年代平常乡村里的猪、马、牛、羊交易也是这样。猪仔买卖，想买的、看热闹的还有外乡人都聚到院子里，因为买卖大件时人多嘴杂，就喜欢一对一的讲价，一般五个手指就能把价格说定。自家东西价钱好商量，但不能讲明，基本手一握两个人一碰，就能大概明白是不是真心想买，价钱多少。大体价格都是那样，但是可以每斤几毛几毛的上下浮动，你买到好身板的小猪，不能跟别人讲多少钱买的，这叫坏了规矩，别的买主买贵了或买便宜了心里不平衡，卖家脸上也过不去。

从上述分析可以得出以下结论：公共信息使市场参加者成为市场活动中以自我利益为中心的价格受支配者，而私人信息则推动市场参加者成为以自我利益为中心的价格支配者。在这组互相矛盾的信息交流中，社会稀缺资源得到有效的配置。

所有市场参加者的信息集合中可以被这些参加者自由获取的信息构成公共信息，仅是某个市场参加者可以单独获得的信息构成私人信息。如果只有公共信息而没有私人信息，市场将可能没有交易，如果只有私人信息而没有公共信息，市场将难以进行交易。所以，公共信息与私人信息对于市场的存在与交易活动来说都是必不可少的，公共信息是市场运行的基础，而私人信息是市场存在的基础。

（3）对称信息与非对称信息。

对称信息与非对称信息是经济信息重要的基本形式，它们是完全信息与不完全信息的一种结构延伸，但是，其表现出来的经济特征和影响与完全信息和不完全信息的经济影响有所区别。

对称信息是指在某种相互对应的经济人关系中，对应双方都掌握有对方所具备的信息度量，即对应双方都了解对方所具备的知识和所处的经济环境。这种对称信息环境可能是市场参加者双方都没有掌握有关信息的信息环境，或市场参加者双方都掌握有度量一致或度量相似的信息环境；也可能是市场参加者双方都掌握有完全信息的环境。

所谓非对称信息，就是在相互对应的经济人之间不做对称分布的有关某些事件的知识或概率分布。在现实经济生活中，信息非对称性的存在是以人们获取信息能力的非对称性为基础的。从社会存在的角度来看，人们获取信息的能力又与多种社会因素相关，其中社会分工和专业化都可以称得上是最为重要的社会因素。

社会劳动分工使不同行业的劳动者之间产生了巨大的行业信息差别。一个显而易见的事实是，在不同行业的劳动者之间，本行业劳动者所掌握的本行业信息平均要多于其他行业的劳动者所了解的本行业的信息。这样不同行业的劳动者在不同的信息领域和不同的时期，都导致不同的信息优势或信息劣势，产生了信息非对称性。专业化产生的信息差别更严重地导致了信息非对称性的存在。专业化使个人在其自身的专业领域比其他专业领域的个人了解更多的专业知识，而其他专业的个人则平均地比该专业的个人了解得更少，从而导致专业性的信息优势和信息劣势。这样专业信息就在不同专业的个人之间形成非对称性分布。

一般均衡理论隐含着完全信息假设，事实上是与现代经济生活的基础——社会分工与专业化相违背的。在劳动分工不明显、专业化程度不高的低级经济体系中，社会成员之间的信息差别并不十分明显，因而信息差别导致的经济利益上的差距还没有被人们普遍认识和重视。随着分工的发展和专业化水平的提高，人们发现，信息差别是社会生产与分配中不可忽视的基本经济因素，当这种观点成为社会成员的共识时，初级经济也就转化为高级经济。一方面，社会劳动分工越发展，专业化程度越高，在每个领域或行业中专业人员与非专业人员之间的信息差别也越大，社会成员之间的信息分布也就越不对称。信息非对称程度越高，在竞争性市场上产生垄断的可能性也越大而且越难以被消除。由于某些市场参加者对于另外一些市场参加者具有某种信息优势，具有信息优势的市场参加者相较于信息劣势的市场参加者自然占据了有利地位，由此形成严重影响市场的权力。对于这些客观发展的不断深化的认识，正是信息经济学发展的动力源泉。从另一方面看，劳动分工和专业化发展的程度越高，对深化成员之间的生产合作和互相协调的要求也就越高。结果，劳动分工一方面使信息差别的程度加深，另一方面又使社会产生信息组合和信息联合的必要。这也是信息服务业发展的根本动力。

由对称信息而产生的对称性市场的最为典型的形式可以归纳为如下两类：市场参加者双方都缺乏信息或都具有不完全信息，且双方掌握的信息的不完全程度大致相同的对称性市场；市场参加者双方都具备完全信息的对称性市场。

在第一类对称性市场，专家就自然而然地在买卖双方之间充当中间人的角色，他们为买卖双方提供信息和相应的服务，从中收取一定的佣金。例如，历史上的大批发商、大贸易公司，以及大多数拍卖商、不动产经纪人和古董经纪人等，在现代社会的风险投资领域，保险、股票、期货经纪人等多以市场专家的身份出现，从中协调买卖双方由于信息缺乏而产生的交易无知问题。不难理解，当市场信息中间人的规模发展到一定程度——社会普遍认识到市场信息能够给集团或个人带来高额利润时，就会因此而创造了一种新的市场形式——信息市场。事实上，在买卖双方都缺乏信息的对称性市场中，市场专家往往不仅仅满足于充当信息中间人或信息分配者的角色，他们更经常的是在市场交易中发挥价格制定者的作用从中获取利润。而在互相对称的市场参加者都具备完全信息的对称性市场中，市场形式一般表现为完全的双边垄断特性。所谓市场参加者都具有完全信息，可能纯粹地指双方都掌握有关事件的完全信息，也可能指买卖双方在市场交易中都很精明。

可以看到，对称信息创造的是一种极端形式的市场，对这种极端形式市场的认识，将会使人们更好地了解在现实经济生活中普遍存在的非对称性市场的实质和效用。

非对称性市场有三种典型的形式：卖主与买主之间的信息差别产生的非对称性市场，买主与买主之间的信息差别产生的非对称性市场，卖主与卖主之间的信息差别产生的非对称性市场。

在市场发育的初期，市场内部就已经存在了不完善的发展因素，这种不完善的因素主要表现在市场参加者所掌握的信息是不完善的、非对称的。就一般的产品市场而言，市场上存在着不同品种、不同类别、不同质量的产品，而这些产品的具体特点和价格也千差万别。如果人们能够将这些产品进行分类、分级，并按一定的标准化方法统一产品价格，而后将上述结果列成统一的市场表，那么，买卖双方都掌握这份市场表就意味着市场参加者处于完全信息状态下，市场信息同时也在买卖者之间作对称分布。但是，做出上述的市场表需要花费许多时间和精力，即使不以货币形式来计算，市场参加者为此也需要付出极高的社会代价，这并不是所有市场参加者都认为是值得做的事。这样，当某些市场参加者在这方面做得更好，而另外一些市场参加者在这方面做得较差时，或认为不值得这样做时，市场信息就自然而然地在市场参加者之间做非对称分布，产品市场也就因此而出现非对称的特性。

不仅如此，买卖者之间对产品质量信息观察的非对称，买主之间对同一产品质量和价格信息掌握程度的非对称，卖主之间对市场需求信息观察的非对称，以及买主之间与卖主之间对市场需求（供给）、产品质量、价格和非价格竞争信号观察的概率组合的非对称，都是非对称性市场存在的主要原因。买卖者之间表现为非对称形式的信息差别，以及由此在不同水平上的讨价还价，并由于讨价还价而导致相互信息差别的缩小而采取的相互退让对策，构成非对称性市场重要的基本特征。

将非对称信息的分析方法引入传统的经济分析领域，可以为人们分析市场失灵（market failure）是如何产生的。市场失灵是指市场配置均衡无法达到帕累托最优，如外部负效应、公共产品等。外部负效应是指某一主体在生产和消费活动的过程中，对其他主体造成的损害。外部负效应实际上是生产和消费过程中的成本外部化，但生产或消费单位为追求更多利润或利差，会放任外部负效应的产生与蔓延。如化工厂，它的内在动因是赚钱，为了赚钱，对企业来讲最好是让工厂排出的废水不加处理而进入下水道、河流、江湖等，这样就可减少企业治污成本，但其行为却对环境保护、其他企业的生产和居民的生活带来危害。社会若要治理，就会增加负担。政府环境管理部门对违规排污企业的排放监督问题一直是监察工作的难点，根本原因就是政府环境管理部门与违规排污企业之间的信息不对称问题。

公共产品是指消费过程中具有非排他性和非竞争性的产品。所谓非排他性也就是一旦这类产品被生产出来，生产者不能排除别人不支付价格的消费。这种排他在技术上做不到，即使技术上能做到，但排他成本高于排他收益。所谓非竞争性是因为对生产者来说，多一个消费者或少一个消费者不会影响生产成本，即边际消费成本为零。而对正在消费的消费者来说，只要不产生拥挤也就不会影响自己的消费水平。这类产品如国防、航标灯、路灯、WiFi 接收等。从本质上讲，生产公共产品与市场机制的作用是矛盾的，生产者是不会主动生产公共产品的。而公共产品是全社会成员所必须消费的产品，它的满足状况也反映了一个国家的福利水平。这样一来公共产品生产的滞后与社会成员与经济发展需要之间的矛盾就十分尖锐。

非对称信息分析较好地解释了公共经济学领域的“搭便车”现象。一般的社会成员了解他们对于公共物品的认识和评价，但不了解其他社会成员对于公共物品的认识和评价。同样，个人对于政府政策和变革的了解比政府对于个人状况或个人对于政府政策和变革的意见的了解平均要多得多，同时也具体得多。由于政府难以确切了解每个社会成员的具体能力、需求和偏好方面的信息，这样，社会成员往往愿意表示自身对公共物品需求不高，以此作为减少或不承担社会公共义务的理由。但是，政府又不能对那些宣称对公共物品需求不高的社会成员的具体信息进行有效的控制，而这些社会成员就可以在少付出或不付出成本的前提下享受社会提供的公共物品。这就是所谓的“搭便车”现象，研究表明“搭便车”现象是非对称信息导致的必然经济结果之一。

1.4 风险决策理论

人们在做出具有不确定性结果的经济决策如投资决策时，依据是什么？风险态度将如何影响经济决策？本节将介绍风险效用理论的发展。通过对风险效用理论发展的回顾，可以看到，当代经济学的研究越来越放松了传统经济学中关于经济人、完全理论等假设，吸收了心理学、行为科学的研究成果，风险决策理论越来越符合现实的社会经济生活。

1.4.1 期望值理论

期望值理论认为，人们是根据风险决策的期望货币价值大小来进行选择的。期望货币价值等于所获得或损失的每种货币量乘以其各自出现的概率之后的和。这里用一个例子来说明期望货币价值的经济含义。A 是一家公司的法人代表，他打算购买药品生产商雷利公司的一些股票。根据他的估计，如果雷利公司得到食物与药品管理局的许可，向市场投放其研制出的一种新药，那么此项购买可给他带来 2 万美元的收益；相反，如果得不到许可，他将会损失 1.2 万美元。据他判断，雷利公司得到和得不到许可的概率都是 0.5。A

应当如何决策呢?

这是一种普通的、可能出现各种不同结果的情况，每一结果都会使人们获得或损失一定数量的货币，并且每一结果发生的概率都可被看成是已知的。

A 先生购买雷利公司股票的期望货币价值为

$$2\times0.5+(-1.2)\times0.5=0.4\ (\text{万美元})$$

如果不购买雷利公司的股票，A 先生的收益为 0。按照期望值进行决策，A 先生应当购买雷利公司的股票。购买行为的期望值 0.4 万美元的经济含义是什么呢? 事实上，如果决策者重复进行某种投机活动，期望货币价值就是其所赚（或所失）的平均值。

在上述例子中，实际上存在着两种可能的结果：雷利公司获得将新药投放市场的许可和雷利公司得不到这种许可。计算所得的期望货币价值的经济含义是：如果 A 先生不断重复购买雷利公司股票这种行为，且上述条件保持不变，雷利公司有时得到食品与药物管理局的许可，有时得不到。给定上述概率，即在长期内，得到许可和得不到许可的情况各占一半。这样，A 先生每次都采取购买行为，将赚得的收益的均值是 0.4 万美元，如果每次都不买，收益为 0。

在特定条件下，人们选择那种有着最大期望货币价值的活动或投机行为是合乎理性的。期望值理论的一个重要的假设是认为人们都是风险中立的，即人们只考虑一个选择的期望货币价值，而不考虑它的风险偏好，然而事实并非总是如此。

1.4.2 期望效用理论

期望值理论假定决策者追求期望货币价值最大化。但是，这个结论在现实决策问题中并不总是可信。

假如在某一场合下有以下两种选择：

①肯定得到 100 万美元。

②从事投掷硬币的赌博活动。如果正面在上，将获得 210 万美元，而如果反面在上，将输掉 5 万美元。

如果依照期望货币价值最大化决策，需要首先计算出两种选择的期望货币价值。第一种选择具有确定性的结果 100 万美元，第二种赌博活动的期望货币价值为

$$0.5\times210+0.5\times(-5)=102.5\ (\text{万美元})$$

冯·诺伊曼
(1903—1957)

美国数学家，生于匈牙利布达佩斯。1926 年毕业于布达佩斯大学，获得物理－数学博士学位。曾在柏林大学、汉堡大学和普林斯顿大学任教，1933 年出任普林斯顿高级研究院教授，1937 年被选为美国科学院院士。1940 年起，先后担任阿伯丁弹道实验研究所顾问委员会、海军兵工局的成员与顾问，直接参与核武器的研制。1954 年任原子能委员会委员，1945—1955 年任电子计算设计局局长。冯·诺伊曼在科学的许多领域都作出了重要的贡献，他的科学足迹遍及纯粹数学、集论与代数、实变函数论、测度理论、拓扑学与连续群、希尔伯特空间、数学分析、应用数学、力学、经济学、气象学、理论物理学、计算机科学以及脑科学、博弈论等。

按照期望货币价值最大化决策，应当选择赌博。然而，实验证明，大多数人会选择具有确定性的100万美元，因为赌博有50%的可能性输掉5万美元，这是一个不小的数目，而稳定的100万美元收益也具有相当大的吸引力。

显然，利用期望货币价值最大决策并不总是符合实际。根据冯·诺依曼和摩根斯坦提出的效用理论，理性的决策者追求预期效用最大化，即决策者将选择能够给其带来最大预期效用的行动路线。

所谓效用，指商品和服务满足人们消费欲望的能力。是与决策的每一个可能的结果相联系的数，每一结果都可能有不同效用。将效用与每一具体的货币价值相联系的原因是，许多人并不认为每一货币单位都具有相同的重要性。例如，有的人可能会认为赚得100元钱不足以补偿损失100元钱而造成的伤害。总效用（total utility）是指消费中得到满足的总量。边际效用（marginal utility）是指每增加一个单位消费量所引起的总效用的增量。

边际效用递减规律是指当消费者所消费的某物品的数量连续增加时，其总效用在一定范围内是增的，但其边际效用越来越小。

冯·诺依曼-摩根斯坦根据决策者对风险所持的态度为其建立一个冯·诺依曼-摩根斯坦效用函数。该函数表示决策者所认为的每种可能结果的效用，显示表示期望货币价值最大化转变为预期效用最大化。这里的预期效用，是指取决于各种情况出现的概率和相应的概率下可享受的收入或消费的效用。例如，如果未来有可能只出现两种状态，状态1和状态2，预期效用函数为

$$EU = p_1 V(C_1) + p_2 V(C_2)$$

这里p_1，p_2分别表示状态1和状态2出现的概率，C_1，C_2分别表示状态1和状态2下的货币价值，$V(C_1)$，$V(C_2)$分别表示C_1，C_2下的效用函数。

若根据丹尼尔·贝努里的理论，以对数形式构造消费者的一般效用函数$V = \ln C$，则预期效用函数为

$$EU = p_1 \ln C_1 + p_2 \ln C_2$$

如果出现n种可能状态，每种状态出现的概率为p_i，($i=1, 2, \cdots, n$)，则预期效用函数（见图1.4）的一般形式是

$$EU = \sum_{i=1}^{n} p_i V(C_i)$$

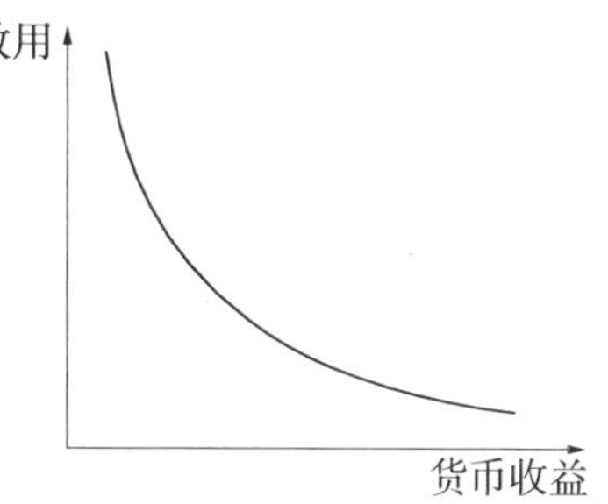

图1.4 预期效用函数曲线

例如，如果某一事件有两种可能的结果：S和T，结果S的效用是5，结果T的效用是10，两种结果出现的概率都是0.5，则期望效用为

$$0.5 \times 5 + 0.5 \times 10 = 7.5$$

这里的关键就是要确定决策者所认为的每一可能结果的效用，即效用函数。可以通过两个步骤获得。

首先，任意设定两个货币值的效用，较好结果的效用高于较坏结果的效用。例如，U是预期效用值，C是货币值。可以设定货币值为-50的效用等于0，即$U(-50)=0$，货币值为500的效用等于20，即$U(500)=20$。由于目的是比较不同货币值效用的大小，为决策提供依据，即虽然效用值表现出来的形式为基数型，事实上其作用只是为行动带来

的效用排序，本质是序数型。因此，最终结论并不依赖于所选择的两个数字，只要假设人偏好更多的货币值而非更少的货币值就行，这意味着 $U(c)$ 是货币值的增函数，一阶导数为正。

其次，让决策者在两种行动中进行选择：稳赚某种数量的货币或从事投机活动，以确定某一货币值的效用。例如，在设定 $U(-50)=0$，$U(500)=20$ 后，要找出货币值为 0 的效用即 $U(0)$，可以问决策者是否更喜欢确定性的 0 收益，而不喜欢赚得 500 万元和损失 50 万元的概率分别为 P 和 $(1-P)$ 的投机活动，尝试 P 的不同取值，直到找到一个决策者认为在确定性的 0 收益和投机活动之间不存在差异的 P 值为止。

假设经询问后确定某决策人的这一 P 值为 0.25，即在这一概率上，决策者认为确定性 0 收益与投机活动是无差异的，因此，对决策者而言，确定性 0 收益的预期效用等于投机活动的预期效用，即有

$$
\begin{aligned}
U(0) &= 0.25 \times U(500) + 0.75 \times U(-50) \\
&= 0.25 \times 20 + 0.75 \times 0 = 5
\end{aligned}
$$

按照同样的方法，可以获得如 50 的效用。让决策者在两种行动中进行选择：稳赚 50 万元，或从事赚得 500 万元和损失 50 万元的概率分别为 P 和 $(1-P)$ 的投机活动，尝试 P 的不同取值，直到找到一个决策者认为在确定性的 50 收益和投机活动之间不存在差异的 P 值为止。假设这一 P 值为 0.4。那么可以据此求解出 $U(50)$ 的值

$$U(50) = 0.4 \times U(500) + 0.6 \times U(-50) - 0.4 \times 20 + 0.6 \times 0 = 8$$

重复使用上述方法，可以找出该决策者的效用函数上的几个点，绘制出一条效用函数曲线，如图 1.5 所示。

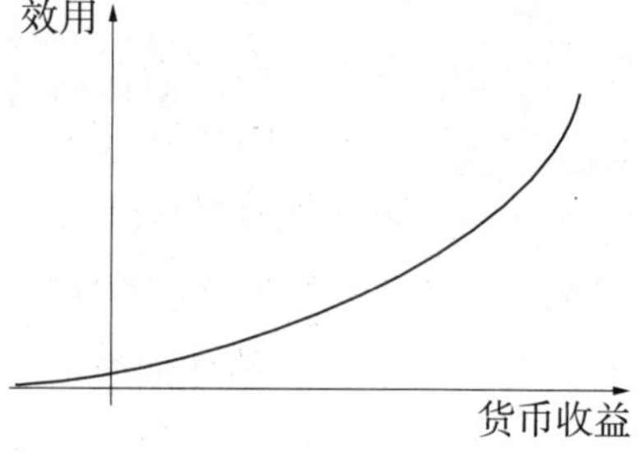

图 1.5　预期效用函数曲线

一旦某一决策者的冯·诺依曼-摩根斯坦效用函数被建立起来，就可以用它来解释决策者是否应该从事（或放弃）某一具体的风险活动。看下面的例子。

假设某企业家 Y 必须决定是否对在某地点钻探油井进行投资。他拥有关于钻探成本、石油价格的信息以及地理学家对出油可能性所做的报告。根据地理学家的报告，他相信，如果钻探油井，采不到石油的概率为 0.80，可采到 10 万桶石油的概率为 0.12，可采到 100 万桶石油的概率为 0.08。假设进行投资采不到石油带来的损失为 5 万元，采到

奥斯卡·摩根斯坦
（1902—1977）

1902 年 1 月 24 日出生于西里西亚的格尔利茨，1977 年 7 月 26 日在新泽西州普林斯顿的家中去世。1925 年从维也纳大学毕业，取得博士学位。1928 年博士论文在维也纳出版，这也是摩根斯坦的第一本专著《经济论著》。在书中，他开始考虑经济预测中的内在困难和自相矛盾。1935 年，出任维也纳大学教授，在《国民经济期刊》上发表论文，阐述了经济均衡研究中完全预见性的假设带来的基本困难。这篇论文提出的问题与冯·诺依曼在 1928 年发表的论文《社会博弈论》密切相关。也正是这一思想促成了他与冯·诺依曼从 1939 年到 1957 年（诺依曼去世）长达 18 年的友谊。

10万桶石油带来的收益是5万元，采到100万桶石油带来的收益为50万元。

根据这些信息，企业家Y应该进行投资吗？如果企业家Y追求期望货币价值最大化，通过比较投资与不投资的期望货币价值，就能够回答这个问题。根据上述估计，投资的期望货币价值为

$$0.80\times(-5)+0.12\times5+0.08\times50=0.6\text{（万元）}$$

如果他不投资，预期货币价值为0。

可见在追求期望货币价值最大化理论下，企业家Y就应该对油井钻探进行投资。但这样的结论没有考虑企业家Y的风险态度，因此并不可靠。如果企业家Y的效用函数如图1.6所示，即$U(-5)=0$，$U(0)=5$，$U(5)=9$，$U(50)=20$，根据冯·诺依曼与摩根斯坦提出的理论，企业家Y将按照预期效用最大化原则，可以决定是否投资于钻探油井。如果投资，他的期望效用为

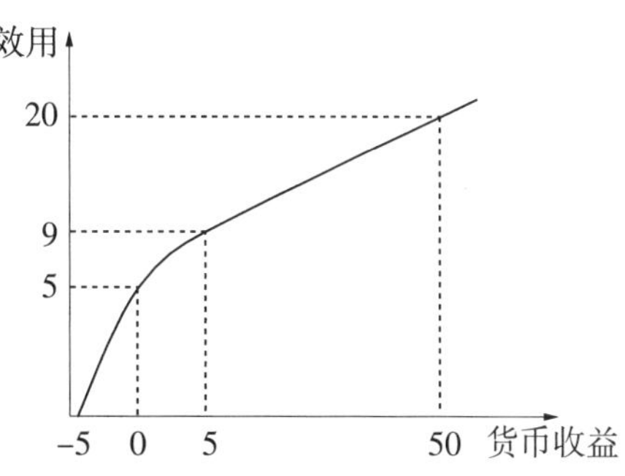

图1.6 企业家Y的效用函数

$$\begin{aligned}&0.80\times U(-5)+0.12\times U(5)+0.08\times U(50)\\&=0.80\times0+0.12\times9+0.08\times20=2.68\end{aligned}$$

如果不投资，企业家Y的预期效用是$U(0)=5>2.68$，因此，按照预期效用最大化原则，企业家Y会选择有着较大预期效用的行动，不会投资。值得注意的是，这不是追求期望货币价值最大化的决策。如果企业家Y追求期望货币价值最大化，他就应该投资。但针对企业家Y对于风险的偏好（如他的效用函数所表示的那样），这并不是他的最好决策。

事实上，上述例子中的企业家Y是一个风险厌恶者。尽管效用随决策者的收入增加而提高，但效用函数的形状可能存在着相当大的差异，这源于人们对风险所持的不同态度。一般地，存在三种形式的效用函数。

（1）风险爱好型效用函数（见图1.7）。这里效用随着所获得的货币值的增加而增加，且增加率也增加。即随着货币值增加，每增加1元相应的效用的增加越来越大。效用函数的二阶导数为正，即$U''(c)>0$。拥有这种效用函数的人是风险爱好者。当面对着两种具有相同期望货币价值的活动时，他喜欢结果不确定的活动甚于喜欢结果确定的活动。

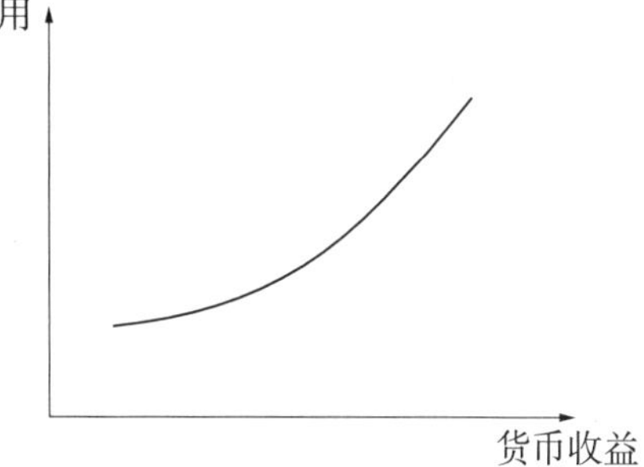

图1.7 风险爱好型效用函数

（2）风险厌恶型效用函数（见图1.8）。效用随收入的增加而增加，但增加率是递减的。即随着货币值水平的提高，与每增加1元货币值相应的效用的增加越来越少。效用函数的二阶导数为负，即$U''(c)<0$。具有这种效用函数的人是风险厌恶者。当面对着两种具有相同期望货币价值的风险活动时，他会选择结果确定的那一种。

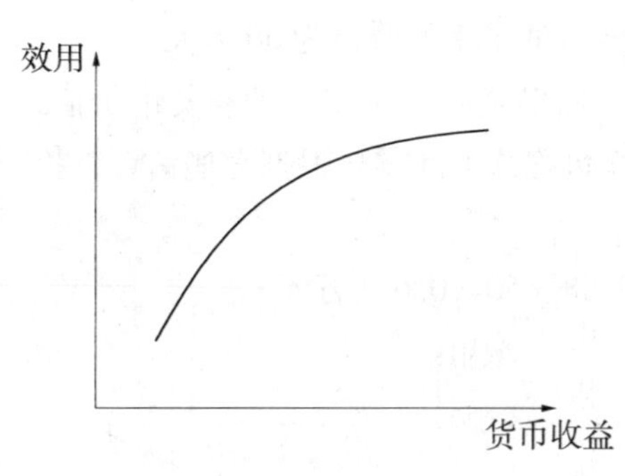

图 1.8　风险厌恶型效用函数

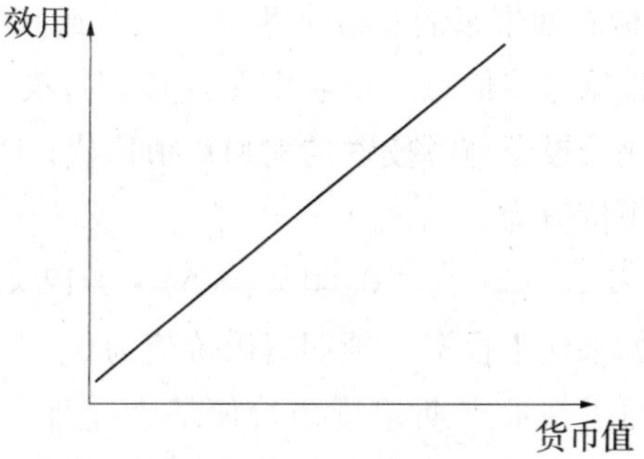

图 1.9　风险中性型效用函数

（3）风险中性型效用函数（见图 1.9）。具有效用随收入增加而增加，但增加率不变的效用函数。即随着收入越来越多，与每增加 1 美元收入相应的效用的增加不变，收入和效用之间存在线性关系。效用函数的二阶导数为 0，即 $U''(c)=0$。具有这种函数的人是风险中性的。这种人追求期望货币价值最大化，而不考虑风险。

期望效用理论是经济学的一大进展，是微观经济学的一个重要的奠基石。在许多经济理论中，假定选择那种有着最大期望货币价值的活动或赌博是合乎理性的，那么应该知道这个判断是以决策者是风险中性为前提的。

人们的风险偏好可以用对待公平博弈的态度来检验。“公平博弈”一词用来描述数学期望为 0 的不确定情形。而负期望值的博弈称为“不利的博弈”，正期望值的博弈称为“有利的博弈”。例如，以 5∶1 的赌注对一个均匀骰子出现的点数进行赌博就表示一个公平博弈，如果要的点没有出现损失 1 元钱，要的点一旦出现则获得 5 元钱。因为这样期望收益值为 $(-1)5/6+5(1/6)=0$。一个风险回避的人会拒绝一个公平博弈，风险爱好者会接受公平博弈，而风险中性者认为拒绝和接受一个公平博弈是无差异的。

应当指出的是，人们的风险态度不是一成不变的。事实上，我们经常可以看到同一个人在某些情形下行为比较保守，如对自己的房子投保，而在其他情形下却接受公平的甚至不利的博弈，例如去购买彩票。事实上人们关于收入的一般效用函数形状如图 1.10 所示。

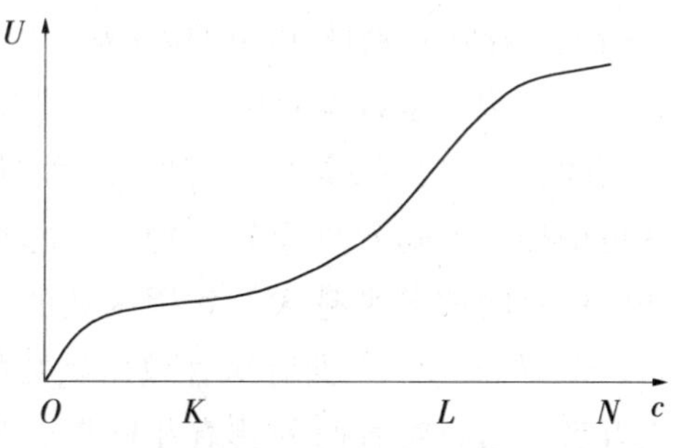

图 1.10　人们关于收入的一般效用函数

具有上述效用函数的个人，其承担风险的行为随财富的不同而不同。在 OK 和 LN 两段曲线上，$U''(c)<0$，表明个人在这两段范围内是正常的风险厌恶者；但在 KL 的中间段曲线上，$U''(c)>0$，表明个人在这一段范围内是风险爱好者。

1.4.3　前景理论

20 世纪 50 年代，法国经济学家阿莱斯通过一系列可控实验，提出了著名的“阿莱斯悖论”（Allais Paradox），对期望效用理论构成了挑战。在下面两组实验中，要求人们分别对其中的两个备选方案做出选择。

第一组实验：

A 确定得到 1 000 000 美元。

B 10% 的机会得到 5 000 000 美元，89% 的机会得到 1 000 000 美元，1% 的机会什么都得不到。

第二组实验：

C 11% 的机会得到 1 000 000 美元，89% 的机会什么都得不到。

D 10% 的机会得到 5 000 000 美元，90% 的机会什么都得不到。

按照主观期望效用理论，人们如果选择了第一组实验中的 *A* 或者 *B*，那么根据逻辑可以推导出在第二组实验中人们应该分别选择 *C* 或者 *D*。阿莱斯在经过大量的实验后发现，在第一组实验中大多数个体确实选择了 *A*，而在第二组实验中，大多数个体却选择了 *D*。

再来看埃尔斯伯格悖论（Ellsberg Paradox）。在一个缸里装有 30 个红球和 60 个黑球或黄球。现在从缸中随机取出一个球，要求人们对下面两种情形下的四种行为进行选择，如表 1.1 所示。

表 1.1 埃尔斯伯格实验

	选择项	红球（美元）	黑球（美元）	黄球（美元）
第一种情形	Ⅰ	100	0	0
	Ⅱ	0	100	0
第二种情形	Ⅲ	100	0	100
	Ⅳ	0	100	100

埃尔斯伯格实验结果：大多数人在第一种情形中选择了行为Ⅰ，同时在第二种情形中选择了行为Ⅳ；较少一些人在第一种情形中选择了行为Ⅱ，在第二种情形中选择了行为Ⅲ。事实上这两种情形的区别仅仅在于第二种情形多了一个有完全等同结果的状态，即黄球被取出可以得到 100 美元。人们对行为Ⅰ和行为Ⅱ之间的偏好关系应该和对行为Ⅲ和行为Ⅳ之间的偏好关系相一致。就是说，如果在第一种情形下选择了行为Ⅰ，那么在第二种情形下应该选择行为Ⅲ；如果第一种情形下选择了行为Ⅱ，那么在第二种情形下应该选择行为Ⅳ。

类似地可以考虑这样的问题：如果有两个投资机会 *A* 与 *B*，*A* 会稳赢 3 000 美元，机会 *B* 会以 80% 概率获 4 000 美元，20% 的概率得 0。重复实验发现，大多数人会选 *A*。再考虑投资机会 *C* 与 *D*，*C* 会以 20% 的概率获 4 000 美元，80% 的概率得 0，而 *D* 会以 25% 的概率得 3 000 美元，75% 的概率得 0。重复实验发现，上述在 *A* 与 *B* 中偏好 *A* 的大多数人会选 *C*。其实 *D* 只是 $0.25\times A$，而机会 *C* 也只是 $0.25\times B$，显然，人们在 *A*，*B* 之间的选择与在 *C*，*D* 之间的选择发生了不一致。

下面这个例子会更清楚地发现，在实际的风险决策中期望效用理论难以解释的现象。让人们在 3 000 美元的确定收益和 80% 可能的 4 000 美元收益中选择，实验的对象往往选择了前者，而不喜欢后者 20% 的一无所有可能性。这说明受试者是风险厌恶的。而接下来，在 80% 可能的 4 000 美元损失和 100% 可能的 3 000 美元损失中选择，这时 92% 的实验对象决定赌一把，受试者的风险态度变成了风险爱好。

阿莱斯由于提出了这一悖论以及与该悖论相关的对人类选择行为的一系列研究，而获得了1988年的诺贝尔经济学奖，然而经济学家们，包括阿莱斯本人，并没有对这个悖论给出合理的令人信服的解释。

直到1979年，卡尼曼与特沃斯基（Kahneman & Tversky）提出前景理论（Prospect Theory），对效用理论的发展作出了重大贡献。传统经济学一直以“理性人”为理论基础，通过一个个精密的数学模型构筑起完美的理论体系，卡尼曼与特沃斯基则从实证出发，从人自身的心理特质、行为特征出发，揭示影响选择行为的非理性心理因素，他们通过实验的方法，对这一领域进行了广泛而系统的研究。强调人们的行为不仅受到利益的驱使，还受到多种心理因素的影响。前景理论把心理学研究和经济学研究有效结合起来，揭示了在不确定性条件下的决策机制，开拓了一个全新的研究领域。卡尼曼因“将来自心理研究领域的综合洞察力应用到经济学当中，尤其是在不确定情况下的人为判断和决策方面作出了突出贡献”而摘得了2002年诺贝尔经济学的桂冠。

前景理论的基本原理，即与期望效用理论的差别，归纳为以下几点：

第一，参照依赖。假设面对这样一个选择：在商品和服务价格相同的情况下，你有两种选择：①其他同事一年挣6万元的情况下，你的年收入7万元。②其他同事年收入为9万元的情况下，你一年有8万元进账。调查结果出人意料，大部分人选择了前者。传统的期望效用理论认为，人们对含不确定性的经济事件的效用评估是根据该事件给自己带来的财富绝对水平做出的。而卡尼曼与特沃斯基发现，人们效用评价是基于一个参照点 W_0 的，是按未来事件带来的结果 W 与参照点 W_0 的偏离幅度与方向来评估的，即按 $\Delta W=(W-W_0)$ 来评估的。参照点 W_0 可以是当事人当前的财富水平，也可以是决策人期盼的财富水平，超过 W_0 就是好的，低于 W_0 则是负面的。按 $(W-W_0)$ 来评估效用就形成了“价值函数”。

第二，确定效应和反射效应。所谓确定效应，就是在确定的好处（收益）和“赌一把”之间做一个抉择，多数人会选择确定的好处，即“二鸟在林，不如一鸟在手”，也就是“见好就收，落袋为安”。所谓反射效应就是在面对两种都损失的抉择时，会激起决策者的冒险精神。在确定的坏处（损失）和“赌一把”之间做一个抉择，多数人会选择“赌一把”，即“两害相权取其轻”。

丹尼尔·卡内曼
（1934— ）

生于以色列，具有以色列与美国双重国籍。美国普林斯顿大学教授，成功地把心理学分析法与经济学研究结合在了一起，为创立一个新的经济学研究领域奠定了基础。其主要研究成果是发现了人类的决策不确定性，即发现人类的决定常常与根据标准的经济理论做出的预测大相径庭。与已故的阿莫斯·特维尔斯基合作，提出了一种可以更好地说明人类行为的预期理论。和美国乔治梅森大学教授 Vernon L. Smith 分享了2002年诺贝尔经济学奖。

人们在“参照点”左右，价值评判的行为是不一致的。若结果 $W > W_0$，则效用函数曲线为凹；若结果 $W < W_0$，则效应函数曲线为凸。这说明，对于大于参照点的“赢项”，人们认为其边际效用递减；而对小于参照点的“输项”，则认为其边际负效用加速。这种不对称意味着人们的决策是遵从“损失规避”准则，而不是“风险规避”准则。而且人们对于“赢”显示的是“风险规避”态度，而对于“输”显示的则是“风险爱好”态度。因此在“参照点”上，效用函数有“拐点”。

第三，迷恋小概率事件。很多人都买过彩票，虽然赢钱可能微乎其微，买者的钱99.99%的可能支持福利事业和体育事业了，可还是有人心存侥幸搏小概率事件。同时很多人都买过保险，虽然倒霉的概率非常小，可还是想规避这个风险。传统的期望效用理论是对效用函数用概率加权，在小概率事件面前人类对风险的态度是矛盾的，一个人可以是风险喜好者，同时又是风险厌恶者。传统经济学无法解释这个现象。而前景理论则要求对事件发生的概率（P）本身再指派一个“概率函数”π（P）。“概率函数”对较高的概率指派较小的权数，面对小概率则指派较大的权数。卡尼曼和特沃斯基认为，这同样是基于真实世界中人们的决策行为，因人们对胜算很大的事件往往认为理所当然，而将其轻视；但对突发的小概率事件则猝不及防，从而将其高度凸现，痛加思索。

价值函数的形态如图 1.11 所示。价值函数具有以下四个特征：

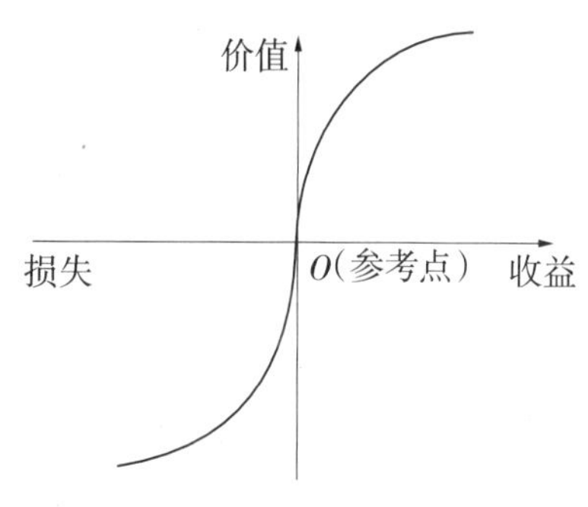

图 1.11　价值函数的 S 形曲线

（1）单调递增。价值函数是一条单调递增的函数曲线，表现为收益越大价值越高，或损失越大价值越低。并且，在任何情况下，收益总是好于损失。

（2）价值函数考察的是增量，而不是存量。价值函数是相对于不同参考点的收益或损失水平，而不是传统理论所重点考察的期末总收益或总损失。没有收益或损失（$x=0$），就没有价值（$v(x)=0$）。

（3）S 形曲线。价值函数是以原点为中心向收益和损失两个方向偏离的反射状曲线，呈 S 形。当收益出现时，价值函数是凸函数，反映了投资者对风险的厌恶倾向（$x>0$，$v''(x)<0$）；当损失出现时，价值函数是凹函数（$x<0$，$v''(x)>0$），反映了投资者对风险偏好的倾向。

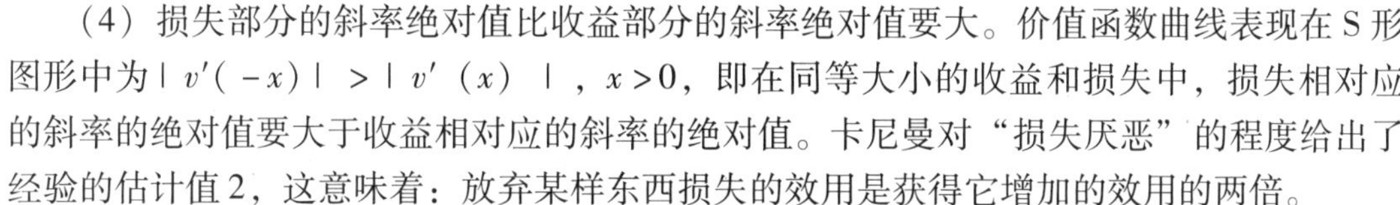

（4）损失部分的斜率绝对值比收益部分的斜率绝对值要大。价值函数曲线表现在 S 形图形中为 $|v'(-x)| > |v'(x)|$，$x>0$，即在同等大小的收益和损失中，损失相对应的斜率的绝对值要大于收益相对应的斜率的绝对值。卡尼曼对“损失厌恶”的程度给出了经验的估计值 2，这意味着：放弃某样东西损失的效用是获得它增加的效用的两倍。

1.5　应用与案例

1.5.1　2006 年世界杯，谁给莱曼了一张纸条？

在足球的点球大战时，由对方球员踢射点球，守门员防守球门。在点球被踢出之前，守门员是不允许移动的。然而，如果点球踢出之后，守门员左右移动慢了，一定扑不出点球，所以，必须在点球被踢出的同时进行左右移动。守门员的最佳策略是随机地扑向左边或者右边，并且两个方向各占50%，最糟糕的情况是一无所获，最理想的情况是扑出所有的点球，当然这要靠运气。

在2006年世界杯德阿点球大战之前，德国队主教练克林斯曼转头望着他的守门员教练科普克，问："我们做好了准备没有?"科普克给了他一个微笑："放心吧，一切都没有问题。"这时候的克林斯曼还不知道，科普克已经对点球大战做好了充分的准备，因为莱曼知道阿根廷的每一个主罚球员的罚球习惯。

在点球大战之前，科普克塞给了莱曼一张纸条，这张纸条9厘米宽、10厘米长，是一张来自格鲁内瓦尔德皇宫酒店的便笺，上面是科普克临时用铅笔写就的狂草，科普克按照阿根廷队已经确定的罚点球顺序，将所有需要的提示写在了上面：

克鲁斯，原地不动，球门右下。
阿亚拉，低平球，左下角。
马克西，右侧死角。
坎比亚索，等待，原地不动，左下角。

第一个是球员的名字，第二个是球员罚球的特点，第三个则是惯用的方向。科普克说："当时时间太紧，所以我只写了球员的姓氏。纸条上写的角度当然是从球员的角度看。"莱曼将这张纸条塞在靴子里面，每次扑球之前都要看一眼。这张纸条的确起了大作用，条中的信息可以说是百分之百正确，莱曼四个球都选对了方向。

第一个主罚的克鲁斯，莱曼扑对了方向，但是克鲁斯的球速太快，而且选择的角度偏上，从莱曼的身体上飞过，莱曼没有扑到，但是判断的正确已经增强了莱曼的信心。第二个主罚的阿亚拉则完全被莱曼封了一个正着，他罚出的足球路线与科普克预测的一模一样，对莱曼来说毫无神秘可言。面对第三个主罚的马克西，莱曼的方向选择也是正确的，只是这个球的角度实在刁钻，吻合了"球门死角"这个判断，令莱曼无能为力。至于坎比亚索，不仅角度被莱曼事先料中，而且力量很小，角度也不够刁钻，被轻松拿下。

点球大战中，德国教练组中只有科普克是最轻松的，因为这张纸条是莱曼和科普克的秘密，克林斯曼和教练组的其他人员都不知道。比埃尔霍夫开玩笑说："我知道纸条的内容，上面写的是'延斯，扑住两个点球，我们就获胜了'。"松了口气的克林斯曼也表示："如果下周二我们对阵意大利的时候还有点球，那么我也绝不会感到担心了。"科普克给莱曼的，是他临时在场边根据阿根廷队确定了的出场顺序做出的提示，实际上科普克还有一张更详尽的纸条。

当然，资料准备的详尽，并不能抹杀莱曼个人的能力。科普克也表示说："资料并不能决定一切，在莱曼出场之前我对他说，资料是一方面，更多的要依靠感觉。"莱曼在扑完点球时则表示："对敌人有了相应的了解，能给人带来自信，这也带来了扑点球时的最佳的感觉。"对于自己成为德国的英雄，莱曼显得不以为然："作为一个德国的门将，就必须赢得点球大战，这并没有什么好高兴的。所有的人都可以庆祝了，但是我要集中精神准备下一场的比赛了。"

（资料来源：https://zhidao.baidu.com/question/17424145.htm）

【案例分析导引】

（1）在你眼里有不确定性吗？如何对待不确定性？

（2）信息的价值思考。

1.5.2 科斯的“灯塔理论”

灯塔对于航海有着很重要的作用，但是由谁来提供？这是一个很头痛的问题。

早期的英国，灯塔设施的建造与管理是由私人提供的。一些临海人家自己出钱建设了灯塔，然后根据过往船只的大小和次数向船只收费，以此作为维护灯塔日常开支的费用并获取利润。经营一段时间后，灯塔的建造者逐渐发现，过往的船只总是想方设法逃避交费。他们或者绕过灯塔行驶，或者以自己熟悉海路为名拒绝交费。建造者们只能增雇人手加强管理，但他们又没有执法权，就是真碰上不交费的人，他们也无可奈何。而且，增雇人手也加大了建造者们的成本，慢慢地变得入不敷出了，于是，私人建造的灯塔也就逐渐关闭了。由于海上航行的需求，那么灯塔就只能由政府出面来建设了。

在经济学说史上，有几位大经济学家约翰·穆勒、庇古和萨缪尔森都曾说起过灯塔。他们的共同意见是“指引海上轮夜航方向的灯塔，只能由政府建造”。灯塔是公共物品，在他们看来，任何私人自己出钱去建造灯塔，然后再用市场交易方式向利用过灯塔灯光的轮船收费的企图都会失败。

公共物品具有非排他性和非竞争性的特点。所谓商品的非排他性，是指商品的生产者和购买者不可能或需要花费高额成本，才能把他人排斥在获得该商品带来的利益之外。非竞争性指在增加消费一单位商品时社会所需要增加的成本等于零。通常当我们增加消费一单位商品时，生产者就必须多花费一定的成本多生产一个单位。灯塔具有公共物品的特征，它温暖的光芒德泽广被，过往的船只均蒙其利。其他的东西如面包、牛奶等，一个人享用了之后别人就不能再享用，灯塔的光线却不是这样，多一艘船享用不会使光芒减少一丝一毫。而且，你在商店里付了钱才能得到牛奶面包，以灯塔而言，即使你不付钱还是可以享有光线的指引，别人很难因为你不付钱而把你排除在灯塔的普照之外。

政府经营灯塔刚开始让大家很高兴，因为过往船只不用自己交费了，好像节约了资源。但没多久大家就发现，这时的灯塔比私人经营时的损坏率提高了很多，反正是大家的东西，大家都不爱护，最后，政府花在灯塔维修上的费用要远远超过私人经营时的费用。从整个社会资源配置的角度看，这部分资源的配置是无效率的。

科斯进一步调查了英国灯塔制度的演变，发现英国现有的格局基本上是1898年形成的。领港公会负责建造和维修灯塔、灯塔税的缴纳和报表管理，港口的税务局负责具体的征税，商业部负责管理船员缴纳的灯塔税。灯塔税属于通用灯塔基金，从该基金中划拨领港公会的开支，同时，由商业部决定灯塔税的标准，其税收收入维持支出。还有一个民主协商性质的机构灯塔咨询委员会，相关利害主体可以献计献策。1898年《商业船运法》对收费的办法作了详细规定，按吨位分内航、外航，收费标准还跟航次有关，规定了不收费的情况等。

事实说明灯塔的建造是可由私人提供的，且政府对于解决灯塔“收费难”的问题起了重大作用。于是科斯提出了反驳上述经济学家的观点，科斯认为：“这些经济学家有关灯塔的论述都不是仔细研究或阅读其他经济学家的详细著述的结果，尽管文献中有大量的有关灯塔用途的论述……没有一个经济学家对灯塔的财政和管理做过广泛深入的研究。”

（资料来源：黄波．科斯的灯塔．https://wenliu.baidu.com）

【案例分析导引】

（1）“灯塔，只能由政府建造”，还是“灯塔的建造也可由私人提供”？

（2）公共品悲剧的原因在哪里？

第2章 博弈论

在经济学的完全竞争市场结构中，消费者的个人效用函数和厂商的利润函数，都只依赖于自己的选择，而与其他人的选择无关。虽然经济作为一个整体，各个经济主体的选择是相互影响的，但对于单个的消费者或厂商来说，所有其他经济主体的行为都被包括在一个参数里，这个参数就是价格。因此经济主体在决策时，面临的似乎是一个非人格化的东西，经济主体既不需要考虑他人的选择对自己选择的影响，也不需要考虑自己的选择对他人的影响。而在博弈论中，个人的效用函数不仅依赖于自己的选择，而且依赖于具体的某一个或某一些其他经济主体的选择，个人的最优选择是其他人选择的函数。

事实上，人们之间决策行为的相互影响广泛存在于社会经济活动中，博弈论在决策问题中已成为应用越来越广泛的重要分析方法。在传统微观经济学中，寡头市场的分析不同于完全竞争市场的分析，而对寡头市场的行为分析正是博弈论的典型应用领域之一。

2.1 博弈论的基本概念与分类

博弈论（game theory）是研究决策主体的行为发生直接相互作用时的策略选择及策略的均衡问题的理论。换句话说，博弈论研究当某一经济主体的决策既受到其他经济主体决策的影响，而且该经济主体的相应决策又反过来影响到其他经济主体时的决策问题和均衡问题。

2.1.1 博弈论的基本概念

先看一个博弈论经典的例子“囚徒困境”（prisons dilemma）。两个合伙作案的小偷被警方抓获，他们面临着以下后果：如果两人都坦白其全部犯罪事实，两人各获8年徒刑；如果某一人坦白其全部犯罪事实，而其同伙抵赖，则坦白者坦白从宽，可不予判刑，而抵赖者抗拒从严，从重判处10年徒刑。如果两人都抵赖警方所不知道的犯罪事实，那么根据已经掌握的证据，只能判处他们每人1年徒刑。

在这样的局势下两小偷将如何做出选择呢？

1. 博弈参与人（player）

博弈参与人是博弈中选择行动以最大化自己效用的决策主体。参与人可以是自然人，如“囚徒困境”中的小偷，也可以是企业、团队、国家，甚至是国家组成的集团（如欧盟、OPEC等）。除一般意义上的参与人外，博弈论中还有“虚拟参与人”（pseudo player）——自然（nature）。“自然”是指不以博弈参与人意志为转移的外生事件，选择的是外生事件的各种可能现象，并用概率分布来描述“自然”的选择机理。也可以说，“自然”就是决定外生的随机变量的概率分布的机制，参与人决策的后果依赖于自然的选择。与一般参与人不同的是，“自然”作为虚拟的参与人没有自己的支付和目标函数（即所有结果对它都是无差异的）。我们一般用 i（$i \in N$）代表参与人，N 代表“自然”。

2. 行动（action or move）

行动是参与人在博弈的某个时点的决策变量。一般地，用 a_i 表示第 i 个参与人的一个特定行动，$A_i = \{a_i\}$ 表示可供 i 选择的所有行动的集合。如在囚徒困境博弈中小偷选择的“坦白”或“抵赖”就是参与人小偷的行动。在 n 个人的博弈中，n 个参与人的行动的有序集 $a = (a_1, a_2, \cdots, a_i, \cdots, a_n)$ 称为“行动组合”（action profile），其中的第 i 个元素 a_i 是第 i 个参与人的行动。

与行动相关的一个重要问题是行动的顺序。静态博弈与动态博弈就是依据行动的顺序进行区分的。所谓静态博弈，就是指参与人同时选择行动，或虽然不是准确时间意义上的同时，但后行动者并不知道先行动者采取了什么具体行动。动态博弈则是指参与人的行动有先后顺序，且后行动者能够观察到先行动者所选择的行动。

行动顺序对博弈的结果非常重要。同样的参与人，同样的行动集合，行动的顺序不同，每个参与人的最优选择就不同。在不完全信息博弈中，后行动者还可以通过观察先行动者的行动来获取信息。

3. 策略（strategy）

博弈中各参与人的行动规则称为策略或战略。它规定参与人在什么情况下选择什么行动，以保证自身利益最大化。因为信息集包含了一个参与人有关其他参与人之前行动的知识，策略告诉该参与人如何对其他参与人的行动作出反应，因而策略是参与人的“相机行动方案”（contingent action plan）。一般用 s_i 表示第 i 个参与人的一个策略，$S_i = (s_i)$ 代表第 i 个参与人所有可选择的策略的集合即“策略空间”（strategy set），每个局中人的具体的策略 $s_i \in S_i$。如果 n 个参与人每人选择一个策略，则形成一个 n 维向量 $s = (s_1, \cdots, s_j, \cdots, s_n)$，称为一个策略组合（strategy profile）。特别地用 $s-i = (s_1, \cdots, s_i-1, s_i+1, \cdots, s_n)$ 表示除 i 之外的所有参与人的策略组成的向量，显然，策略组合 $s = (s_i, s-i)$。在“囚徒困境”博弈中，（坦白，不坦白）就是一个策略组合。

策略与行动是两个不同的概念，策略是行动的规则而不是行动本身。“人不犯我，我不犯人；人若犯我，我必犯人”是一种策略，这里的“犯”与“不犯”是两种行动，策略规定了什么时候选择“犯”，什么时候选择“不犯”。在静态博弈中，参与人同时行动，没有任何人能够获得其他参与人的行动的信息，这时参与人的策略选择就是行动选择，策略与行动是没有区别的。但在动态博弈中，策略规定了参与人在每一种可能的情况下的行动选择，即如何对其他参与人的行动做出反应。作为一种行动规则，策略必须是完备的。

4. 得益（payoff）

得益或支付是指在一个特定的策略组合下参与人从博弈中所获得的利益，是参与人追求的根本目标，也是他们行为和判断的主要依据。博弈的一个基本特征是参与人的得益不仅取决于自己的策略选择，而且取决于所有参与人的策略选择，因此参与人的得益是所有参与人策略组合的函数。一般地，每个参与人的得益函数记为 μ_i，它是对应于每种策略组合 $s = (s_1, \cdots, s_n)$ 的效用值，即 $\mu_i = \mu_i(s_1, \cdots, s_n)$。在“囚徒困境”博弈中，判刑年数就是参与人的支付。

5. 信息（information）

信息指的是参与人在博弈过程中能够了解和观察到的知识，这些知识包括“自然”的选择、其他参与人的特征和行动等，即该参与人所掌握的其他参与人的、对其决策有影响的所有知识。

博弈中最重要的信息之一是关于得益的信息，即各参与人在每种策略组合下的得益情况。所有参与人的得益信息显然是非常重要的，因为这会影响对其他参与人行为的判断，并最终影响各参与人自己的决策和行为，从而影响博弈的最终结果。

博弈中另一类重要信息是关于“过程”的信息。动态博弈的行为有先后次序，如果参与人在轮到自己行为时对博弈的进程完全了解，称为具有“完美信息”（perfect information），动态博弈中轮到行为的参与人不完全了解此前全部博弈进程时，称为具有“不完美信息”（imperfect information）。是否具有完美信息，对参与人的决策、行为和博弈结果也有很大的影响。没有关于博弈进程的完美信息，意味着决策和行为必然有一定的盲目性，只能依靠对博弈进程的“判断”、概率期望进行决策。

在博弈论中，“共同知识”（common knowledge）是与信息有关的一个重要概念。具有比公共信息更严格的定义，同时，是否具有共同知识对博弈结果也有很大的影响。用比较直观但并不很严格的说法，共同知识就是“每个人都知道的事实，每个人都知道每个人都知道的事实，每个人都知道每个人都知道每个人都知道的事实……”。因而，“共同知识”是一个关于知识的无限推理链，是比“大家都知道的事情”丰富得多的内涵和高得多的要求，是博弈论中一个非常强的假定，不仅涉及有关该事情的信息的传播和识别，而且涉及该范围内所有个体对相互之间信息获得和识别的机会和能力的了解和信心。

可以用一个有趣的例子——“信封中的困惑”（puzzle of the envelope）说明共同知识的含义及其作用。父亲给他的两个儿子每人各一个信封，并告诉他们两个信封中分别装有 10^n 元和 10^{n+1} 元钱，n 是 1～6 的任意整数，并且这 6 个整数出现的可能性相同。究竟谁的信封中钱较多也是随机的，可能性各 1/2。假设两个儿子都是风险中性的。结果大儿子打开信封，发现其中有 10^4 元，二儿子打开信封，发现其中有 10^3 元。此时父亲分别私下问两个儿子，愿不愿意与对方交换信封。结果两个儿子都说愿意，然后父亲将每个儿子的回答公布出来，再重复一遍上面的问题，即愿不愿意交换信封，两个儿子仍然都说愿意。父亲再把这个回答公布出来，并第三次问同样的问题，两个儿子的回答仍然是愿意。但当父亲再次公布两个儿子的回答并第四次问相同的问题时，第二个儿子的回答仍然是愿意，但第一个儿子的回答却不再是愿意，而是不愿意。

可以用共同知识的作用来分析这个问题。由于假设两个儿子都是风险中性的，所以他们的决策原则是使自己的期望货币收益最大化。当父亲第一次问双方是否愿意交换信封时，大儿子的判断是，自己的信封中有 10^4 元钱，那么弟弟的信封中可能有 10^3 元钱，也可能有 10^5 元钱，而且这两种可能性是相同的。因此，如果交换信封，那么他的期望货币收益值为 50 500 元，而不交换的收益值为 10^4 元，所以交换是合算的。二儿子的思路也一样，交换的期望货币收益为 5 050 元，高于他信封中的 10^3 元，因此二儿子也愿意交换。

但为什么父亲第四次发问时，大儿子不愿意交换了呢？

由于 n 的取值是有限的，最高是 6，因此，信封中最高的钱数就是 10^7，这是两个儿子的共同知识，如果他们之中有谁拿到这个钱数的话，就会知道自己拿了多的那一个信封，而不愿意交换。当两个儿子对父亲的第一次交换提议都表示同意时，没有一个信封中有 10^7 元成为两个儿子的新的共同知识。也就是说，n 等于 6 的可能性被排除了。值得注意的是，即使在父亲没有做交换提议并得到两个儿子的回应之前，没有一个信封中会装有 10^7 元钱就是双方都具有的知识，因为每个儿子根据自己信封中的钱数就可以很容易判断出这一点，但这个事实却并不是共同知识。这是因为有 10^4 元的大儿子不能排除他的弟弟有 10^5 元的可能性，这就意味着他不能排除他的弟弟以为哥哥有 10^6 的可能性，进一步他就必须考虑到他的弟弟以为自己会以为弟弟有 10^7 元的可能性。而正是因为父亲的第一次提议被两个儿子积极响应，才使得"没有一个信封中有 10^7 元"这个事实成为两兄弟间的共同知识。

同理，在双方具有"没有一个信封中有 10^7 元"这样的共同知识基础上，父亲的第二次提议仍然得到两个儿子都愿意交换的响应，又进一步说明了"没有一个信封中有 10^6 元"，因为此时两兄弟知道 10^6 元是较大的钱数，任何一方拿到都不会愿意交换。并且这个事实也成为共同知识（而这个事实在此之前并不是共同知识）。在父亲的第三次提议都表示愿意交换，揭示出"没有一个信封中有 10^5 元"的事实随着父亲的公布而成为两兄弟的共同知识。因此，父亲第四次发问时，大儿子当然不会再选择交换了，因为他现在已经很清楚，他所得到的装有 10^4 元钱的信封已经是两个信封之中钱数较多的那一个了。

这个问题的推理过程生动地反映了共同知识的重要作用，以及共同知识与"知识""大家都具有的知识"之间的不同。父亲把两个儿子对于交换信封的态度不断公布出来的同时，不断地创造着有关信封中钱数上限的"共同知识"。这些共同知识的出现不断改变作为两个儿子推理基础的信息结构，最终导致第一个儿子可以首先判断出两个信封中实际的钱数。

人们自己创造的事件，如博弈的规则和合同，可以看成是共同知识。关于人的本性的某些信念，如经济学家的假设"所有人都是追求最大利润的"，在其理论的逻辑推导中是被看成共同知识的。如果几个人进行长时间的对话或相互观察，那么他们各自将要做什么，经常会成为他们中间的共同知识，即使他们各自行为的理由可能仍然很难分辨。

通常来说，对于公共事件而言，所有人都通过同一公开渠道了解到这一个事件，那么这个事件就可能会成为这些人中间的共同知识，显然是共同知识必要条件，但要成为共同知识，则不仅要求所有参与人都能够获得相关信息并对信息具有识别能力，而且要求所有的这些信息渠道都是相互了解的，以及了解这些信息渠道的渠道也必须是大家都相互了解的，要求所有人的识别能力都必须是相互都了解的，以及相互之间有足够的信心。任何一人对信息的错误理解，或者缺乏对多层次交互理性的意识，或者怀疑其他人没有足够理解能力或意识，都会使得共同知识定义中的推理链在有限的层次或者很低级的层次就中断，从而不符合共同知识的意义。

共同知识显然是一种很高的要求，许多情况下这种假设很难严格成立，现实中人们常常只考虑有限的交互知识水平的概念。这就是所谓"N 级知识"概念。"N 级知识"实际上就是关于共同知识的无限推理链只成立前面 N 级意义上的交互知识。

共同知识的存在或出现，可以帮助人们从似乎没有信息的地方发现信息，做出正确的判断。由于社会经济活动是以人们的推理、判断和决策为前提和基础的，因此，作为推理和决策的基础和出发点的"知识""交互知识"和包括有特殊作用的"共同知识"成为现代社会经济理论中的一个重要因素。事实上，《孙子兵法》中“知己知彼，百战不殆”正是指共同知识作为决策参考依据有十分重要的意义。

2.1.2 博弈论分类

按照参与人的数量将博弈分为单人博弈、两人博弈和多人博弈。单人博弈实质上是个体的最优化问题，因此参与人拥有的信息越多，即对决策的环境条件了解得越多，决策的准确性就越高，得益也就越好。两人博弈就是两个各自独立决策，但策略和利益具有相互依存关系的博弈方的决策问题。两人博弈是博弈问题中最常见，也是研究得最多的博弈类型。在两人及两人以上的博弈问题中，掌握信息较多并不能保证利益也一定较多，这一点与单人博弈不同。例如，信息较多的参与人常常更清楚过度竞争的危险，为了避免不理智的恶性过度竞争，避免两败俱伤，只能采取较为保守的策略，从而也只能得到较少的利益。而那些信息较少，对危险了解较少的参与人却可能因此而得到更大的利益。多人博弈中策略和利益的相互依存关系更为复杂，例如，对三人博弈中的一个博弈方来说，其他两个博弈方不仅会对自己的策略做反应，而且他们相互之间还有作用和反应。此外，三人以上博弈中可能存在所谓的“破坏者”，其策略选择对自身的利益并没有影响，但却会对其他博弈方的得益产生很大的有时甚至是决定性的影响。

按照参与人策略数目进行分类，博弈可以划分为有限博弈（finite game）和无限博弈（infinite game）。如果一个博弈中每个参与人的策略数都是有限的，则称为有限博弈，如果一个博弈中至少有某些参与人的策略有无限多个，则称为无限博弈。有限博弈只有有限种可能的结果，因此理论上有限博弈总可以用矩阵法、博弈树或简单罗列的办法将所有的策略、结果及对应的得益列出，而无限策略博弈就不可能用列举方法来表示博弈的全部策略、结果或得益，一般只能用数集或函数式加以表示。这使得这两类博弈的分析方法也常常有很大的差异。

按照博弈中每个参与人在每种策略组合下都有相应的得益的总和，可以将博弈划分为零和博弈（zero-sum game）与非零和博弈（non-zero-sum game）。零和博弈是指使得对所有 s 有 $\sum_{i=1}^{n} u_i(s) = 0$ 的博弈，非零和博弈可以看作零和博弈的扩展，即所有参与人的得益总和始终为一个非零常数。零和博弈是被研究得最早的博弈问题，但在社会经济活动中人们更感兴趣的是非零和博弈。非零和博弈指不同策略组合下各参与人的利益之和是不同的。

按照参与人之间是否合作角度进行分类，博弈可以划分为合作博弈（cooperative games）与非合作博弈（non-cooperative games）。合作博弈是指参与人之间有着一个对各方具有约束力的协议，参与人在协议范围内进行的博弈。反之，就是非合作博弈。例如，几家寡头通过订立并实行协议，限制产量，制订垄断高价，则称这种博弈为合作博弈。若寡头们在市场竞争中没有达成有约束力的协议，每个企业仅仅是在考虑到竞争对手可能采取的行为的条件下，独立地进行产量与价格的决定，则称这种博弈为非合作博弈。在非合作博弈中，决策主体根据自己的利益来决定自己的选择，核心问题是策略选择，即研究人们如何在利益相互影响的情况下做出最有利于自己的选择。非合作博弈强调的是个人理性和个人最优决策，其结果可能是有效益的，也可能是无效益的。合作博弈假设了参与人之间的合作协议是可强制执行的，策略选择问题就不再重要，合作博弈的核心问题是利益分配，研究人们在达成合作之后如何分配利益。合作博弈强调的是团体理性，强调的是效益、公正和公平。当前，非合作博弈是博弈论研究的主流领域。

按照参与人的先后顺序进行分类，博弈可以划分为静态博弈（static game）和动态博弈（dynamic game）。静态博弈是指在博弈中，参与人同时选择或虽非同时选择但后行动者并不知道先行动者采取了什么具体行动。动态博弈是指在博弈中，参与人的行动有先后顺序，且后行动者能够观察到先行动者所选择的行动。按照参与人对其他参与人的了解程度进行分类，博弈可以划分为完全信息博弈和不完全信息博弈。完全信息博弈是指在博弈过程中，每一位参与人对其他参与人的特征、策略空间及收益函数有准确的信息。如果参与人对其他参与人的特征、策略空间及收益函数信息了解得不够准确，或者不是对所有参与人的特征、策略空间及收益函数都有准确的信息，在这种情况下进行的博弈就是不完全信息博弈。一般地，考虑从这两个维度进行划分，可以得到四种不同类型的博弈：完全信息静态博弈、完全信息动态博弈、不完全信息静态博弈、不完全信息动态博弈。

2.2 完全信息静态博弈

2.2.1 完全信息静态博弈的策略式表述

完全信息静态博弈策略式表述含有三个要素：①参与人集合。②每一个参与人可供选择的策略集合。③对所有参与人可能选择的策略组合，每一个参与人获得的收益。

用 G_n 表示一个有 n 个博弈方的完全信息静态博弈，$G_n = \{S_1, \cdots, S_n; u_1, \cdots, u_n\}$，其中，$S_1$，⋯，$S_n$ 表示每个博弈方的“策略空间”。$S_{ij} \in S_i$ 表示博弈方 i 的第 j 个策略，其中 j 可取有限个值（有限策略博弈），也可取无限个值（无限策略博弈）；u_i 表示博弈方 i 的得益，是各博弈方策略的多元函数，

前面的“囚徒困境”博弈问题可用表 2.1 所示的双变量矩阵表来描述。这个双变量矩阵可以由任意多的行和列组成，表格中的数字表示参与人在每个策略组合下的收益，正数值表示参与人有所得，负数值表示参与人有所失。一般横行代表的参与人（此例中为囚徒 A）的收益在两个数字中放在前面，列代表的参与人（此例中为囚徒 B）的收益置于其后。

表 2.1 囚徒困境博弈

囚徒 B / 囚徒 A	坦白	抵赖
坦白	−8，−8	0，−10
抵赖	−10，0	−1，−1

参与人、策略和支付是描述一个博弈所需要的最少的要素，而行动和信息是其“积木”。参与人、行动和结果统称为“博弈规则”（rules of the game）。博弈分析的目的是使用博弈规则预测均衡。

2.2.2 博弈均衡

1. 占优策略均衡

在表 2.1 中，每个犯罪嫌疑人都有两种可供选择的策略：坦白或抵赖。但不论同伙选择什么策略，每个犯罪嫌疑人的最优策略是坦白。以犯罪嫌疑人 A 为例，当犯罪嫌疑人 B 选择坦白时，A 如果也选择坦白，将被判处 8 年徒刑，如果选择抵赖，则将被判处 10 年徒刑。因而 A 选择坦白比选择抵赖好。当犯罪嫌疑人 B 选择抵赖时，A 如果选择坦白，将被判处 0 年徒刑，如果选择抵赖，则将被判处 1 年徒刑。因而 A 选择坦白还是比选择抵赖好。因此，坦白是犯罪嫌疑人 A 的占优策略。对于犯罪嫌疑人 B 来说，坦白同样也是他的占优策略。

在博弈中，无论其他博弈方选择什么策略，一个博弈方的某个策略给他带来的支付始终不低于其他策略，则称该策略为这个博弈方的一个占优策略（dominant strategy）。如果一个博弈的某个策略组合中所有策略都是各个博弈方的占优策略，则称这样的策略组合为该博弈的一个“占优策略均衡”。在“囚徒困境”博弈中，策略组合（坦白，坦白）就是一个占优策略均衡。

应该指出的是，占优策略均衡只要求所有的参与人是理性的，而并不要求每个参与人知道其他参与人也是理性的。因为，不论其他参与人是否理性，占优策略总是一个理性参与人的最优选择。在表 2.1 中，如果每个犯罪嫌疑人都选择抵赖，则每人将被判处 1 年徒刑。对于两个犯罪嫌疑人来说，这显然比每人判处 8 年徒刑要好。但由于 A、B 两人均从个人角度出发，如果不存在某种约束，他们不可能在“A 和 B 一起抵赖”的基础上达到均衡。

囚徒困境反映了一个深刻的问题，这就是个人理性与团体理性的冲突。现实社会经济活动中的许多问题都可以用囚徒困境的分析方法去解释，如军备竞赛、交通拥挤、公共资源滥用、中小学生“减负”与各学校的加班补习、市场竞争中的价格战、团队生产中的偷懒等。

在每个参与人都有占优策略的情况下，占优策略均衡是非常合乎逻辑的。但遗憾的是在绝大多数博弈中，占优策略均衡是不存在的。

2. 重复剔除的占优策略均衡

可以通过逐步剔除劣势策略找出博弈的均衡。

看一个博弈论经典的例子“智猪博弈”（boxed pigs game）。猪圈里有大猪和小猪两头猪，猪圈的一头有一个猪食槽，另一头安装着一个控制着猪食供应的按钮。按一下按钮，将有 10 个单位的猪食进入猪食槽，供两头猪食用。每头猪得选择是等在食槽旁边还是去按动按钮。可供大猪和小猪选择的策略有两种，自己去按按钮，或者等待另一头猪去按按钮。如果某一头猪做出自己去按按钮的选择，按动按钮所需付出的“劳动”要消耗相当于 2 个单位的猪食，且按动按钮的猪跑到食槽的时候，坐享其成的另一头猪早已开吃。如果大猪先到，大猪吃到 9 个单位的猪食，小猪只能吃到 1 个单位的猪食；如果同时到达，大猪吃到 7 个单位猪食，小猪吃到 3 个单位猪食；如果小猪先到，小猪可以吃到 4 个单位猪食，而大猪只能吃到 6 个单位的猪食。

表 2.2 中的数字表示不同情况下每头猪所吃到的猪食数量减去按按钮的成本之后的净收益。

表 2.2 智猪博弈

大猪＼小猪	按	等待
按	5，1	4，4
等待	9，-1	0，0

根据表 2.2，在这个博弈中，对大猪来说，其最优策略依赖于小猪的选择。如果小猪选择等待，大猪的最优策略是按按钮；如果小猪选择按按钮，则大猪的最优策略是等待。也就是说，大猪没有占优策略，当然也就不存在占优策略均衡。

进一步分析可以发现，无论大猪选择什么策略，小猪有占优策略“等待”。假定小猪是理性的，它就会发现无论大猪选择“按”还是“等待”，自己去“按”的收益总是小于“等待”的收益，我们称它为小猪的严格劣策略（strictly dominated strategy）。严格劣策略是指无论其他博弈参与人采取什么策略，某一参与人的策略集中，对自己严格不利的策略。在智猪博弈中，小猪肯定不会选择自己的严格劣策略——“按”。再假定大猪知道小猪是理性的，则大猪会正确地预测到小猪会选择等待，根据小猪的这一选择，大猪选择了在此前提下自己的最优策略——“按”。

于是我们得到寻找智猪博弈的均衡解的方法：首先找出某一博弈参与人的严格劣策略，将它剔除掉，重新构造一个不包括已剔除策略的新的博弈；然后继续剔除这个新的博弈中某一参与人的严格劣策略；重复进行这一过程，直到剩下唯一的策略组合为止，该策略组合称为“重复剔除的占优策略均衡”（iterated dominance equilibrium）。

应该指出的是，重复剔除劣势策略均衡不仅要求博弈的所有参与人都是理性的，而且要求参与人是理性的，是所有参与人的“共同知识”。在智猪博弈中，如果大猪不能排除小猪按按钮的可能性，按按钮就不一定是大猪的最优选择。团队合作中常说不怕“虎”敌人，就怕“猪”队友，应该就是这个道理。

在现实社会经济活动中也有许多智猪博弈的例子。例如，在股份公司中，股东承担着监督经理的职能。但不同的股东从监督中得到的收益大小不一样。在监督成本相同的情况下，大股东从监督中得到的收益显然多于小股东。因此，股份公司中监督经理的责任往往由大股东承担，小股东则搭大股东的便车。

3. 纳什均衡

通过对上面两个典型博弈例子的分析，对均衡的概念有了初步的了解。一般地：

定义：在博弈 $G=\{S_1, \cdots, S_n; u_1, \cdots, u_n\}$ 中，如果由各个博弈方的各一个策略组成的某个策略组合（$s_1{}^*, \cdots, s_n{}^*$）中，任一博弈方 i 的策略 $s_i{}^*$，都是对其余博弈方策略组合（$s_1{}^*, \cdots, s_i-1^*, s_i+1^*, \cdots, s_n{}^*$）的最佳策略，即

$$u_i(s_1{}^*, \cdots, s_i-1^*, s_i{}^*, s_i+1^*, \cdots, s_n{}^*)$$
$$\geq u_i(s_1{}^*, \cdots, s_i-1^*, s_i, s_i+1^*, \cdots, S_n{}^*)$$

对任意 $s_i \in S_i$ 都成立，则称策略组合（$s_1{}^*, \cdots, s_n{}^*$）为 G 的一个纳什均衡（Nash equilibrium）。

可以用另一种表示方式，记 $S-i^*=(s_1{}^*, \cdots, s_i-1^*, s_i+1^*, \cdots, s_n{}^*)$ 的情况

下，如果对于每一个 i，s_i^* 是给定其他参与人的选择时第 i 个人的最优策略，即

$$u_i(s_i^*, s-i^*) \geqslant u_i(s_i, s-i^*)$$

对所有的 $i \in N$，$s_i \in S_i$ 都成立。

或者说 s_i^* 是下述最大化问题的解

$$s_i^* \in \arg u_i \ (s_1^*, \cdots, s_i-1^*, s_i, s_i+1^*, \cdots, s_n^*)$$

对所有的 $i \in N$，$s_i \in S_i$ 都成立。

纳什均衡具有这样的特征，当且仅当没有一个参与人能从单方面背离这个策略组合而增加自己的得益。因此推测结果可以称为是“策略稳定”或“自动实施”的，因为没有参与人愿意独自离弃他所选定的策略。

每一个占优战略均衡、重复剔除的占优均衡一定是纳什均衡，但并非每一个纳什均衡都是占优战略均衡或重复剔除的占优均衡。这是因为，一个参与人的占优战略是对于所有其他参与人的任何战略组合的最优选择，它也一定是对于所有其他参与人的某个特定战略的最优选择，而一个战略构成纳什均衡战略的唯一条件是它是参与人对于其他参与人均衡战略的最优选择。在重复剔除过程中，如果最后剩下来的战略组合是唯一的，它一定是一个纳什均衡。纳什均衡与占优策略均衡、重复剔除的占优策略均衡的关系如图 2. 1 所示。

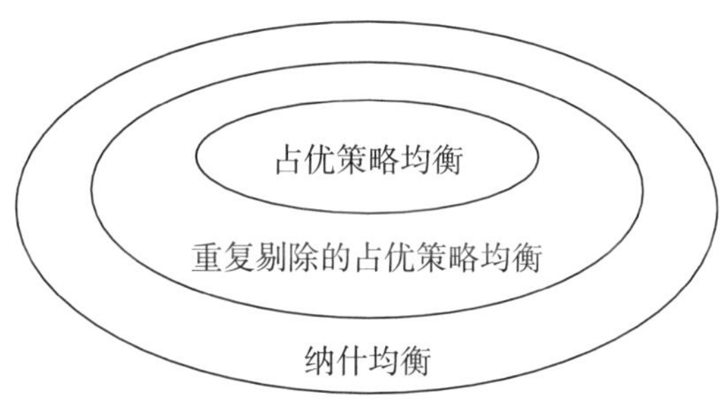

图 2. 1　纳什均衡与占优战略均衡、重复剔除的占优策略均衡的关系图

2. 2. 3　有限博弈纳什均衡的求解方法

2 人有限博弈纳什均衡的求解方法——画线法。首先，考察参与人 1 的最优策略。对于参与人 2 的一个给定策略，也就是在双变量矩阵的每一列中，找出参与人 1 的最优策略，并在相应的收益下面画一条横线。然后，用类似的方法找出参与人 2 的最优策略。最后，如果双变量中某个单元的两个收益值下面都被画了横线，那么这个单元对应的策略组合就是一个纳什均衡。

约翰·纳什
（1928—2015）

美国数学家，普林斯顿大学数学系教授，主要研究博弈论、微分几何学和偏微分方程。1950 年和 1951 年，纳什的两篇关于非合作博弈论的重要论文，彻底改变了人们对竞争和市场的看法。他证明了非合作博弈及其均衡解，并证明了均衡解的存在性，即著名的纳什均衡。从而揭示了博弈均衡与经济均衡的内在联系。因为在现实世界中，非合作博弈要比合作博弈普遍得多。由于他在非合作博弈的均衡分析理论方面作出了开创性的贡献，对博弈论和经济学产生了重大影响，获得 1994 年诺贝尔经济学奖。

例　“性别战”博弈。恋爱中的男女共度周末，但男女双方各自有着自己的偏好。男方喜欢看足球比赛，女方喜欢看歌剧。不同选择下男女双方的收益见表 2.3。

表 2.3　“性别战”博弈

女方＼男方	歌剧	足球
歌剧	2，1	0，0
足球	0，0	1，2

在这个博弈中，先站在女方的立场上选择最优策略，如果男方选择看歌剧的得益是 1，女方选择看歌剧的得益是 2，选择看足球的得益是 0，因此女方的最优选择应当是看歌剧，则在女方歌剧的收益值 2 下画一道横线；如果男方选择看足球，女方选择看歌剧的得益是 0，选择看足球的得益是 1，因此女方的最优选择是看足球，则在女方看足球的得益值 1 下画一道横线。

同样地，站在男方的立场上，女方看歌剧时，男方的最优选择是看歌剧，女方看足球时，男方的最优选择是看足球，则在相应的收益值下划横线。得出“性别战”博弈存在着两个纳什均衡（歌剧，歌剧）和（足球，足球）。即男女双方或者一起去看足球，或者一起去看歌剧。这说明博弈的纳什均衡不唯一。

2.2.4　完全信息静态博弈模型的应用

1. 完全信息静态“古诺（Cournot）双寡头垄断博弈”模型

双寡头垄断模型最早为古诺（1838）提出。设市场有 1，2 两家厂商生产同质产品，厂商 1 的产量为 q_1，厂商 2 的产量为 q_2，则市场总供给量为 $Q = q_1 + q_2$。为简单计，设市场出清价格 P（可以将产品全部卖出去的价格）是市场总供给的线性函数 $P = P(Q) = a - Q$（a为市场容量），两厂商的成本 $C(q_i) = cq_i$，即固定成本为 0，且生产每单位产品的边际成本为常数 c。每家厂商的策略是选择产量，得益是利润 u，即各自的销售收入减去各自的成本，即

$$u_1 = q_1P(Q) - c_1q_1 = q_1[a - (q_1 + q_2)] - cq_1 \quad (2.2.1)$$

$$u_2 = q_2P(Q) - c_2q_2 = q_2[a - (q_1 + q_2)] - cq_2 \quad (2.2.2)$$

两厂商的得益（利润）都取决于双方的产量水平。

利用纳什均衡的概念，如果两厂商的一个策略组合（$q_1{}^*$，$q_2{}^*$）满足其中的 $q_1{}^*$ 和 $q_2{}^*$ 相互是对对方的最佳策略，就构成一个纳什均衡。

根据纳什均衡的定义，（$q_1{}^*$，$q_2{}^*$）应当是下列最大值问题的解

$$\max_{q_1} q_1[a - (q_1 + q_2^*) - c] \quad (2.2.3)$$

$$\max_{q_2} q_1[a - (q_1^* + q_2) - c] \quad (2.2.4)$$

利用微积分求极值的方法，可以知道，该问题的解就是对每个厂商的收益函数求一阶导数并令其等于零，可求出

$$q_1^* = \frac{1}{2}(a - q_2^* - c) \quad (2.2.5)$$

$$q_2^* = \frac{1}{2}(a - q_1^* - c) \tag{2.2.6}$$

此两函数分别称为一厂商对另一厂商的反应函数，解这一方程组得

$$q_1^* = q_2^* = \frac{1}{3}(a - c) \tag{2.2.7}$$

这一对产量组合就是古诺双寡头垄断模型的纳什均衡。对于一个一般的博弈，只要得益是策略的多元连续函数，都可以求每个博弈方针对其他博弈方策略的反应函数，解出的各个博弈方反应函数的交点就是纳什均衡。这种利用反应函数求博弈的纳什均衡的方法称为“反应函数法”。

在这个双寡头垄断市场上，每个厂商都从自身利润最大化出发选择了最优产量$\frac{1}{3}$（$a-c$）。市场总产量为$\frac{2}{3}$（$a-c$），每个厂商的纳什均衡利润为$\frac{2}{9}$（$a-c$）。

可以将这个结果与完全垄断市场做一比较。在完全垄断市场上只有一个厂商，这时他会选择 q 使自己的利润 $u=q$（$a-q-c$）最大化容易算出，垄断企业的最优产量为

$$Q^* = \frac{1}{2}(a - c) < q_1^* + q_2^* = \frac{2}{3}(a - c) \tag{2.2.8}$$

垄断利润为

$$\pi^m = \frac{1}{4}(a - c)^2 > \frac{2}{9}(a - c)^2 \tag{2.2.9}$$

2. 完全信息静态“豪泰林（Hotelling）价格竞争博弈”模型

在古诺模型中，产品是同质的。在这个假设下，如果企业的竞争策略是价格而不是产量，伯川德证明，即使只有两个企业，在均衡情况下，价格等于边际成本，企业的利润为零，与完全竞争市场均衡一样。这便是所谓的“伯川德悖论”（Bertrand paradox）。

悖论产生的原因是假设了产品的无差异性。如果不同厂商生产的产品是有差异的，替代弹性就不会是无限的，此时消费者对不同厂商的产品有着不同的偏好，价格就不是他们唯一感兴趣的变量。豪泰林模型考虑了一种特殊的差异，即空间上的差异（实际上，可以将消费者的位置差异引申为一般性的产品差异）。因为不同位置上的消费者要支付不同的运输成本，他们关心的是价格与运输成本之和，而不仅仅是价格。

假定有一个长度为 1 的线性城市，消费者均匀分布在［0，1］区间里，分布密度为1。假定有两个商店，分别位于城市的两端，商店 1 在 $x=0$ 处，商店 2 在 $x=1$ 处，出售性能相同的产品。每个商店提供单位产品的成本为 c，消费者承担每单位距离为 t 的交通成本。这样，住在 x 处的消费者如果在商店 1 购买，要花费 tx 的交通成本；如果在商店 2 购买，要花费 t（$1-x$）的交通成本。假定消费者具有单位需求，即或者消费 1 个单位，或者消费 0 个单位。

考虑两商店之间价格竞争的纳什均衡，即行动变量为价格 p_i（$i=1$，2），需求函数 D_i（p_1，p_2）（$i=1$，2）。

如果住在 z 的消费者在两个商店之间消费成本是无差异的，即满足

$$p_1 + tx = p_2 + t(1 - x) \tag{2.2.10}$$

那么，住在比 x 距离近的消费者都会在商店 1 购买，住在比 x 距离远的消费者都会在商店 2 购买。则需求函数分别为

$$D_1(P_1,P_2) = x = \frac{p_2 - p_1 + t}{2t} \tag{2.2.11}$$

$$D_1(P_1,P_2) = 1 - x = \frac{p_1 - p_2 + t}{2t} \tag{2.2.12}$$

利润函数分别为

$$u_1 = u_1(P_1,P_2) = (P_1 - c)\cdot D_1(P_1,P_2) = (P_1 - c)\left(\frac{p_2 - p_1 + t}{2t}\right) \tag{2.2.13}$$

$$u_2 = u_2(P_1,P_2) = (P_2 - c)\cdot D_2(P_1,P_2) = (P_2 - c)\left(\frac{p_1 - p_2 + t}{2t}\right) \tag{2.2.14}$$

求使得利润最大的价格水平，分别令以下一阶导数为 0

$$\frac{\partial u_1}{\partial p_1} = p_2 + c + 2t - 2p_1 = 0 \tag{2.2.15}$$

$$\frac{\partial u_2}{\partial p_2} = p_1 + c + 2t - 2p_2 = 0 \tag{2.2.16}$$

解得

$$p_1 = p_2 = c + t \tag{2.2.17}$$

每个企业的均衡利润为

$$u_1 = u_2 = \frac{1}{2}t \tag{2.2.18}$$

如果将位置差异解释为产品差异，则差异越大，均衡价格及利润就越高。原因在于，随着交通成本的上升，不同商店出售的产品之间的替代性下降，每个商店对附近的消费者的垄断能力加强，商店之间的竞争越来越弱，消费者对价格的敏感度下降，从而每个商店的最优价格更接近于垄断价格。而当交通成本为 0 时，不同商店的产品之间具有完全的替代性，没有任何一个商店可以把价格定得高于成本，就得到了伯川德（悖论）均衡结果，价格等于边际成本，利润为 0，即

$$p_1^* = p_2^* = c \tag{2.2.19}$$

$$u_1 = u_2 = 0 \tag{2.2.20}$$

这个模型解释了寡头企业存在大于 0 的长期利润来自于其产品或服务的差异性。

2.2.5 混合策略和混合策略纳什均衡

先来看一个例子——“猜硬币”博弈。在这个博弈中，每一个参与人的策略空间都是（正面，反面）。设想每一个参与人拿有一枚硬币，并必须选择是出正面向上还是反面向上，如果两枚硬币是一致的，即全部是正面向上或全部是反面向上，则盖币方赢得参与人 2 的硬币；如果两枚硬币不一致，即一正一反，则猜币方赢得参与人 1 的硬币。这个博弈可以用表 2.4 来描述。

表 2.4 猜硬币博弈

盖币方 \ 猜币方	正面	反面
正面	-1，1	1，-1
反面	1，-1	-1，1

猜硬币博弈实际上是一个零和博弈，一方所得即另一方所失。用画线法找不到这个博弈的纳什均衡。对这个博弈来说，设盖币方出正面的概率为 p，则出反面的概率为 $1-p$，如果 $p>\frac{1}{2}$，且猜币方全猜正面，则他的期望得益为 $p\cdot 1+(1-p)\cdot(-1)=2p-1>0$，这时猜币方一定是赢多输少；同理如果 $p<\frac{1}{2}$，猜币方也可通过全猜反面而占优。只有 $p=\frac{1}{2}$，对方无法占便宜，可见双方各以$\frac{1}{2}$的概率作为正反面成了一种“均衡”。

在博弈 $G=\{S_1, \cdots, S_n; u_1, \cdots, u_2\}$ 中，博弈方 i 的策略空间为 $S_i=\{s_{i1}, \cdots, s_{ik}\}$，则博弈方 i 以概率分布 $p_i=(p_{i1}, \cdots, p_{ik})$ 在其 k 个可选策略中选择的“策略”称为一个混合策略（mixed strategies），其中 $0\leqslant P_{ij}\leqslant 1$ 对 $j=1, \cdots, k$ 都成立，且 $p_{i1}+\cdots+p_{ik}=1$。

相对应地把博弈中原来意义上的策略称为“纯策略”（pure strategies）。纯策略可以理解为混合策略的特例，如纯策略 s_{i1} 可以看作是混合策略 $p_i=(1, 0, \cdots, 0)$。

于是可以在混合策略的意义上定义纳什均衡，如果一个混合策略组合满足各参与人的混合策略相互是对其他参与人混合策略的最优混合策略时，就是一个纳什均衡。

猜硬币博弈就有了混合策略的纳什均衡$\left\{\left(\frac{1}{2}, \frac{1}{2}\right), \left(\frac{1}{2}, \frac{1}{2}\right)\right\}$。类似地我们可以得出表 2.5 表示的“石头、剪子、布”博弈的混合策略的纳什均衡$\left\{\left(\frac{1}{3}, \frac{1}{3}, \frac{1}{3}\right), \left(\frac{1}{3}, \frac{1}{3}, \frac{1}{3}\right)\right\}$。

表 2.5 “石头、剪子、布”博弈

甲方 \ 乙方	石头	剪子	布
石头	0，0	1，-1	-1，1
剪子	-1，1	0，0	1，-1
布	1，-1	-1，1	0，0

一般地，我们可以从混合策略纳什均衡的含义求博弈的混合策略纳什均衡的方法，即设定各个参与人随机选择各纯策略的概率，使其满足使其他参与人采用不同策略的期望得益相同，从而计算出各个参与人的混合策略。

例 “社会福利博弈”。如表 2.6 描述，这个博弈不存在纯策略纳什均衡。给定政府救济，失业者的最优策略是游荡；给定政府不救济，失业者的最优战略是寻找工作；而给定失业者寻找工作，政府的最优策略是救济；给定流浪汉游荡，政府的最优策略是不救济；可见，用画线法找不到博弈的纳什均衡。

表 2.6 救济博弈

政府 \ 失业者	寻找工作	游荡
救济	3，2	-1，3
不救济	-1，1	0，0

下面来求解该博弈的混合策略纳什均衡。

设政府的混合策略为 $a_1 =(\theta, 1-\theta)$，其中 θ 为政府对失业者进行救济的概率；失业者的混合策略为 $a_2 =(\gamma, 1-\gamma)$，其中 γ 为失业者找工作的概率。

根据对混合策略纳什均衡的含义，各个参与人随机选择纯策略的概率分布，应当满足使对方或其他参与人采用不同策略的期望得益相同，即

$$3\gamma + (-1)(1-\gamma) = (-1)\gamma + 0\cdot(1-\gamma) \tag{2.2.21}$$

得

$$\gamma = 0.2$$

同样有

$$2\theta + 1\cdot(1-\theta) = 3\theta + 0\cdot(1-\theta) \tag{2.2.22}$$

得

$$\theta = 0.5$$

故混合策略博弈纳什均衡为 $\{(0.5, 0.5), (0.2, 0.8)\}$。

当双方采用该策略组合时，虽然不能确定单独一次博弈的结果究竟会是四组得益中的哪一组，但双方进行该博弈的期望得益，也就是多次重复该博弈的平均结果，分别是

$$u_1 = 0.2\times0.5\times3 + 0.8\times0.5\times(-1) + 0.2\times0.5\times(-1) + 0.8\times0.5\times0 = -0.2 \tag{2.2.23}$$

$$u_2 = 0.2\times0.5\times2 + 0.8\times0.5\times1 + 0.2\times0.5\times3 + 0.8\times0.5\times0 = 0.9 \tag{2.2.24}$$

在这种没有纯策略纳什均衡的博弈中，混合策略指的就是参与人以一定的概率选择某种策略，那么实际上参与人是如何进行策略选择的呢？在实际博弈过程中，可以发现参与人一是力图避免自己的策略被对方猜中；二是在重复博弈中，博弈方一定要避免自己的选择带有规律性。

2.2.6 纳什均衡的存在性和多重纳什均衡博弈的分析

当把纳什均衡的定义扩展到包含混合策略的情况后，纳什（1950）证明，每一个有限博弈都至少有一个（混合策略）纳什均衡。这就是纳什均衡的存在性，被称为纳什定理，建立了纳什均衡概念在博弈分析中的基础地位。

但纳什均衡博弈多重性是非常普遍的。一个博弈可能有多个（甚至是无穷多个）纳什均衡，如“分割蛋糕博弈”。两个人分一块蛋糕，每人独立地提出自己要求的份额，设 x_1 为参与人 1 要求的份额，x_2 为参与人 2 要求的份额，如果 $x_1+x_2\leqslant 1$，每个人得到自己的份额；如果 $x_1+x_2>1$，两个人所得为 0。显然任何满足 $x_1+x_2=1$ 的点（x_1，x_2）都是纳什均衡点（$x_1+x_2<1$ 的点不是）。

由于许多博弈中纳什均衡是不唯一的，而且不同的纳什均衡相互之间也没有明显的优劣关系，从而博弈方的选择会遇到困难，这成了博弈纳什均衡分析中的最大问题。事实上正是这一问题的探索推动了博弈论的发展。下面就多重纳什均衡导致的选择问题进行讨论。

1. 帕累托上策均衡

在有些博弈中，虽然存在多个纳什均衡，但这些纳什均衡有明显的优劣差异，即这些纳什均衡中的某一个给所有参与人带来的利益，都大于其他所有纳什均衡带来的利益。这时博弈方的选择倾向性就可能会是一致的，不会出现选择困难。用这种方法选择出来的纳什均衡称为“帕累托上策均衡”。

例 “猎鹿”博弈。假设有两个猎人，他们必须同时决定是猎鹿还是抓野兔，如果两人均决定猎鹿，那么他们会获得一头鹿，并在他们之中平分；如果两个人抓野兔，那么他们每个人可以获得一只野兔。如果一个人猎兔，而另一个人猎鹿，则前者获得一只野兔，后者一无所获。对每个猎人来说，半头鹿比一只兔要好。这个博弈的描述见表 2.7。

表 2.7 猎鹿博弈

参与人 2 参与人 1	猎鹿	猎兔
猎鹿	5，5	0，3
猎兔	3，0	3，3

这个博弈有两个纯策略纳什均衡（猎鹿，猎鹿）（猎兔子，猎兔子）和一个混合策略纳什均衡，其中（猎鹿，猎鹿）是一个帕累托上策均衡。每个参与人都希望自己的收益达到最大，因此（猎鹿，猎鹿）有理由成为博弈的预测结果。

促使帕累托上策均衡出现的一个方法是“廉价磋商”（cheap talk），容易协同到帕累托上策均衡上来。

2. 风险上策均衡

在存在帕累托效率意义上优劣关系的情况下，选择帕累托上策均衡似乎是容易理解的，但有时候理性的决策者也不一定会选择帕累托上策均衡，如表 2.8 所示。

表 2.8 风险上策均衡博弈

参与人 2 参与人 1	*L*	*R*
U	9，9	0，8
D	8，0	7，7

在这个博弈中，也存在两个纯策略纳什均衡（U，L）（D，R）和一个收益更低的混合策略纳什均衡｛(7/8，1/8）（7/8，1/8)｝。显然（U，L）是帕累托上策均衡，那么它是该博弈最合理的预测结果吗？

考虑纳什均衡（D，R)，虽然它在帕累托效率意义上不如（U，L)，但从参与人 1 来说，选择 D 安全得多，因为无论参与人 2 如何行动，D 可以保证 7 的收益，甚至更好一些。对参与人 2 来说也是如此，R 的选择更加安全。

风险因素，从混合策略纳什均衡｛(7/8，1/8）（7/8，1/8)｝考虑，参与人 1 如果判断参与人 2 选择 R 的可能性大于 1/8，参与人 1 就应该选择 D；同样，参与人 2 如果判断参与人 1 选择 D 的可能性大于 1/8，参与人 2 选择 R 就可以获得较高的期望收益。1/8 是一个较小的概率，因此从风险角度考虑，当人们希望更保险一些，想要回避风险时就会选择（D，R)，而不是（U，L)。通常称（D，R）是这个博弈的一个“风险上策均衡”(risk-dominant equilibrium)。

事实上，在上述的“猎鹿”博弈中猎兔就是一个风险上策均衡，在博弈对方选择猎兔的情况下，猎鹿的人会一无所获，而猎兔的收益是有保障的。因此，选择猎鹿有很大的风险。在“猎鹿”博弈中，如果只有两个参与人，只要对手以不小于 0.5 的概率猎鹿，那么猎鹿就更好。然而，在有 9 个参与人时，只有在至少有 0.5 的概率所有 8 个对手都采用猎鹿策略时，猎鹿才是最优的。如果每个对手以独立于其他人的概率 p 猎鹿，那么这就要求 $p_8 \geqslant 0.5$，或者说有 $p \geqslant 0.93$ 时，猎鹿才是最优的，此时选择合作的风险就非常大。因此“所有人猎兔”从风险意义上优于“所有人猎鹿”。

值得注意的是，博弈方对风险上策均衡的选择倾向，有一种自我强化的机制，当部分或所有博弈方选择风险上策均衡的可能性增强的时候，任一博弈方选择帕累托上策均衡策略的期望得益都会进一步变小，这就使各博弈方更倾向于选择风险上策均衡，而这又进一步使选择帕累托上策均衡策略的得益更小，从而形成一种选择风险上策均衡的正反馈机制，使其出现的机会越来越大。风险上策均衡是人们经济决策和行为的重要规律之一，如果我们忽视这种均衡或行为规律的存在，忽略人们选择风险上策均衡的可能性，就可能无法对许多决策问题进行准确的分析判断，无法对许多经济现象做出合理的解释。

3. 聚点均衡

博弈参与人可能使用某些被博弈模型抽象掉的信息来达到一个“聚点均衡”，这些信息可能与社会文化习惯或规范、共同的知识、某些具有特定意义的事物特征，以及参与人过去博弈的历史等有关。

例 假设两个参与人被要求指定一个确切的时间，如果所报时间相同各可获得奖励，所报时间不同则不能获得奖励。显然这个博弈有无穷多个纳什均衡，双方选择任何一个相同时间都是该博弈的纳什均衡，而且这些纳什均衡相互之间完全不存在效率意义上的优劣关系。但是，博弈的两个参与人选择类似“中午 12 点”“0 点”和“1 点”的可能性比较大，双方同时选择这种时间的机会也较大，而选择类似“上午 10 点 34 分”等时间的可能性就很小，更不大可能同时成为双方的选择。因此称“中午 12 点”和“0 点”这样的策略为上述博弈的“聚点均衡”（focal point equilibrium)。聚点均衡首先是纳什均衡，是多重纳什均衡中比较容易被选择的纳什均衡。

同样前述的“分割蛋糕博弈”，在有无穷多个纳什均衡中（1/2，1/2）就是该博弈的聚点均衡。

4. 相关均衡

考虑博弈如表 2.9 所示。

表 2.9 相关均衡博弈

参与人1 \ 参与人2	L	R
U	5，1	0，0
D	4，4	1，5

该博弈有三个纳什均衡（U，L）（D，R）和混合策略｛(1/2，1/2)（1/2，1/2)｝，相应的得益分别为（5，1）（1，5）（2.5，2.5）。虽然该博弈的两个纯策略纳什均衡都能使两博弈方得到 6 单位得益总和，但在这两个纳什均衡下双方的利益相差很大，因此很难在两博弈方之间形成自然的妥协，聚点均衡的概念是不适用的。如果采用混合策略纳什均衡，因为有 1/4 的可能性遇到最不理想的（U，R），因此双方的期望得益都只有 2.5 单位，显然也不理想。

为避免出现（U，R）结果符合双方的利益，双方可能通过协商约定：抛一硬币，出现正面博弈方 1 采用 U，博弈方 2 采用 L；出现反面博弈方 1 采用 D，博弈方 2 采用 R。按照这样的规则选择，那么两个纯策略纳什均衡（U，L）和（D，R）各有 1/2 出现的可能，且可以保证排除采用混合策略可能出现的（U，R），双方的期望得益都是 3，明显优于双方各自采用混合策略的期望得益，也解决了双方在两个纯策略纳什均衡选择方面的僵局。同样的思想用到“性别战”博弈中，双方可能形成这样的约定：如果天气好一起去看足球赛，天气不好则一起看歌剧。

2.3 完全信息动态博弈

在动态博弈中，参与人的行动有先后顺序。当一个人行动在前，而一个人行动在后时，后者自然会根据前者的选择进行策略的调整，前者也能理性地预测到这一点，并考虑这一影响。

2.3.1 完全信息动态博弈的表示

动态博弈一般用展开式“博弈树”表示，包括以下几部分：

参与人集合，用 N 代表虚拟的参与人“自然”；

行动顺序（order of move），即谁在何时采取行动；

行动空间（action set），每次轮到某一参与人行动时，可供选择的行动；

信息集（information set），参与人进行选择时所知道的信息；

收益函数，每个参与人可能选择的每一种行动所构成的行动组合相对应的各个参与人的收益；

外生事件的概率分布，即“虚拟参与人（自然）”的可能选择，“自然”在博弈中的作用是在相应的外生事件中根据一定的概率分布随机选取，而没有自己的利益目标和收益函数。

博弈树如图 2.2 所示，有两个参与者 A 和 B 进行博弈，第一个参与者 A 有两种策略：1 或 2。参与者 A 选择 1 时，参与者 B 有 11 或 12 两种选择；参与者 A 选择 2 时，参与者 B 有 21 或 22 两种选择。（A_{11}，B_{11}）（A_{12}，B_{12}）（A_{21}，B_{21}）和（A_{22}，B_{22}）表示两个参与者选择不同策略后的最终收益。

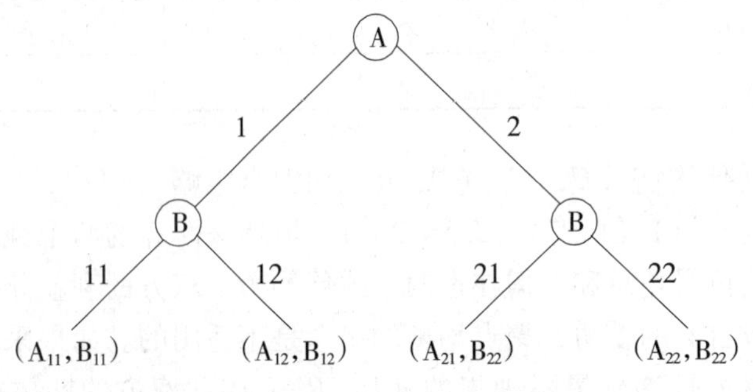

图 2.2　博弈树

完全信息博弈是指得益函数和纯策略空间均为博弈各方的共同知识。博弈树必须满足下列规则：

（1）每一个结（node）至多有一个其他结直接位于它的前面；

（2）在博弈中没有一条路径可以使决策集与自身相连；

（3）有且只有一个初始结。

如果博弈树的所有信息集都是单结的，则称该博弈为完美（perfect）信息博弈（无虚线连接），完全信息可以是完美的也可以是不完美的。有了信息集的概念，展开式表示也可以用来表示静态博弈。“囚徒的困境”博弈树如图 2.3 所示。

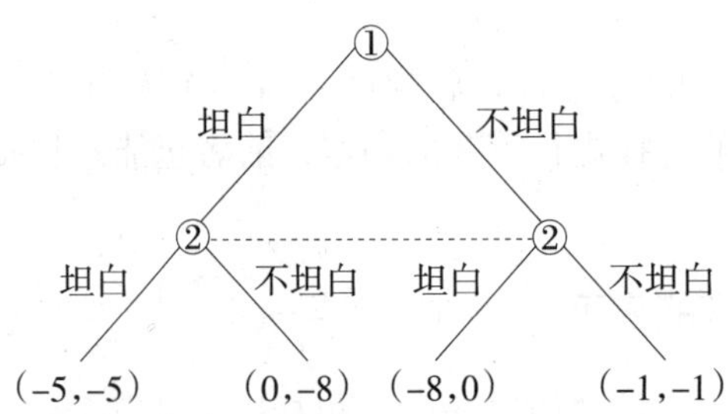

图 2.3　“囚徒的困境”的博弈树

2.3.2　子博弈精练纳什均衡

纳什均衡在原则上适用所有的博弈，但对于动态博弈预测参与人的行为来说，纳什均衡可能并不是一个合理的预测。

考虑如图 2.4 的房地产博弈。

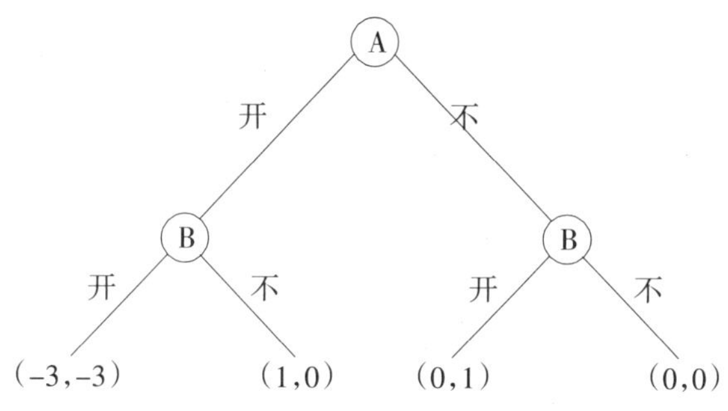

图 2.4　房地产博弈

该房地产博弈的策略式表示如表 2.10 所示。

表 2.10　房地产博弈的策略式表示

B / A	开发，开发	开发，不开发	不开发，开发	不开发，不开发
开发	-3，-3	-3，-3	1，0	1，0
不开发	0，1	0，0	0，1	0，0

由画线法可得三个纯策略纳什均衡：

① {不开发，(开发，开发)}；

② {开发，(不开发，不开发)}；

③ {开发，(不开发，开发)}。

但①中 B 的策略是不合理的，这个威胁是不可置信的，因为若 A 开发，B 显然应该不开发；同理②中 B 的策略（不开发，不开发）也不合理，只有③是一个合理的均衡。

泽尔腾（Selten）于 1965 年首先提出子博弈精炼纳什均衡的概念，其目的是将那些不可置信威胁策略的纳什均衡从均衡中剔除，从而给出动态博弈一个合理的均衡解，它是纳什均衡的一个重要改进。

一个展开式博弈的子博弈由一个决策结和所有该决策结 x 的后继结（包括终点结）组成，它满足下列条件：① x 是一个单点信息结；②对于所有的 $x' \in T(x)$，如果 $x'' \in h(x')$，则 $x'' \in T(x)$。即子博弈本身可以作为一个独立的博弈进行分析，它是原博弈的一部分，原博弈自身也是自己的一个子博弈。图 2.4 的房地产博弈除自身外还有两个子博弈，如图 2.5 所示。

泽尔腾
(1930—)

1965 年将纳什均衡的概念引入了动态分析，提出了“精炼纳什均衡”概念以及进一步刻画不完全信息动态博弈的“完备贝叶斯纳什均衡”。1994 年因在“非合作博弈理论中开创性的均衡分析”方面的杰出贡献而荣获诺贝尔经济学奖。

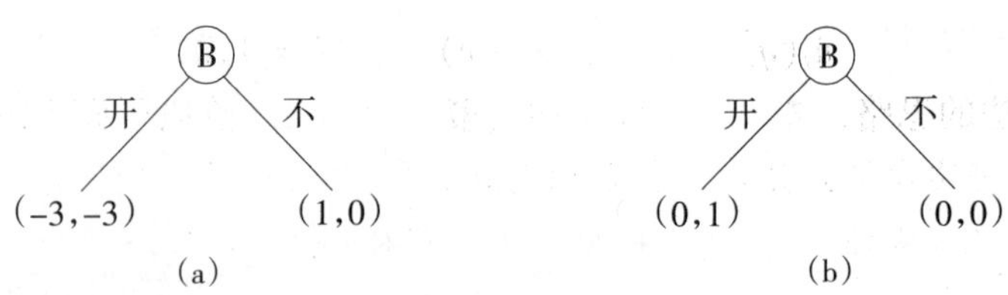

图 2.5　房地产博弈的两个子博弈

子博弈精练纳什均衡定义如下：

如果一个扩展式表述的策略组合是其原博弈的纳什均衡，又是其每一个子博弈上的纳什均衡，那么它就是一个子博弈精练纳什均衡。

仍以图 2.5 房地产博弈为例。在子博弈 a 中，B 的最优选择“不开发”，在子博弈 b 中，B 的最优选择“开发”。纳什均衡｛开发，（不开发，不开发)｝（高价，高少低少）中 B 的均衡策略（不开发，不开发）给出了子博弈 a 上的纳什均衡“不开发”（少购)，却没有给出子博弈 b 上的纳什均衡，所以｛开发，（不开发，不开发)｝不是子博弈精练纳什均衡。同样，｛不开发，（开发，开发)｝也不是子博弈精练纳什均衡。而对于纳什均衡（开发，（不开发，开发)）中 B 的均衡策略（不开发，开发）来说，既给出了子博弈 a 上的纳什均衡，也给出了子博弈 b 上的纳什均衡，所以｛开发，（不开发，开发)｝才是子博弈精练纳什均衡。

2.3.3　逆推归纳法

逆推归纳法（backwards induction）是在动态博弈分析中寻找子博弈精练纳什均衡使用最普遍的方法，即从动态博弈的最后一个阶段开始分析，每一次确定出所分析阶段参与人的选择和路径，然后再确定前一个阶段的博弈方的选择和路径，直至初始节止。

如在图 2.5 房地产博弈中，我们从 B 的决策分析起。如果 A 采取开发策略，则 B 在决策点处采取策略收益为 0，“开发”策略收益为 -3，因此 B 应当采取“不开发”策略；如果 A 采取“不开发”策略，则 B 在决策点处采取策略收益为 1，“不开发”策略收益为 0，因此 B 应当采取“开发”策略。进一步，A 采取“开发”策略的收益为 1，采取“不开发”策略的收益为 0，则 A 应当选择“开发”策略，B 采取“不开发”，双方收益为（1，0)。

2.3.4　完全信息动态博弈的应用——斯塔克博格（Stackberg）模型

假设寡头市场上有两个厂商，其中一个是主导厂商 1，另一个是追随厂商 2。行动顺序是：主导厂商 1 首先确定产量 q_1，追随厂商 2 观察到厂商 1 的选择后再确定自己的产量 q_2。各厂商的行动空间都是自己的产量，收益为各自的利润函数。由于这两个厂商的行动有先后之分，且后行动的厂商在选择时知道前一个厂商的选择，因此这是一个动态博弈问题。假定逆需求函数为 $P=a-q_1-q_2$，再假设博弈结构的其他方面，如策略空间、得益函数和信息结构等，与两寡头连续产量的古诺模型都一样，因此这个模型是一个完全且完美信息的动态博弈。与古诺模型的唯一区别只是两博弈方的选择是先后的而不是同时的。

因固定成本为 0，且生产每单位产品的边际成本为常数 c，企业 i（$i=1$，2）的收益（利润）函数为

$$u_i(q_1,q_2) = q_i(p-c) \qquad (i=1,2) \tag{2.3.1}$$

据逆推归纳法的思路，先分析厂商 2 的决策。在第二个阶段厂商 2 决策时，厂商 1 选择的 q_1 实际上已经决定了，并且厂商 2 知道 q_1，因此对于厂商 2 来说，相当于在给定 q_1 的情况下求使 u_2 的最大值。

$$\max u_2(q_1,q_2) = q_2(a-q_1-q_2-c) \tag{2.3.2}$$

最优化一阶条件为

$$q_2 = q_2(q_1) = \frac{1}{2}(a-q_1-c) \tag{2.3.3}$$

这实际上就是厂商 2 对厂商 1 产量的一个反应函数。

厂商 1 知道厂商 2 的这种决策思路，因此在选择产量水平 q_1 时就知道厂商 2 的产量 q_2^* 会根据上式确定，所以可以直接将上式代入自己的得益函数，这样厂商 1 的得益函数实际上转化成了他自己产量的一元函数

$$\begin{aligned} u_1 &= q_1(p-c) = q_1(a-q_1-q_2-c) \\ &= q_1[a-q_1-\frac{1}{2}(a-q_1-c)-c] \\ &= \frac{1}{2}(aq_1-q_1^2-cq_1) \end{aligned} \tag{2.3.4}$$

对产量 q_1 求一阶导数，令其等于 0，可求出使 u_1 最大化的产量，即最优产量水平

$$q_1^* = \frac{1}{2}(a-c) \tag{2.3.5}$$

代入 q_2（q_1）可得厂商 2 的最优产量水平

$$q_2^* = \frac{1}{4}(a-c) \tag{2.3.6}$$

子博弈精练纳什均衡为

$$\{\frac{1}{2}(a-c),\frac{1}{4}(a-c)\} \tag{2.3.7}$$

将这个结果与古诺模型相比较，古诺博弈均衡结果为 $q_1^*=q_2^*=\frac{1}{3}(a-c)$，厂商 1 的产量 $q_1^*=\frac{1}{2}(a-c)>\frac{1}{3}(a-c)$，厂商 2 的产量 $q_2^*=\frac{1}{4}(a-c)<\frac{1}{3}(a-c)$，即领导者的产量变大了，追随者的产量变小了。因此，在这个博弈中存在“先动优势”说明拥有信息优势可能使局中人反而处于劣势。

2.3.5 逆推归纳法的问题

用逆推归纳法是求解完全信息动态博弈子博弈精练纳什均衡的常用方法，但是逆推归纳法本身存在局限和问题。逆推归纳法只能分析明确设定的博弈问题，要求博弈的结构，包括次序、规则和得益情况等都非常清楚，并且难以分析比较复杂的动态博弈。逆向归纳法最大的问题是对参与人的理性要求太高，不仅要求所有的博弈方都有高度的理性，不允许犯错误，而且要求所有的博弈方相互了解和相信其他参与人的理性，对理性有相同的理解，具有“理性”的共同知识。

考虑图 2.6 的博弈。

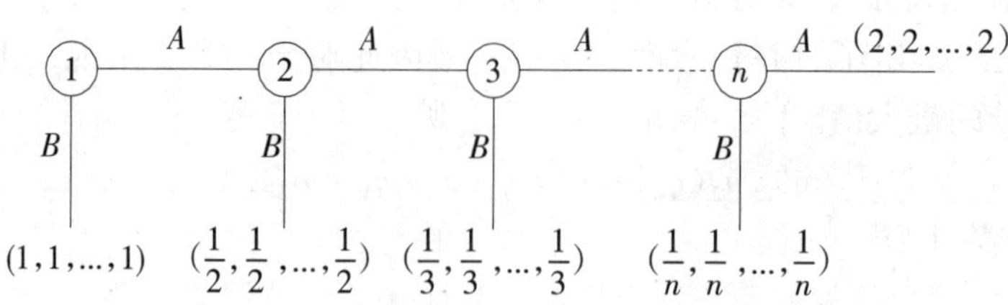

图 2.6 “传递”博弈

按逆向归纳法，我们可以预测到所有的参与人都选 A，如果参与人的数目 n 较小，才能预测到最后“共同富裕”的结果（2，2，…，2）应该没有问题；但当 n 相当大时，情况就会发生变化。设每个参与人选 A 的概率为 0.9，$n=20$，则 $0.9^{20}\approx0.314$，较小的概率可能动摇 1 选 A 的决心。

另一个反映逆向归纳法问题的例子是由罗森塞尔（Rosenthal）在 1981 年提出的“蜈蚣博弈”（centipede game）：两个博弈方 A、B 轮流进行策略选择，可供选择的策略有“合作”和“不合作”两种。其博弈展开式图 2.7 所示。

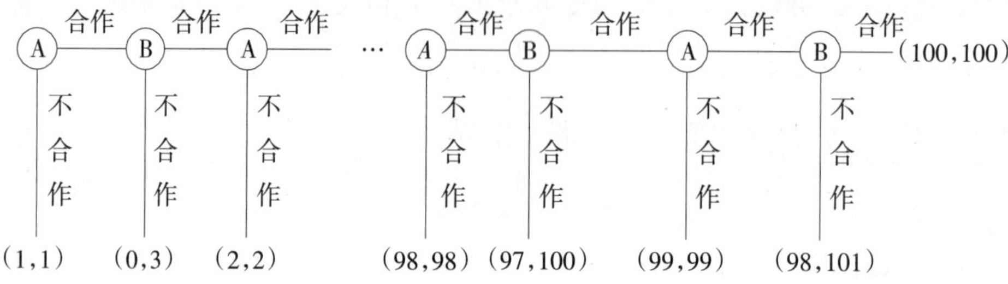

图 2.7 蜈蚣博弈

在图 2.7 中，博弈从左到右进行，横向连线代表合作策略，向下的连线代表不合作策略。每个人下面对应的括号代表相应的人采取不合作策略，括号内左边的数字代表博弈结束后 A 的收益，右边代表博弈结束后 B 的收益。如果一开始 A 就选择了不合作，则两人各得 1 的收益，而 A 如果选择合作，则轮到 B 选择，B 如果选择不合作，则 A 收益为 0，B 的收益为 3，如果 B 选择合作，则博弈继续进行下去。

可以看到每次合作后总收益在不断增加，合作每继续一次总收益增加 1，如第一个括号中总收益为 $1+1=2$，第二个括号为 $0+3=3$，第三个括号则为 $2+2=4$，这样一直下去，直到最后两人都得到 100 的收益，总体效益最大。遗憾的是这个圆满结局很难达到。

注意，在图 2.7 中最后一步由 B 选择时，B 将选择不合作，而这时 A 的收益仅为 98。A 考虑到 B 在最后一步将选择不合作，因此他在前一步将选择不合作；因为这样他的收益为 99，比 98 高。B 也考虑到了这一点，所以他也要抢先 A 一步采取不合作策略……如此推论下去，最后的结论是，在第一步 A 将选择不合作，此时各自的收益为 1。这个结论是令人悲伤的，更严重的是 B 对 A 的合作策略的选择，会对 A 的理性产生迷茫。

2.3.6 重复博弈

重复博弈是指由同样结构的基本博弈重复多次进行构成的博弈过程，其中的每次博弈称为阶段博弈。每次重复博弈之前各参与人都能观察到以前博弈的结果，参与人的总收益是所有阶段博弈收益的贴现值或加权平均值。

对于重复博弈，参与人应该从总收益最大化的角度进行决策，并且还要考虑这一阶段的行为对后面阶段博弈的影响，即注重声誉，这样，原来在单阶段博弈中不会出现的“合作”均衡（如囚徒困境中的（抵赖，抵赖）），在重复博弈中就可能作为均衡出现。

重复博弈对参与人决策的影响主要取决于博弈重复的次数和信息的完备性。当重复次数很多时，局中人可能为了长期利益而牺牲眼前的短期利益，选择不同的均衡策略，这为现实中观察到的许多合作行为和社会规范提供了解释；当一个局中人的收益函数不为其他局中人所知时，他可能有积极性建立一个“好声誉”以换取长远利益，这可以解释为何有些“坏人”可能在相当长时间内会做好事。

1. 有限次重复博弈：连锁店悖论

一个在 20 个市场上都开设有连锁店的企业，对于各个市场的竞争者是否都应当采取打击策略？假定每个连锁店（在位者）每年有 300 万元利润，而一旦新的企业（进入者）进入，每个连锁店的年利润下降到 50 万元，而进入者年利润为 40 万元；当在位者对进入者通过降价等手段进行打击时，在位者连锁店的年利润降为 0，而进入者因存在较高的成本，则会亏损 10 万元。表 2.11 给出了阶段博弈的策略式表述。

表 2.11 连锁店悖论

在位者 / 进入者	默许	打击
进入	40，50	-10，0
不进入	0，300	0，300

根据画线法，可知这个阶段博弈只有一个纳什均衡（进入，默许）。

在位者有 20 个市场，进入者每次进入一个市场，博弈就变成了 20 次重复博弈。假定进入者先进入第 1 个市场，在位者应当如何反应呢？凭直觉，在第 1 个市场的博弈中，在位者为了使进入者不敢在别的地区开店，它会选择打击，但实际上这种威胁是不可置信的。用逆向归纳法的逻辑来分析：考虑第 20 个市场的博弈，因为这是最后一个市场，打击对在位者无意义，其最优选择是“默许”进入者进入。再看第 19 个市场，因进入者和第 20 个市场上的博弈结果必是在位者默认，它的进入结果是确定的，不受这次博弈的影响，故知在位者必选“默许”，“打击”的威胁不可置信，故它必进入。显然，如此倒推，每一个市场的阶段博弈均衡必是（进入，默许），用逆向归纳法求解表明这是该博弈唯一的子博弈精练纳什均衡。

上述结论显然是不合理的。如果连锁企业对开头几个市场的竞争者不惜代价地进行打击，其示范效应通常可以吓退其余市场的潜在竞争者，其利益总体上是合算的。

上述结果具有一般意义，在有限次重复博弈中，如果阶段博弈只有一个纳什均衡，则重复博弈也只有一个精练纳什均衡，即阶段博弈纳什均衡的重复。

需要注意的是，单阶段博弈纳什均衡的“唯一性”是上述结论的一个重要条件。如果纳什均衡不是唯一的，这个结论就不一定成立。以厂商之间的三价博弈为例。两个厂商进行价格竞争，均有高（*H*）、中（*M*）、低（*L*）三种价格可以选择，收益函数如表 2.12 所示。

表 2.12 厂商三价博弈

厂商1 \ 厂商2	*H*	*M*	*L*
H	5，5	0，6	0，2
M	6，0	3，3	0，2
L	2，0	2，0	1，1

用画线法可知这个博弈有两个纯策略纳什均衡，（*M*，*M*）和（*L*，*L*），各有收益（3，3）和（1，1）。（*H*，*H*）可以使双方都有较大的收益，但它不是一个纳什均衡，在一次性博弈中不会出现这个结果，因此一次性博弈的结果不可能是效率最高的。那么，两次重复这个博弈情况会如何呢?

考虑如下策略：参与人 1 第一次选 *H*，如果第一次结果为（*H*，*H*），则第二次选 *M*；如果第一次结果为任何其他策略组合，则第二次选 *L*。参与人 2 的策略选择和参与人 1 同。在这样的策略组合下，两次重复博弈的均衡路径是第一阶段（*H*，*H*），第二阶段（*M*，*M*）。

用逆推归纳法分析这个博弈：第二阶段采用（*M*，*M*）是一个纳什均衡策略，两个参与人都不愿意单独偏离；第一阶段的（*H*，*H*）不是纳什均衡，参与人有动机偏离（*H*，*H*）以获得更高的收益，参与人单独偏离 *H* 而采用 *M* 策略将增加 1 的收益，但这样做的后果是第二阶段至少要损失 2 单位的得益，由于双方采用有“报复机制”的策略，因此偏离（*H*，*H*）是得不偿失的。

参与人采取上述策略，当第一阶段结果为（*H*，*H*）时，第二阶段必为（*M*，*M*），第二阶段得益为（3，3）。而当第一阶段结果为其他 8 种时，第二阶段必为（*L*，*L*），得益为（1，1）。

把（3，3）加到（*H*，*H*）上，把（1，1）加到其他 8 种策略上，得到一个与两次重复厂商三价博弈等价的一次博弈（见表 2.13）。用画线法可以求出，这个博弈的纳什均衡是（*H*，*H*）。

表 2.13 厂商三价博弈

厂商1 \ 厂商2	*H*	*M*	*L*
H	8，8	1，7	1，3
M	7，1	4，4	1，3
L	3，1	3，1	2，2

如果该博弈进行 n 次，仍然可以得到其纳什均衡：除了最后一次采用原博弈的纳什均衡（M，M），每次都采用（H，H），平均得益趋近于（5，5）。

2. 无限次重复博弈：走出囚徒困境

虽然在现实生活中，博弈应该说都是有限次的，但如果参与人不知道博弈会在什么时候结束，此时参与人实际上认为博弈是可能进行无限次的。

以“囚徒困境”为例子，说明在博弈进行无限次的情况下，合作行为就可能作为子博弈精练均衡出现。

考虑一个所谓冷酷策略：①参与人在博弈开始选“抵赖”。②选“抵赖”直到有一方一旦“坦白”，然后永远选“坦白”。所谓的“冷酷”是指任何一方一次不合作就触发了永远的报复（不合作）。假定两个囚徒 A 和 B 的贴现因子①是相同的常数 δ，博弈重复无限次。可以证明，当 δ 充分大时，两个局中人选择“触发策略”（冷酷策略），合作均衡结果每阶段都为（抵赖，抵赖）将是一个子博弈精炼均衡。

表 2.1 中，给定囚徒 B 选择冷酷策略，如果之前没有人选择“坦白”（包括在博弈开始时），A 如果选择“坦白”，该阶段得 0 单位收益，但此举将触发囚徒 B 之后永远的报复，B 会在之后永远选“坦白”，故之后 A 每阶段收益最多为 -8，其总收益至多为

$$0+(-8)\delta+(-8)\delta^2+\cdots=\frac{-8\delta}{1+\delta} \tag{2.3.8}$$

而当 A 此时选“抵赖”，并且之后每阶段都选“抵赖”时，B 之后也会配合，每阶段都选“抵赖”，故此举使其总收益为

$$-1+(-1)\delta+(-1)\delta^2+\cdots=\frac{-1}{1+\delta} \tag{2.3.9}$$

当 $\frac{-8\delta}{1+\delta}\leqslant\frac{-1}{1+\delta}$，即 $\delta\geqslant\frac{1}{8}$ 时，A 选“抵赖”是最优的。

故当 $\delta\geqslant\frac{1}{8}$ 时，A 在没有人先选“坦白”时会选“抵赖”最优，并且 A 之后每阶段都选“抵赖”是最好的选择。

当 B 在之前已选了“坦白”，则 B 之后会永远选“坦白”。显然，给定 B 在此时及之后永远“坦白”。A 在此时选“坦白”是最优的，且 A 之后每阶段都选“坦白”是最优的；当 A 在之前选过“坦白”，因 B 此时及之后必一直选“坦白”，故 A 在此时及之后一直选“坦白”是最优的。

所以，给定 B 选冷酷策略，A 选冷酷策略是最优的。由对称性知，当 A 选冷酷策略时，B 选冷酷策略也是最优的。因此，两人都选冷酷策略构成一个纳什均衡。

因为博弈重复无限次，从任一阶段开始的子博弈与原博弈同结构，所以冷酷策略是子博弈精练均衡。

无名氏定理（Folk Theorem）：设 G 是一个完全信息的静态博弈，用（e_1，e_2，…，e_n）记 G 的纳什均衡的得益，用（x_1，x_2，…，x_n）表示 G 的任意可实现得益，如果 $x_i>e_i$ 对任意的 i 都成立，而 δ 充分接近 1，那么无限次重复博弈 G（∞，δ）中一定存在一个子博

① 所谓贴现因子就是将来的现金流量折算成现值的介于 0～1 之间的一个数，在数值上可以理解为贴现率，就是 1 个份额经过一段时间后所等同的现在的份额。

弈精练纳什均衡，使得各方的平均得益为（x_1，x_2，…，x_n）。

2.4 不完全信息静态博弈

在现实中，许多博弈的参与人对于博弈的结构、博弈的规则和博弈的支付函数等并不完全清楚。例如，当一个企业想进入一个新的市场时，并不确切地了解在位企业的生产成本（如果在位企业生产成本高，进入该新市场就是有利可图的，否则不应该进入）；讨价还价的人们往往并不知道他人对所议价的物品之价值评估；谈判中一方对另一方是属于“强硬派”还是“软弱派”没有十足的把握等。在不完全信息博弈中，至少有一个参与人不知道其他参与人的得益。

2.4.1 海萨尼转换

考虑“市场进入博弈”：潜在进入企业决定是否进入一个新的产业，但不知道在位者是高成本的生产者还是低成本的生产者，在位者自己是知道的。可以将该博弈的得益矩阵表示如表 2.14 所示。

表 2.14　市场进入博弈

在位者 / 潜在进入企业	默许	斗争	默许	斗争
进入	40，50	-10，0	30，80	-10，100
不进入	0，300	0，300	0，400	0，400
	在位者成本高时的得益		在位者成本低时的得益	

在完全信息的条件下，如果在位者是高成本的，进入者的最优选择是进入，在位者应当选择默许；如果在位者是低成本的，进入者的最优选择是不进入，在位者应当选择斗争。现在考虑不完全信息的情况，进入者不了解在位者的成本状况，因此进入者的选择依赖于它在多大程度上认为在位者是高成本或低成本的。

假定进入者认为在位者是高成本的概率是 p，低成本的概率是 $1-p$。那么，进入者选择进入的期望利润为 $40p+(-10)(1-p)$，选择不进入的期望利润为 0。因此，当 $40p+(-10)(1-p)>0$，即 $p>0.2$ 时，进入者选择进入；而当 $p<0.2$ 时，进入者选择不进入。

海萨尼
（1920—2000）

出生于匈牙利布达佩斯。对博弈论最大的贡献是在不完全信息问题上的突破。发展了刻画不完全信息静态博弈的“贝叶斯纳什均衡”，为后人继续发展博弈论提供了基本思路和模型。1994 年因对博弈论的研究及博弈论应用于经济学的贡献获得诺贝尔经济学奖。

在位者知道自己的成本状况，当自己是高成本时，对进入者采取默许的策略，当自己是低成本时，对进入者采取斗争的策略。

在这个例子中，进入者似乎是与两个不同的在位者博弈，一个是高成本的在位者，一个是低成本的在位者，博弈论专家认为这样的不完全信息博弈是没法分析的，因为当一个参与人并不知道他在与谁博弈时，博弈的规则是没有定义的。直到 1967 年海萨尼（J. C. Harsanyi）提出一种处理不完全信息博弈均衡的方法，即引入一个虚拟的参与人"自然"。"自然"首先行动决定参与人的特征（上例中是成本函数），参与人知道自己的特征，其他参与人不知道。这样，上述不完全信息博弈就转换为完全但不完美信息博弈，被称为"海萨尼转换"（Harsanyi transformation）。按照海萨尼的方法，所有参与人的真实类型是给定的，其他参与人仍然不知道某一参与人的真实类型，但是知道可能出现的类型的概率分布，就将不确定条件下的选择转换为风险条件下的选择。

市场进入博弈经过海萨尼转换可以表示如图 2.8 所示。

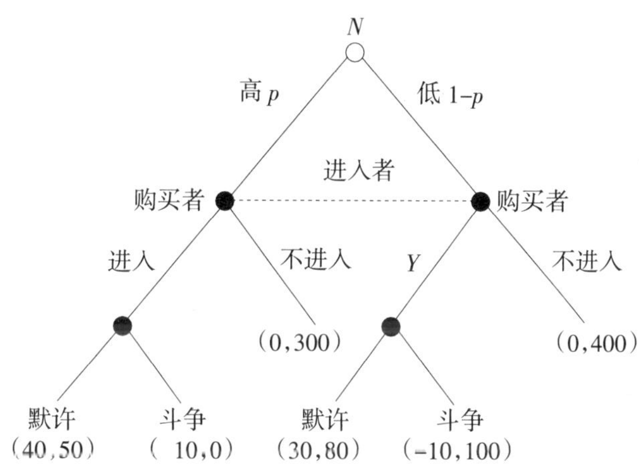

图 2.8 市场进入博弈

2.4.2 贝叶斯纳什均衡（Bayesion Nash equilibrium）

通常称参与人拥有的私人信息为他的"类型"，许多情况下参与人类型由其收益函数决定，即 $A_i=A_i\ (\theta_i)$，如企业能够选择的产量范围依赖于其成本函数。而给定其他参与人任何一种策略组合，参与人 i 有最优的反应行动 a_i^*，此时最优行动 a_i^* 也将因参与人类型不同而可能不同，即 $a_i^*=a_i^*\ (\theta_i)$。

由于收益函数也是类型依存的，如同样产量不同成本函数的企业的利润就不同。即

$$u_i=u_i\ (a_1,\ \cdots,\ a_i,\ \cdots,\ a_n,\ \theta_i)\qquad (i=1,\ \cdots,\ n)$$

n 人静态贝叶斯博弈的表述如下：

参与人的类型空间为 H_1，…，H_n；条件概率为 P_1，…，P_n；策略空间为 $A_1\ (\theta_1)$，…，$A_n\ (\theta_n)$；收益函数为 $u_1\ (a_1,\ \cdots,\ a_n,\ \theta_1)$，…，$u_n\ (a_1,\ \cdots,\ a_n,\ \theta_n)$。$i$ 知道 θ_i。用 $G=\{A_1,\ \cdots,\ A_n,\ \theta_1,\ \cdots,\ \theta_n,\ P_1,\ \cdots,\ P_n,\ u_1,\ \cdots,\ u_n\}$ 表示该博弈。

博弈的顺序如下：

(1)“自然”N 选 $\theta=(\theta_1, \cdots, \theta_n)$，$\theta_i \in H_i$，参与人 i 观察到 θ_i，但参与人 $j \neq i$ 仅知道 $P_j(\theta_{-j} \mid \theta_j)$，不能观察到 θ_i。

(2) n 个参与人同时选行动（策略）$a=(a_1, \cdots, a_n)$，$a_i \in A_i(\theta_i)$。

(3) i 得到支付 $u_i(a_1, \cdots, a_n, \theta_i)$，$i=1, \cdots, n$。

为了减少复杂性，假定博弈开始之前各个参与人掌握的关于 $(\theta_1, \cdots, \theta_n)$ 的分布密度知识是相同的，于是有海萨尼定理：假定概率分布密度 $P(\theta_1, \cdots, \theta_n)$ 是所有参与人的共同知识。即所有参与人有关“自然”行动的“信念”（belief）是相同的。

贝叶斯均衡是纳什均衡在不完全信息博弈中的扩展：在静态不完全信息博弈中，参与人同时行动，没有机会观察到其他人的选择；每个参与人仅知道其他参与人类型的概率分布而不知道其真实类型，他不可能准确地知道其他参与人实际上会选择什么策略，但是，他能正确地预测到其他参与人的选择是如何依赖于其各自的类型的，这样，他的决策目标就是在给定自己的类型和别人的类型依从策略的情况下，最大化自己的期望效用。

贝叶斯纳什均衡是一种类型依从策略组合：给定自己的类型和别人类型的概率分布的情况下，该策略组合可以使参与人自己的期望效用达到最大化。

与纯策略纳什均衡不同的是，在贝叶斯纳什均衡中，参与人 i 只知道具有类型 θ_j 的参与人将选择 $a_j(\theta_j)$，但并不知道 θ_j，因此，即使是纯策略选择也必须取期望值。

2.4.3 不完全信息古诺模型

在不完全信息古诺模型中，假设每个企业的成本函数是私人信息。参与人的类型是成本函数。假设逆需求函数为 $P=a-q_1-q_2$，每个企业的单位成本 c_i 不变，则企业的利润函数为

$$u_i = q_i(a - q_1 - q_2 - c_i) \qquad (i = 1,2) \tag{2.4.1}$$

假设企业 1 的边际成本只有一种类型，企业 2 的边际成本有两种可能的类型 $c_2=c_L$ 和 $c=c_H$；$c_1=c$，$0<c_L<c<c_H$。

企业 1 不知道企业 2 的成本类型，但知道其两种成本类型的概率分布是 $(\theta, 1-\theta)$。同样，企业 2 也知道企业 1 对自己类型的概率判断。实际上，海萨尼转换需要很强的假设，在单方面信息不完全的时候，要求信息劣势一方对优势方的类型之概率判断是共同知识。

自然地，企业 2 的边际成本较高和较低时，它希望生产的产量水平是不同的，一般而言，成本较高时产出会低一些。企业 1 从自己的角度也会预测到企业 2 会根据其成本情况选择不同的产量。用 $q_2^*(c_H)$ 和 $q_2^*(c_L)$ 分别把企业 2 的产量选择表示成其成本的函数，并令 q_1^* 表示企业 1 的单一产量选择。如果企业 2 的成本较高，它会选择 $q_2^*(c_H)$ 满足

$$\max_{q_2}[(a - q_1^* - q_2) - c_H]q_2 \tag{2.4.2}$$

如果企业 2 的成本较低，它会选择 $q_2^*(c_L)$ 满足

$$\max_{q_2}[(a - q_1^* - q_2) - c_L]q_2 \tag{2.4.3}$$

企业 1 知道企业 2 成本分布的概率，并能够预测到企业 2 的产量选择将分别为 $q_2^*(c_H)$ 和 $q_2^*(c_L)$。因此企业 1 选择满足（2.2.4）式的 q_1^* 以最大化期望利润。

$$\max_{q_1}\theta[(a - q_1 - q_2^*(c_H)) - c]q_1 + (1-\theta)[(a - q_1 - q_2^*(c_L)) - c]q_1 \tag{2.4.4}$$

上面三个最优化问题的一阶条件为

$$q_2^*(c_H)=\frac{a-q_1^*-c_H}{2} \tag{2.4.5}$$

$$q_2^*(c_L)=\frac{a-q_1^*-c_L}{2} \tag{2.4.6}$$

$$q_1^*=\frac{\theta[a-q_2^*(c_H)-c]+(1-\theta)[a-q_2^*(c_L)-c]}{2} \tag{2.4.7}$$

三个一阶条件构成的方程组解为

$$q_2^*(c_H)=\frac{a-2c_H+c}{3}+\frac{1-\theta}{6}(c_H-c_L) \tag{2.4.8}$$

$$q_2^*(c_L)=\frac{a-2c_L+c}{3}+\frac{\theta}{6}(c_H-c_L) \tag{2.4.9}$$

$$q_1^*=\frac{a-2c+\theta c_H+(1-\theta)c_L}{3} \tag{2.4.10}$$

将这个结果与完全信息古诺博弈下的结果进行比较可以发现，在不完全信息的情况下，低成本企业的均衡产量相对较低，而高成本企业的均衡产量要高一些，即由于不完全信息影响，高成本企业从中获得了好处，而低成本企业受到了损害。之所以有这种情况，是因为企业 2 的产量不仅取决于自己的成本，也取决于企业 1 对企业 2 的成本判断。高成本的企业一方面因高成本应减少生产，另一方面由于企业 1 不能确定其是否高成本而按照预期利润最大组织生产，从而使得企业 1 产量低于完全知晓企业 2 高成本时的产量，于是高成本企业 2 就可以生产更多一点产量。同理，低成本企业 2 则受害于企业 1 不知道信息而不得不降低产量。

这个例子也说明在博弈中信息并非绝对的越多越好或越少越好。可以发现，当企业 2 是高成本时，企业 1 如果知道该信息将是有好处的；而若企业 2 是低成本时，企业 1 不知道企业 2 的成本反而更有好处（无知者无畏，由于其无知可能出现的鲁莽举动，对手反而对其避让三尺）。

由此也可以推断出，只有低成本的企业才有动力将自己的真实成本状况变成公共知识，而高成本的企业将会尽力隐瞒自己的真实成本状况。

2.4.4 战略目标信息不完全的企业竞争博弈

厂商理论假定，厂商的目标是追求利润最大化。然而，一些分析家认为并非所有的经理都追求利润最大化，因此厂商理论对于描述实际厂商行为用处不大。有些厂商将产品的市场份额最大化作为目标，以短期的利润损失去换取长远利益。如格兰仕集团实施“市场占有最大化战略”，以价格战独步天下，信奉“价格是最高级的竞争手段”，毫不留情地将利润降到最低点，淘汰竞争对手，扩大市场份额，放弃眼前利益，从 1993 年试产微波炉 1 万台开始，市场份额一路飙升至国内市场份额占有 80%，全球市场份额突破 35%，成为全球最大的微波炉生产基地，取得行业的领先地位，而今又如法炮制，进军空调等家电市场，可见战略目标的变化给厂商的决策带来了新的不确定性。

为讨论简便，假设厂商数量 $n=2$，逆需求函数取 $p=a-q_1-q_2$，a 为市场容量，c_i 为

厂商 i 的不变边际成本。厂商 i 的利润 $\pi_i = q_i\ (a - q_1 - q_2 - c_i)$，$(i=1, 2)$。假设厂商 1 只有一个类型，追求利润最大化是公共知识；厂商 2 有两个类型，类型 1 追求利润最大化，类型 2 追求市场份额最大化。厂商 2 自己知道，但厂商 1 只知道两种类型的可能性，分别为 μ 和 $(1-\mu)$，μ 是公共知识。对应厂商 2 的类型有两种：

类型 1

$$\max\pi_2 = q_2(a - q_1 - q_2 - c_2)$$

反应函数

$$q_2^{\pi} = \frac{1}{2}(a - q_1 - c_2) \tag{2.4.11}$$

类型 2

$$\max\Gamma_2 = \frac{q_2}{q_1 + q_2}$$

约束条件

$$q_2(a - q_1 - q_2 - c_2) \geqslant \varepsilon q_2$$

式中 ε 为常数，是企业设定的最小利润率。

反应函数

$$q_2^{\tau} = a - q_1 - c_2 - \varepsilon \tag{2.4.12}$$

厂商 1 选择最大化期望利润函数如下：

$$\max E\pi_1 = \mu[q_1(a - q_1 - q_2^{\pi} - c_1)] + (1-\mu)[q_1(a - q_1 - q_2^{\tau} - c_1]$$

得反应函数

$$q_1 = \frac{1}{2}(a - c_1 - Eq_2) \tag{2.4.13}$$

这里 $Eq_2 = \mu q_2^{\pi} + (1-\mu)\ q_2^{\tau}$。

均衡意味着两个反应函数同时成立，得贝叶斯均衡为

$$\begin{cases} q_1^* = \dfrac{\mu a + (2-\mu)c_2 - 2c_1 + 2\varepsilon(1-\mu)}{2+\mu} \\ q_1^{\pi *} = \dfrac{a - 2c_2 + c_1 - \varepsilon(1-\mu)}{2+\mu} \\ q_1^{\tau *} = \dfrac{2(a - 2c_2 + c_1) - \varepsilon(4-\mu)}{2+\mu} \end{cases} \tag{2.4.14}$$

令 $\mu = \frac{1}{2}$ 时

$$\begin{cases} q_1^* = \dfrac{1}{5}(a + 3c_2 - 4c_1 + 2\varepsilon) \\ q_2^{\pi *} = \dfrac{1}{5}(2a - 4c_2 + 2c_1 - \varepsilon) \\ q_2^{\tau *} = \dfrac{1}{5}(4a - 8c_2 + 4c_1 - 7\varepsilon) \end{cases} \tag{2.4.15}$$

令 $\mu = 0$ 时，厂商 2 的市场份额最大值追求成为公共知识，两厂商的纳什均衡产出为

$$\begin{cases} q_{10}^{\tau} = c_2 - c_1 + \varepsilon \\ q_{10}^{\tau} = c_2 - c_1 + \varepsilon \end{cases} \tag{2.4.16}$$

令 $\mu = 1$ 时，就是经典的古诺模型，两企业的纳什均衡产出为

$$\begin{cases} q_{11}^{\pi} = \frac{1}{3}(a + c_2 - 2c_1) \\ q_{21}^{\pi} = \frac{1}{3}(a - 2c_2 + c_1) \end{cases} \tag{2.4.17}$$

由式（2.4.15）、式（2.4.16）、式（2.4.17）可知，当 $0 < \varepsilon < \frac{1}{3}(a - 2c_2 + c_1)$ 时

$$q_{10}^{\tau} < q_1^{*} < q_{11}^{\pi} \tag{2.4.18}$$

$$q_{20}^{\tau} < q_2^{\tau *} > q_{21}^{\pi} \tag{2.4.19}$$

当 $\varepsilon < \frac{1}{3}(a - 2c_2 + c_1)$ 时

$$\begin{cases} q_{10}^{\tau} = q_1^{*} = q_{11}^{\pi} \\ q_{20}^{\tau} = q_2^{\tau *} = q_{21}^{\pi} \end{cases} \tag{2.4.20}$$

于是可得下面的结论：

（1）式（2.4.18）表明具有不完全信息的追求利润最大化的厂商 1 的均衡产量小于对手为追求利润最大化时的产量，而大于对手为追求市场份额最大化时的产量，面临竞争对手战略目标的信息优势，理性的厂商要调整的产量决策。

（2）式（2.4.19）表明具有信息优势的厂商 2，追求市场份额最大化将导致产量的增大，因此只要具有成本优势和足够的产能，有积极性追求市场份额最大化，扩大市场份额，就能淘汰对手。

（3）式（2.4.20）表明，$\varepsilon = \frac{1}{3}(a - 2c_2 + c_1)$ 为企业追求市场份额最大化的临界点，在这点，追求市场份额最大化与追求利润最大化无差异。可见 $\varepsilon \in \left(0, \frac{1}{3}(a - 2c_2 + c_1)\right)$。

（4）从式（2.4.16）可见，当厂商 2 以追求市场份额为目标成为完全信息时，厂商 1 的产出与它们的成本和厂商 2 的单位产出利润有关，而与市场容量无关，厂商 2 完全掌握市场主动。

关于厂商战略目标追求的不完全信息博弈模型表明，寡头市场上，竞争对手追求目标的不确定直接影响厂商的产量决策，经典的古诺特模型成为它的一个特例，当厂商具有成本优势时，它更有积极性扩大产能，扩大其市场份额，微波炉市场上格兰仕集团的竞争战略就是一个成功的典范。

2.5 不完全信息动态博弈

在不完全信息动态博弈中，“自然”首先选择参与人的类型，参与人自己知道，其他参与人不知道。在“自然”选择后，参与人开始行动，由于行动有先后次序，后行动者可以观察到先行动者的行动。虽然参与人不能直接观测其他参与人的类型，但因为参与人的行动是类型依存的，每个参与人的行动都传递着有关自己类型的某种信息，后行动者可以通过观察先行动者所选择的行动获得其偏好、策略空间等方面的信息，修正自己对其所属类型的先验概率判断，然后选择自己的行动。先行动者可以理性地预期到自己的行动将被

后行动者所利用，就会设法传递对自己最有利的信息，而避免传递对自己不利的信息。因此，博弈过程不仅是参与人选择行动的过程，而且是参与人不断修正信念的过程。

对应于不完全信息动态博弈的均衡概念是精练贝叶斯均衡。精练贝叶斯纳什均衡是完全信息动态博弈子博弈精练纳什均衡、不完全信息贝叶斯纳什均衡和贝叶斯规则的结合。要求参与人根据所观察到的他人的行为，使用贝叶斯规则修正自己关于后者类型的“信念”（主观概率），并由此选择自己的行动，参与人的策略应当在每一个信息集开始的“后续博弈”上构成贝叶斯纳什均衡。与其他均衡概念不同的是，精炼贝叶斯均衡不能仅定义在策略组合上，它必须同时说明参与人的信念，因为最优策略是相对于信念而言的。

精练贝叶斯均衡的要点是：当事人要根据所观察到的他人的行为来修正自己关于后者类型的“信念”（主观概率），并由此选择自己的行动。这里，修正过程使用的是贝叶斯法则。贝叶斯法则是概率统计中应用所观察到的现象对有关概率分布的主观判断（即先验概率）进行修正的标准方法，即

$$P(\theta^k \mid a^h) = \frac{P(a^h \mid \theta^k)P(\theta^k)}{\sum_{j=1}^{m} P(a^h \mid \theta^j)P(\theta^j)} \tag{2.5.1}$$

其中 θ^k，a^h 表示参与人的类型和行动；$P(\theta^k)$ 是参与人 i 属于 θ^k 的先验概率；$P(\theta^k \mid a^h)$ 称为概率，表示在观测到 a^h 的条件下，i 属于类型 θ^k 的后概率。

信号传递博弈是一种比较简单但有广泛应用意义的不完全信息动态博弈。在这个博弈中，有两个参与人：参与人 1 称为信号发送者，参与人 2 称为信号接收者。参与人 1 的类型是私人信息，参与人 2 的类型为公共信息（即只有一个类型）。博弈的顺序如下：

（1）“自然”首先选择参与人 1 的类型 $\theta^k \in \{\theta^1, \theta^2\}$，参与人 1 知道 θ^k，但参与人 2 不知道，只知道 1 的类型的先验概率 $p(\theta^k)$，$\sum p(\theta^k) = 1$。

（2）参与人 1 在知道自己的类型后选择发出信号 $m \in \{m_1, m_2\}$。

（3）参与人 2 观测到参与人 1 发出的信号（但不是类型）使用贝叶斯法则从先验概率 $p = p(t_i)$ 得到后验概率 $p = p(\theta^k \mid m)$，然后选择行动 $a^h \in \{a_1, a_2\}$。

（4）双方的得益函数为 $u_1(m, a, \theta^k)$ 和 $u_2(m, a, \theta^k)$。

令 $m(\theta^k)$ 是参与人 1 的类型依存信号策略，$a(m)$ 是参与人 2 的行为策略（允许混合策略），则信号传递博弈的精炼贝叶斯均衡是策略组合 $(m^*(\theta), a^*(m))$ 和后验概率 $p(\theta \mid m)$ 的结合，它满足：

$(P_1)\, a^*(m) \in \text{argmax}_a \sum_{\theta} \underline{p}(\theta \mid m) u_2(m, a, \theta)$；

$(P_2)\, m^*(\theta) \in \text{argmax}_m u_1(m, a^*, \theta)$；

(B) $\underline{p}(\theta \mid m)$ 是参与人 2 使用贝叶斯法则得到的。

(P_1) 指给定后验概率 $p(\theta \mid m)$，参与人 2 对 1 发出的信号做出的最优反应；(P_2) 指预测到参与人 2 的最优反应，参与人 1 选择的最优战略。

进一步，这个信号博弈的所有可能的精炼贝叶斯均衡可以分为以下三类：

分离均衡（separating equilibrium）：不同类型的发送者（参与人 1）以概率 1 选择发送不同的信号，这时信号准确地揭示出类型。

$$\begin{cases} u_1(m_1, a^*(m), \theta^1) > u_1(m_2, a^*(m), \theta^1) \\ u_1(m_2, a^*(m), \theta^2) > u_1(m_1, a^*(m), \theta^2) \end{cases} \tag{2.5.2}$$

$$p(\theta^1 \mid m_1) = 1, p(\theta^1 \mid m_2) = 0;$$
$$p(\theta^2 \mid m_1) = 0, p(\theta^2 \mid m_2) = 1。$$

混同均衡（pooling equilibrium）：不同类型的发送者（参与人 1）选择相同的信号，或没有任何类型选择与其他类型不同的信号，因此接收者（参与人 2）不修正先验概率（参与人的选择没有信息量）。设 m_j 是均衡策略，这时：

$$\begin{cases} u_1(m_j, a^*(m), \theta^1) \geqslant u_1(m, a^*(m), \theta^1) \\ u_1(m_j, a^*(m), \theta^2) \geqslant u_1(m, a^*(m), \theta^2) \\ p(\theta^k \mid m_j) \equiv p(\theta^k) \end{cases} \tag{2.5.3}$$

准分离均衡（semi-separating equilibrium）：一些类型的发送者随机地发送信号，另一些类型的发送者选择特定的信号。假定类型 θ^1 的发送者随机地选择 m_1 或 m_2，类型 θ^2 的发送者以概率 1 选择 m_2，如果这个策略组合是均衡策略组合，这时

$$\begin{cases} u_1(m_1, a^*(m), \theta^1) = u_1(m_2, a^*(m), \theta_1) \\ u_1(m_1, a^*(m), \theta^2) < u_1(m_2, a^*(m), \theta_2) \end{cases} \tag{2.5.4}$$

$$\begin{cases} P(\theta^1 \mid m_1) = \dfrac{\alpha \times p(\theta^1)}{\alpha \times p(\theta^1) + 0 \times p(\theta^2)} = 1 \\ P(\theta^1 \mid m_2) = \dfrac{(1-\alpha)p(\theta^1)}{(1-\alpha)p(\theta^1) + 1 \times p(\theta^2)} < p(\theta^1) \\ P(\theta^2 \mid m_2) = \dfrac{1 \times p(\theta^2)}{(1-\alpha)p(\theta^1) + 1 \times p(\theta^2)} > p(\theta^2) \end{cases} \tag{2.5.5}$$

以上分析表明，在不完全信息动态博弈中，参与人所采取的行为具有传递信息的作用。

传递信息的行为是需要成本的。假如这种行为没有成本，就达不到传递信息的目的。只有在行为需要相当大的成本时，这种行为才能起到传递信息的作用。

2.6 案例与应用

2.6.1 揭秘“石头剪刀布”制胜策略

由中国科学家完成的成果“石头剪刀布”中的社会循环与条件响应，入选了“麻省理工学院科技评论 2014 年度最优”，成为中国首次入选《麻省理工科技评论》的社科领域成果。

2010 年，浙江大学实验社会科学实验室王志坚研究员、浙江工商大学公共管理学院许彬教授和中国科学院理论物理研究所周海军研究员组成跨学科团队，采用经济学控制性实验方法，开始了这项基于“石头剪刀布”模型的实证研究。实验共招募 360 名不同专业的大学生和研究生志愿者参加，分成 12 组，让大学生们对着电脑做“石头剪刀布”游戏，在线进行为期 300 轮的两两随机配对的“石头剪刀布”博弈。

这项研究旨在揭示“石头剪刀布”中的宏观周期现象与微观行为基础。研究发现，在宏观尺度下，对于不同激励参数，社会系统普遍存在持续的周期循环现象；而在微观层面，个体行为则存在一种隐藏的模式：在一定情况下，赢了会更多选择保留刚刚获胜的策略，输的则更多按照“石头剪刀布”的名称顺序变动，而平的则按照“石头布剪刀”这

样的反方向顺序变动。“石头剪刀布”制胜策略如图 2.9 所示。

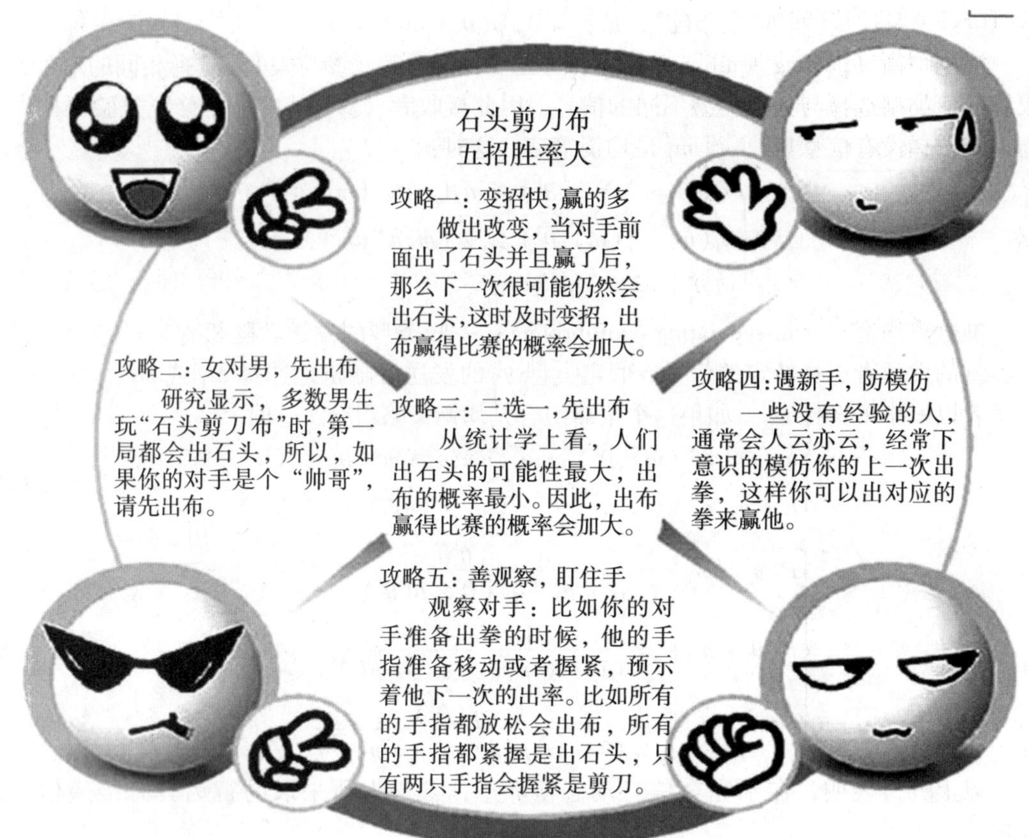

图 2.9 “石头剪刀布”制胜策略

“石头剪刀布”的出手概率如图 2.10 所示。《麻省理工科技评论》认为，这项研究是对人们玩“石头剪刀布”的方法的第一次大规模测量，测量揭示了隐藏的行为模式，聪明的人可以利用这个模式来提高自己的胜算。该成果已多次成为国内外科研机构和研讨会讨论的内容，成为博弈论、微观经济学、优化算法理论和计算机科学领域本科教学教程的参考内容，并开始被正式发表的经济学和物理学类期刊论文引用。

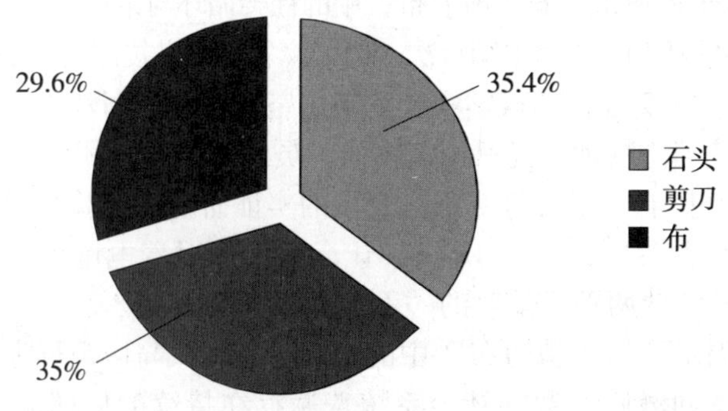

图 2.10 统计学意义上人们出“石头剪刀布”的概率

然而，这一关于“石头剪刀布”策略的研究引发诸多热议，不少人调侃“没帮助”，也有人怀疑该研究的价值。

清华大学交叉信息研究院外籍副教授约翰·斯坦贝格认为，这并非是突破性的研究，但其内容本身是有趣、有价值的。他说，如果你跟人玩剪刀石头布，对手又很聪明的话，似乎看起来你唯一能做的就是给剪刀、石头和布各自三分之一的机会。根据研究的内容，如果大部分人的模式不变的话，则利用研究者给出的策略是可以提高自己赢的概率的。当然，一旦你的对手也知道了这个策略，那它就完全失效了。

北京大学数学科学学院一名不愿意透露姓名的教授表示，这个研究更多是对人类行为、思维惯性的研究，只有在人的因素明确的情况下才能引入数学模型。“每个地方的人的行为、风格都不一样，男性、女性也很可能不一样。”他表示，从剪刀石头布出发来研究博弈论等问题，研究思路是可以的，但关键是，如果建立一个数学模型的话，需要将人的习惯、心理等各种主观因素合理地纳入数学模型中才能进行讨论。他认为从目前研究的内容来看，其建立的数学模型并没有完全将人的独立因素排除在外。“人不可能像机器人一样冷血，人的思维是独立的，复杂的”，“就算真有这个策略，对方为什么是木头呢？人家也会采取反策略”。

在北京工作的一位博弈论和人类行为研究分析师尼尔斯·菲尔表示，博弈论是很重要的研究，其最主要需要突破的问题是如何判断认知偏见是怎样影响人决策的。他认为，这项研究的假设并没有问题，即人在玩“石头剪刀布”的同时，带有“认知偏见”——往往会重复自己赢了的策略。而从研究角度说，“认知偏见”是有价值和意义的，其研究意义并非只是在石头、剪刀、布上，而是在更广泛的人类行为上。石头、剪刀、布之外，聪明的做市场的人会利用认知偏见来影响消费者行为，或操纵人们的感受。但是，他认为研究的假设虽然没有问题，但研究本身并没能很好地验证这个假设，结论有点牵强，是基于不公平又不实际的情况判断的。

（资料来源：根据 http：//epaper. xiancn. com/xawb/html/2015 - 01/23/content_ 347762. htm; http: //tieba. baidu. com/p/3543333411 等资料整理）

【案例分析导引】

“最优策略”“纳什均衡”与“制胜策略”，博弈论能告诉我们什么？

2.6.2　蒙牛输在哪里？

2005 年 12 月 28 日晚 7 点，北京饭店，“2005CCTV 中国经济年度人物颁奖典礼”的直播现场。

很快，2005 年第一位年度经济人物揭晓了。伊利集团的新帅潘刚戴着眼镜，迈着儒雅的步子向领奖台走来。此时，主持人介绍：“伊利把很多精彩留在了 2005 年，这一年，伊利的销售额突破了 100 亿元，而且伊利成为 2008 年奥运会乳制品业的唯一赞助商。”这显然是个让潘刚很感兴趣的话题，他满怀激情接着讲：“从现在开始，所有的运动员都要喝伊利牛奶。牵手奥运是伊利一小步，但它是中国奶制品企业的一大步！”

刹那间，摄影师把镜头对准了伊利的“冤家”——作为嘉宾坐在台下的蒙牛总裁牛根生，给了牛根生一个大大的面部特写，纤毫毕现。

于是，全国的观众在电视画面上看到，牛根生黝黑、粗犷的脸上，足足 10 多秒内毫无表情。没有人知道，这位竞标北京奥运会乳制品赞助商的失意者，面对在台上慷慨陈词的对手，如何任凭内心江河倒灌，五味杂陈，脸上却波澜不兴，不露声色。

这背后，还有段故事。

同在呼和浩特，伊利和蒙牛，历来都是冤家。不是冤家不聚头，这次，他们又相遇了——他们都想借赞助奥运，提升品牌，打压对手。

其实，早在 1996 年亚特兰大奥运会，伊利雪糕就作为奥运特许产品，成功地进行了一次体育营销。但更富有戏剧性的是，那次伊利的功臣，如今都在蒙牛，一个是牛根生，另一个是蒙牛副总裁孙先红。孙先红在 2005 年借赞助“超级女声”，又为蒙牛立下了汗马功劳。

如今，奥运会来到了北京，对两家来说，自然都是不容错过的机会。

2004 年，蒙牛为每一位国家队运动员都配置了“牛奶套餐”，开始为竞标做热身运动。

2005 年 9 月 1 日，蒙牛宣布，从当天起，北京市民每购买一袋蒙牛牛奶，蒙牛就捐赠 1 分钱用于北京奥运会公益活动志愿者的选拔和培训。而之前，蒙牛就曾给北京申奥捐款 1 000 万元。

蒙牛一副志在必得的架势，伊利也没有闲着。2005 年 11 月初，伊利出资 3 000 万元支持内蒙古自治区呼和浩特市的文化、体育事业建设，其中，500 万元用于为参加北京奥运会和下届全运会的内蒙古籍运动员提供补贴、奖励。

伊利和蒙牛比着花钱，二者均欲罢不能，此时，无疑是蒙牛在声势上占据着上风。

2005 年 10 月 9 日，对蒙牛和伊利来说，是个分水岭。这天上午，呼和浩特市政府召开市长办公会议：“鉴于呼和浩特市几十万奶农通过奶协向政府反映，蒙牛与伊利在竞争成为奥运赞助商过程中，花钱太多，代价太大，将来不是变相增加农民负担，便是间接波及奶农生计；又鉴于乳品行业原料涨价、产品降价，已经进入微利时代——为此，市委市政府认为同城伙伴，不宜过分相争，建议两家一起退出北京奥运赞助商的申请活动。”孙先红事后这样向外界介绍。在市政府的斡旋下，当天，牛根生与潘刚共同在《关于退出北京奥运合作伙伴申请活动的函》上签上了大名。此函是写给北京奥组委的，核心内容为：根据呼和浩特人民政府市长办公会议精神，蒙牛与伊利“思之再三，决定共同退出此次奥运合作伙伴申请活动”。

双方当面将此退出申请函发送给了奥组委，而且还发了两遍。

然而，蒙牛没想到，事情还是节外生枝了。奥组委在收到两家的退出申请函之后，又收到了伊利再次申请成为赞助商的函件。没有了竞争对手，伊利没有不赢的道理。

此时，我们终于可以多少揣摩出，电视上牛根生看着潘刚慷慨陈词时的万般感受。

（资料来源：http://www.qqdaquan.com/rizhi/qiyezhanlue/131823.html）

【案例分析导引】

蒙牛输在哪里？

2.6.3 战了 100 年，可口可乐与百事可乐谁厉害?

2015 年 5 月 27 日，可口可乐发布了他们今年全新动态宣传海报，而仅仅过了不到一周时间，6 月 1 日，老对手百事可乐也以极相似的方式，打响了他们 2015 年的一场新对决。这种局面完全不让人意外，要知道，这俩“大佬”玩这“游戏”已有百年之久。只是，这场冗长的“战役”到底谁赢谁输?“互掐”又开始了! 2014 年夏天，“你是我最重要的决定”“阳光总在风雨后”“我和我最后的倔强”“我愿意为你”等几十款流行歌曲歌词，被印在可口可乐的瓶身和易拉罐上，引来无数粉丝纷纷抢购。据可口可乐公司提供的数据显示，仅在 6 月份，“歌词瓶”带动可口可乐整个汽水饮料销量的增长高达 10%。“歌词瓶”的成功可谓让可口可乐尝到了“接地气”的甜头，于是，可口可乐 2015 年延续创意，推出了全新的“台词瓶”，尝试争取电影迷市场。为推广“台词瓶”，可口可乐推出了一组“Cinemagraph”，将瓶子融入生活场景为单一的台词创造画面语境感。5 月 27 日，可口可乐的这组海报正式上线。

然而，就在两天之后，老对手百事可乐老巧不巧地又出现了，他们发布了这样一条微博：“‘百事挑赞’创意源于生活，挑战需要演绎。百事强罐来袭，赞者不在迟，好戏为压轴!”不怪粉丝敏感，明眼人一看就知道，百事可乐也即将有大动作了。

果不其然，6 月 1 日，百事可乐以极其相似的方式，推出了他们品牌的“Cinemagraph”。而且很显然，这一次百事下了深功夫，相比可口可乐的清新风，百事可乐把“情怀”牌打到了极致——百事可乐以“百事挑赞”为主题，分别在电影、音乐、科技、创业、设计和运动六个领域，为消费者解读背后的挑战故事与挑战精神。虽然一个是“小清新小温暖”，一个是“欧美风情怀大片”，但仍具异曲同工的意味。

其实早在 3 年前，百事品牌总监兼数字化总监 Linda Lagos 在接受媒体采访时就说过：“我们觉得没有什么能比把这两个品牌放在一起更吸引消费者眼球的了。”这种通过广告互相攻击的事件，可口可乐与百事可乐已上演了无数次，但在他们互掐的背后，你知道他们各自的厉害之处吗?

我们来解读下俩可乐那些神一般的营销事件。

百事可乐一让赫鲁晓夫义务做广告。第二次世界大战后，百事可乐发展形势严峻，作为领导人的唐纳德·肯特提出开拓海外市场。苏联是肯特计划迈出的第一个海外市场。而此时，一个好机会来了!

1959 年，莫斯科要召开一个美国博览会，当时的美国副总统尼克松将出席博览会，并会见苏联总理赫鲁晓夫。事有凑巧，肯特与尼克松恰巧是很要好的朋友。

于是，肯特策划了一个十分巧妙的行动计划，求尼克松在博览会上想办法让赫鲁晓夫喝一杯百事可乐。也许是尼克松事先向赫鲁晓夫打过招呼，在展览会上，赫鲁晓夫手拿百事可乐，做出一副非常满意的表情，让各国记者任意拍照。

这些照片登载在全球许多报纸、刊物和电视屏幕上，引起了巨大的反响，正好是给百事可乐做了一个非常特殊的、影响力最大的却一分钱也不花的广告。对于扩大百事可乐的市场起到了有力的推动作用，尤其是在苏联，百事可乐牢牢地站住了脚。

百事可乐二请尼克松当世界推销员。尼克松在 1964 年竞选总统时，败给了肯尼迪。

在总结失败教训时，他认为最重要的原因是没有能取得实力雄厚的东部财团的支持，为了今后再次冲击总统宝座，尼克松决心寻找机会投奔东部财团。这时，当上了海外部副经理的肯特也没忘记尼克松，因为百事可乐公司正是以东部财团为背景的，如果尼克松能利用自己的地位和影响为百事可乐服务，那么，下次大选时，东部财团就可能支持尼克松上台。

双方达成默契。肯特以10万美元年薪聘请尼克松为公司的顾问和律师。尼克松则利用自己当副总统时的老关系周游列国，积极推销百事可乐，征服了台湾等一系列市场，销售量直线上升。取得了东方财团支持的尼克松，终于在又一次大选中登上了总统宝座，为了报答肯特，就任命他为总统的“经济政策顾问”，这一头衔使肯特身价倍增，在国际活动中动作自如，大大增强了百事可乐的竞争实力。

可口可乐一是将公益做到了远在南美洲的哥伦比亚，世界上雨量最大的小镇——Floro。虽然小镇每年降雨量高达12 717毫米，但是住在这里的人却缺少最重要的一样东西——饮用水。住在这里的人们，其中有很多人一辈子都没喝过一口饮用水，水质的不洁也引发了很多疾病。可口可乐为这个小镇做一次雨水拍卖，用无数只可口可乐瓶子收集雨水，拍卖雨水给一些管理高层和名人们。装满Floro雨水的瓶子也将在网上义卖，收集到的善款将为Floro建一座雨水处理厂，这样能让Floro当地的人们喝上清洁的水，减少常见病的患病率。

可口可乐二是让印度、巴基斯坦握手言和。可口可乐与李奥贝纳雄心勃勃的发起竞争，通过放置在两个国家拥有3D触摸屏技术的自动售货机，希望以减轻印度和巴基斯坦之间的紧张关系。活动现场，两个国家的人民通过内置在售卖机中的摄像头与Skype技术，可以互相看见对方，只要双方齐心协力完成触摸屏上的图案：笑脸、心形甚至一段舞蹈，双方会各自获得一听可口可乐。此时，两个国家的人民放下仇恨，很开心地享受“握手言和”的欢乐。虽可口可乐与百事可乐时时为战，但伴随它们的却也是壮大。如百事可乐前首席执行官罗杰·恩瑞克所说：“两者的战争必须被看作一场没有硝烟的持久战。没有可口可乐的话，百事可乐不太可能成为一个富有创意、行动灵活的竞争者。可口可乐越成功，我们就必须更为敏锐。而在战壕的对面，我相信可口可乐的人会说，对于可口可乐公司今日的成功，谁的贡献都没有百事可乐多。”

2013年，127岁的可口可乐销售额达到468.54亿美元，财年净利润达85.84亿美元；120岁的百事可乐销售额664.15亿美元，财年净利润为67.4亿美元。百事可乐销售额高于可口可乐，但净利润却低于可口可乐，为什么？实际上，自从2004年开始，百事可乐的营收总额和增长率就超越了可口可乐。2004年百事可乐销售额达到292.61亿美元，同比增长8.5%；可口可乐销售收入为219.6亿美元，增长4.4%。但可口可乐的净利润率一直高于百事可乐。究其原因，源于两者的经营模式差异。可口可乐一直是横向发展，专注饮料事业，虽然也有娱乐业等其他行业的投资，但仅仅是投资，并未影响公司的主业。而百事可乐公司是多元化的发展战略。早在1965年，百事可乐就与做零食生意的弗里托-莱公司合并，其后又收购必胜客、肯德基、塔可钟等餐饮集团，成为一家食品与饮料公司。1997年，为了更好地发挥产品结构优势，百事可乐将肯德基等餐饮企业分离，组成一家独立的上市公司百胜集团。但接着收购了世界著名的桂格公司，多元化发展休闲食品与饮料业务。2009 年，百事公司饮料与食品的销售额比例是 37%∶63%。

2014 年，百事公司的净收入超过 660 亿美元，其中公司旗下品牌系列中的 22 个品牌的预估年零售额都在 10 亿美元以上。可口可乐也丝毫不逊色，2015 年，墨西哥可口可乐公司投资 2.58 亿美元在巴西设立第 10 家工厂，10 家工厂的总产量可供巴西全国 37% 的可乐消费量。目前公司在巴西全国拥有 32.8 万个销售网点、7 200 万名消费者。

所以，甭论输赢，可口可乐与百事可乐的故事远没有结束！

（资料来源：商界招商网 http://media.sj998.com/yuanchuang/468776.shtml）

【案例分析导引】

战场上的肉搏战，在哪里能见到？商场上 100 年的竞争，价格战到哪里去了？

第 3 章　委托代理与激励

20 世纪 30 年代，美国经济学家伯利和米恩斯因为洞悉企业所有者兼具经营者的做法存在着极大的弊端，于 1932 年在《现代企业与私人财产》一书中提出了所有权和控制权分离的命题，他倡导所有权和经营权分离，企业所有者保留剩余索取权，而将经营权利让渡。当所有权与控制权分离之后，委托代理问题就成为经济领域内的重要研究问题，并且成为现代公司治理的逻辑起点，从而开创了从激励角度研究企业的先河，成为过去三十多年里契约理论最重要的发展之一。

委托代理理论是 20 世纪 60 年代末 70 年代初一些经济学家深入研究企业内部信息不对称和激励问题后发展起来的。委托代理理论的中心任务是研究在利益相冲突和信息不对称的环境下，委托人如何设计最优契约激励代理人。

3.1　委托代理理论

在信息经济学领域，委托代理理论主要研究如何设计一个最优契约来驱动代理人为委托人的利益行动，其属于契约理论的范畴，是近几十年里契约理论最重要的发展之一。

3.1.1　委托代理关系

在委托代理理论中，任何一种涉及非对称信息的交易中具有信息优势的一方为代理人（agent），处于信息劣势的一方为委托人（principal）。委托人与代理人是随着生产力大发展和规模化大生产的出现而产生的。一方面由于生产力发展使得分工进一步细化，权利的所有者由于知识、能力和精力的原因不能行使所有的权利了；另一方面由于专业化分工产生了一大批具有专业知识的代理人，他们有精力、有能力代理行使好被委托的权利。但在委托代理的关系当中，由于委托人与代理人的效用函数不一样，委托人追求的是自己的财富更大，而代理人追求自己的工资津贴收入、奢侈消费和闲暇时间最大化，这必然导致两者的利益冲突。在没有有效的制度安排下，代理人的行为很可能最终损害委托人的利益。而世界——不管是经济领域还是社会领域都普遍存在委托代理关系，股东与经理、经理与员工、选民与人民代表、公民与政府官员、原（被）告与律师，甚至债权人与债务人的关系都可以归结为委托人与代理人的关系（见表 3.1）。

表 3.1 部分委托人代理人

委托人	代理人	委托人	代理人
政 府	国有企业	厂 商	零售商
资本家、股东	经 理	病 人	医 生
证券投资者	经纪人	顾 客	百货公司
保险公司	投保人	百货公司	生产厂商
个人电脑用户	网络服务商	选 民	议员、代表

由于构成双方的条件各异，需求有别，行为目标也就会有这样或那样的冲突，而且信息的不对称也使委托人很难验明代理人的实际行为是否合理或面临着验明这一情况的费用会很高，这样就产生了如何协调好委托代理关系，使委托人和代理人构成的组织能够有效运行的所谓的“委托代理问题”。但是下列情形并不必然会导致委托代理问题：①如果委托人有完全的理性，那么在签订委托代理契约时，可以把代理人可能的机会主义行为全部想到并写进契约，此时，委托代理问题不会产生；②如果委托人与代理人不存在着信息不对称，或者说委托人可以不费成本地监督代理人，此时，委托代理问题不会产生；③如果代理人没有机会主义动机，完全忠诚，也不会产生委托代理问题。④如果两者的目标函数完全同构，也不会产生委托代理问题。可见，委托人和代理人之间的利益不一致及信息不对称是委托代理问题产生的一般原因。所以研究委托代理问题，构成委托代理关系的必要条件是：

（1）委托人和代理人是两个相互独立的利益主体，双方都以自身效用最大化为追求目标。代理人必须在许多可供选择的行动中选择一项预定的行动，该行动既影响其自身的利益，也影响委托人的利益。委托人具有付酬能力并拥有固定付酬方式和数量的权利，即委托人在代理人选择行动之前就能与代理人签订某种合同，该合同明确规定代理人的报酬是委托人代理行为结果的函数。

（2）委托人和代理人都面临不确定性和风险。代理人工作的最终成果是由代理人的行动和其他一些随机因素所共同决定的，这些随机因素不为任何一方所观测与控制。也就是说，代理人不能完全控制自己行动的最终结果，而委托人不能根据最终结果来获得代理人行动的确切信息。

例如，甲是某商店柜台营业员，乙是商店老板，甲为乙工作，乙付给甲报酬。因此，甲是代理人，乙是委托人，关于甲是否努力的信息在甲、乙之间是不对称的。某一天能否卖出较多的商品，不仅取决于甲的努力程度，而且还取决于一些外部随机因素。同样的努力，也许会卖掉较多商品，也许会因为天气或者其他外部原因导致商店没有顾客光顾。如果有一天销售情况很不好，乙就很难单方面判断这个结果是因为甲没有努力促销，还是由于这一天的天气或者其他外部原因本身就没有太多客人光顾。

（3）委托人和代理人之间信息（代理人选择的行动）不对称，代理人的信息优势可能影响委托人的利益。

由于非对称信息在经济生活中相当普遍，许多经济和合同都是在非对称信息条件下签订和执行的，因而许多经济关系都可以归结为委托—代理关系。如果按参与人的数量，可以分为下面几种委托代理关系的博弈模型。

①单个委托人与单个代理人的博弈模型，如医生与病人。

②单个委托人与多个代理人（复合代理人）的博弈模型，如一家品牌生产商与若干地区产品销售代理商。

③多个委托人（复合委托人）与单个代理人的博弈模型，如数千个计算机个人网络用户与一个网络服务商公司。

④多个委托人与多个代理人的博弈模型，如保险市场上多家保险公司争夺投保人的竞争。

⑤单个或多个委托人与代理人之间彼此均为委托人和代理人的博弈模型，如瞎子背瘸子，彼此均为委托人和代理人。

在信息对称的情况下，委托人可以观测到代理人的行动，并且可以根据代理人的行动对代理人进行惩罚或奖励。但是在信息不对称的情况下，委托人观察不到代理人的行动，委托人只能根据代理人的产出来判断代理人是否努力，但是有时代理人不努力也可以带来高产出，有时代理人努力也不能避免低产出。代理人的产出受外部随机事件的影响，而这些外部因素往往是委托人和代理人都无法控制的，即在委托代理过程中，委托人不能直接观测到代理人的行动及努力程度，而只能观测到其行动的结果，但结果却又受到行动和其他因素的共同影响。因此委托人为了牵制代理人，会制订一份既让代理人满意也让自己收益最大化的合同，代理人签订合同后选择自己的行动，从而产生相应的产出，委托人根据代理人的产出来兑现合同。

传统经济学基本假设前提中重要的一条就是“经济人”拥有完全信息。事实上，现实生活中的市场主体不可能占有完全的市场信息，信息不对称必定导致信息拥有方为谋取自身更大的利益而使另一方的利益受到损害。可见信息不对称成为了解决委托代理问题的核心。

3.1.2 委托代理均衡合同

委托人和代理人最终达成的双方共同接受的合同，并在合同约束下选择行动，这个合同就称为委托代理均衡合同。

委托代理均衡合同必须满足以下两个条件：

（1）参与约束条件。在具有“自然”干涉的情况下（即考虑不确定性的影响），代理人履行合同责任后，所获收益不能低于某个预定收益额，或者说不能小于代理人不接受合同所能得到的最大期望效用。否则代理人将会选择不接受合同，或者寻求与其他委托人的合作。这就是参与约束条件。

（2）激励相容条件。代理人以自身效用最大化原则选择行动，同时使委托人的效用达到最大化。在代理人执行这个合同后，委托人所获收益最大化，采用其他合同都不能使委托人的收益超过或等于执行该合同所取得的效用，即委托人收益最大化。但是由于委托人不能直接观测到代理人的行动信息和努力程度，所以委托人会采取激励合同诱使代理人采取委托人所希望的行动，来保证委托人的收益。这就是刺激一致性或激励相容条件。

综上所述，委托人想让代理人按照委托人的利益选择行动，但委托人不能观测到代理人选择了什么行动，能观测到的只是一些相关的结果，这些结果是由代理人的行动和一些随机因素所共同决定的，委托人无法从可观测的结果中得到代理人行动的全部信息。因此委托人需要解决的问题是，当委托人与代理人进行博弈时应当采取什么策略，以使得代理人选择对委托人最为有利的行动。

3.1.3 委托代理分析框架与数学描述

1. 委托—代理分析框架

在信息经济学中，委托—代理分析框架可以做如下描述：

（1）委托人与代理人签订合同，代理人以委托人的名义来承担和完成一些事情，作为报酬，委托人会向代理人支付相应的工资。

（2）代理人接受合同后会选择行动，该行动可以简单理解为代表代理人工作努力程度的一维变量。

（3）代理人在工作过程中通过采取特定行动或付出一定的努力，从而带来一定的产出，这个产出是由代理人的行动和其他外部因素共同决定的。这里的外部因素是不受委托人和代理人控制的。

（4）委托人与代理人之间存在信息不对称，工作努力程度或者说具体行动信息是代理人的私人信息，委托人无法观测，但代理人的产出结果是可观测的。

（5）假定代理人的产出函数是严格递增的，即在特定的外部环境约束下，代理人工作越努力，产出就越高；委托人付给代理人的报酬是代理人产出的函数，代理人的产出越高，委托人付给代理人的报酬就越高。

委托—代理框架适用于所有具有代表性质的经济和非经济关系的分析。但必须满足三个条件：①当事人之间存在信息不对称；②委托人可以通过契约监督或控制代理人；③委托人必须满足代理人的参与约束条件。即委托代理框架需要满足参与约束和激励相容约束。

2. 委托代理关系的数学模型

委托代理关系模型包含三个基本变量：首先是代理人的产出，即代理人为委托人工作时所产生的贡献，用 y 表示；其次是代理人在工作过程中所选择的行动，用 a 来表示；最后是代理人在工作过程中委托人和代理人都无法控制的外部影响因素，即不以人的主观意志为转移的客观性事件，用 n 来表示。我们可以用数学模型来刻画委托—代理关系模型。

假设代理人的产出函数为

$$y = f(a,\xi) \tag{3.1.1}$$

其中，y 为产出，a 表示代理人的努力程度，ξ 表示随机因素，服从正态分布，设其数学期望值 $E(\xi)=0$，方差为 σ^2。σ^2 的值越大，说明不确定性因素对代理人生产过程的影响就越大。

假定代理人的薪资报酬是其产出的函数，表示为

$$W = w(y) = w(f(a,\xi)) \tag{3.1.2}$$

代理人在接受合同之后就会选择行动且付出努力以获得相应的工资报酬，但是其付出

的努力是有成本的，可以记成本函数为 $c=c(a)$。$c(0)=0$，$c'>0$，这个成本函数是严格递增的，即代理人付出的努力越多，成本也就越大。因此代理人的实际收益函数为

$$U = U(w - c(a)) \tag{3.1.3}$$

这时委托人的收益函数为

$$V = V(y - w(y)) \tag{3.1.4}$$

不妨假定委托人和代理人都是风险中性的，即 $E(u(x)) = u(E(x))$，其中 x 代表随机的收入变量，u 代表效用函数。委托人期望收益为

$$E(V) = E(y - w) = E(y) - E(w) \tag{3.1.5}$$

委托人目标是追求自身期望收益的最大化。

同样代理人的期望收益为

$$E(U) = E(w - c(a)) = E(w) - c(a) \tag{3.1.6}$$

代理人目标是追求自身期望收益的最大化。

假设代理人最低收益水平为 u_0（常数），如果委托人给予代理人的薪资报酬使得代理人的收益低于这个最低水平，不满足参与约束，代理人将会选择解除契约，退出委托代理关系，所以

$$E(w) - c(a) \geqslant u_0 \tag{3.1.7}$$

这就是满足参与约束。

因此委托人在满足代理人最低收益的前提下，追求期望收益的最大化，可以描述为以下优化问题：

$$\begin{cases} E(w) - c(a) \geqslant u_0 \\ \max E(V) = \max[E(y) - E(w)] \end{cases} \tag{3.1.8}$$

即在 $E(w) - c(a) \geqslant u_0$ 的约束条件下，求 $E(u_2)$ 的最大值。在一般情况下，假设委托人支付给代理人的工资报酬恰好使代理人获得最低收益 u_0，即 $E(w) = u_0 + c(a)$，那么式（3.1.7）可以改写为

$$E(V) = E(y) - u_0 - c(a) \tag{3.1.9}$$

设 a^* 使边际产值 Mf 等于边际成本 MC，即再增加努力所带来的产值增加与劳动成本的增加相等，这时式（3.1.9）得到最大值。

由于除 a^* 的任何选择 a（不满足边际产值等于边际成本条件）都不能使利润最大化，这就存在如何确定刺激雇员选择 a^* 的函数 $w(y)$ 的问题。

常见方法是，通过 $w(y)$ 使雇员在选择 a^* 时获得的效用大于他选择其他可供选择 a^* 获得的效用，即对于所有的 a 来说，有

$$E(w(f(a^*,\xi))) - c(a^*) \geqslant E(w(f(a,\xi))) - c(a) \tag{3.1.10}$$

这就是满足激励相容条件。

看一个例子，农场主与农民构成委托代理关系，假设劳动投入、产量与成本如表 3.2 所示。

表 3.2 农场主与农民收益

单位：kg

劳动投入 a ($x/8$)	产量 y	报酬 w		成本 c	$V=y-w$	$U=w-c$	失业救济 u_0
1	9	10	-5	5	4	0	5
2	19	10	0	6	9	4	5
3	30	10	5	7	15	8	5
4	39	10	10	9	19	11	5
5	48	10	15	12	23	13	5
6	57	10	20	15	27	15*	5
7	68	10	25	20	33	15	5
8	75	10	30	28	35*	12	5

注：x 表示一天 8 小时工作中实际投入时间；* 表示农场主与农民的最优收益。

对农民而言 $a^*=6$，对农场主而言 $a^*=7$，这样的报酬系统就不满足激励相容条件。

但对报酬系统重新设计，如表 3.3 所示，显然 $a^*=7$ 使双方收益最优，$V^*=28$，$U^*=20$。

表 3.3 农场主与农民收益

单位：kg

劳动投入 a ($x/8$)	产量 y	报酬 w		成本 c	$V=y-w$	$U=w-c$	失业救济 u_0
1	9	10	-5	5	4	0	5
2	19	10	0	6	9	4	5
3	30	10	5	7	15	8	5
4	39	10	10	9	19	11	5
5	48	10	15	12	23	13	5
6	57	10	22	15	25	17	5
7	68	10	30	20	28*	20*	5
8	75	10	38	28	27	20	5

在委托代理模型中，代理人追求的是付出最少的努力获得最大的薪资报酬，而委托人也追求自身利润的最大化。所以，代理人如何采取行动以保证自身利益最大化的同时，委托人获得最大利润，以及委托人采取哪些策略以激励代理人在追求自身利益最大化的同时不损害委托人的利益，是委托代理模型所要研究的问题。

参与约束条件说明，代理人履行均衡合同后所获得的收益不能低于某个预定收益额。或者说，代理人接受委托人合同的预期收益不能低于他在同等成本约束条件下从其他委托人处获得的收益水平。

激励相容约束条件说明，代理人以行动效用最大化原则选择具体的操作行动，代理人获得预期效用最大化的同时，也保证使委托人的预期收益最大化。

3.2 道德风险

道德风险是指在建立契约关系之后，代理人利用自己的信息优势在使自身利益最大化的同时损害处于信息劣势的委托人的利益，而且并不承担由此造成的全部后果的行为。道德风险是在委托代理框架下由于信息非对称导致市场失灵的两种典型形式之一。道德风险分为隐藏行动的道德风险和隐藏信息的道德风险。

所谓隐藏行动的道德风险是指在委托人之间签订合同之后，代理人知道自己选择的行动，而委托人只能观测到与行动相关的结果，不能直接观测到代理人的努力程度。隐藏行动的道德风险模型描述如图 3.1 所示。

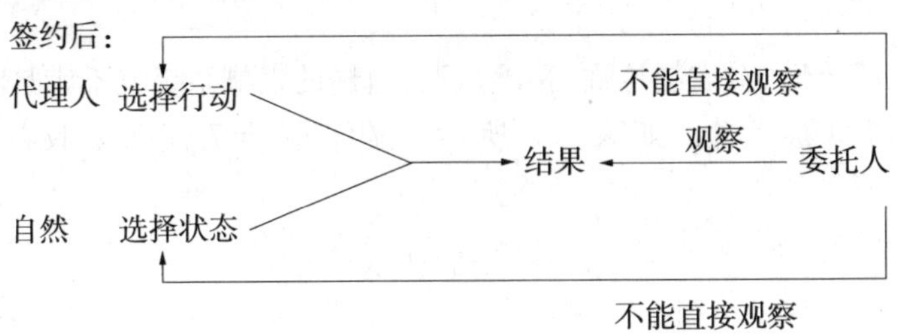

图 3.1 隐藏行动的道德风险模型

因此代理人有可能利用自身信息优势（隐藏行动）做出损害委托人利益的败德行为。对于委托人而言，应对隐藏行动的道德风险问题的关键在于如何设计最优契约激励代理人从自身利益出发选择对委托人最有利的行动。例如，气候—农场主—农民的关系。

所谓隐藏信息的道德风险是指委托人与代理人签订合同后，双方存在信息不对称，代理人掌握委托人所掌握的信息，隐藏信息的道德风险模型描述如图 3.2 所示。

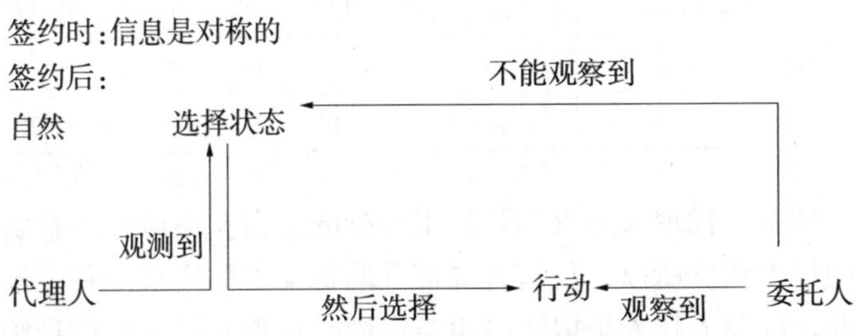

图 3.2 隐藏信息的道德风险模型

因此代理人可以利用自身信息优势（隐藏信息）做出对委托人不利的行动。对于委托人而言，应对隐藏信息的道德风险问题的关键在于如何设计最优契约激励代理人在给定

“状态”下选择对委托人最有利的行动。例如，顾客需求—企业经理—销售人员。

总之，代理人拥有独占性的私有信息是道德风险产生的关键。因此委托人就有获得代理人的私有信息的积极性，以消除信息的不对称性。但在现实中，委托人很难完全获取到代理人的私有信息或为此要付出高昂的代价。

“道德风险”这一术语最早产生于保险行业。以财产保险为例，假设某厂商产品仓库价值为 100 000 美元，厂商采取防火措施的成本为 50 美元。采取防火措施后小心谨慎，发生火灾概率为 0.5%；没有防火措施且疏于防范，发生火灾概率为 0.8%。又假设保险公司以预期火灾损失为

$$100\ 000 \times 0.5\% = 500\ (\text{美元})$$

作为保险费用出售保险单。在这种环境下，如果厂商向保险公司投保后，就可能不会有动力继续执行防火措施，并可能疏于防范，结果，发生火灾的概率从 0.5% 上升到 0.8%，保险公司的实际预期损失为

$$100\ 000 \times 0.8\% = 800\ (\text{美元})$$

结果，每出售一张保险单平均会损失 300 美元。因此，这种保险单设计对保险公司来说是不可行的。由此可见，如果保险条款中不包含防火措施，投保人往往会因为买了保险就不再积极采取防火措施，故意或不自觉地忽视日常防火措施，导致火灾发生的可能性增加，从而保险公司可能承担更大的风险。这就产生了“道德风险”。

为了防止道德风险问题发生，保险公司在签订合同时会明确规定一些免责条款，比如对于自杀身亡的人身保险投保人不支付赔偿金。但在大多情况下，核实是否存在道德风险的成本很高，以至于根本无法在保险合同中签订避免道德风险发生的条款。保险公司不可能在条款中规定投保人采用什么样的通风设备、防盗装置、灭火器等。

企业作为经济中的最重要的组织形式之一，信息不对称带来的道德风险问题存在于组织中的各个层次，影响广泛而深远。在现代公司治理体制中，股东持有公司股份，拥有企业，而职业经理人才是企业的经营者。经理拥有酌情权，在企业经营过程中，根据具体情况自主做出经费决策，股东拥有剩余索取权和剩余控制权。因此经理是代理人，了解自己的经营能力和努力程度，具有信息优势；股东是委托人，股东可以观察到经理的行动结果（产出），但却不能观察到经理的行动。股东对于经理所面临的机会有着不完全信息，因此仅仅看结果不能推断经理是否做出了正确的决策。事实上，正是由于信息不完全才有必要向经理进行放权。其次，这样的问题即使是在只有一个所有者，并将经营管理的责任下放给他人的情况下也存在，而在多数大公司，分散的所有权又形成了一个公共物品的问题：任何股东做出的对经营管理者的监督的努力，可以使所有的股东都受益，因此监督成为公共物品，监督是不足的。在这个委托代理关系中，委托人与代理人之间存在着信息不对称，经理可能会利用酌情权和信息优势为自己（不是公司）牟私利，这就产生“道德风险”。

在劳动力市场，我们知道 $y=f(a)+\xi$，雇员的努力程度 a 是不可观测的或观测的成本较大，但是产出（绩效）y 是可观测的。因此雇主只可以通过观测绩效 y 来推断雇员的工作努力程度，由于随机变量 ξ 的存在，雇主无法从绩效 y 准确评价雇员的努力程度 a，这种不确定性导致雇主雇员双方信息不对称。于是信息优势的一方——雇员在利益驱动下，为了追求自身效用最大化，做出影响雇主的行为，引发道德风险问题。

在产品和服务市场中，也存在大量的“道德风险”。如房屋装修，房主与装修公司签

订装修合同后，装修公司的广告词“把装修交给我，你上班去”，你能放心上班去吗？装修工人的工作努力程度（隐藏行动）和装修质量（隐藏信息）就是代理人的私有信息，房主作为委托人无法直接控制装修工人的努力程度和工程质量，只能观测到装修以后的结果，所以才有房主全程监督装修工人装修。

在现实生活中，道德风险的存在会给社会带来许多消极影响。

一是增加社会财富损失的概率。以保险为例，一般情况下，投保人签订了保险合同后，就会变得掉以轻心，不再对防护措施保持谨慎和积极的态度。而且从理性经济人的角度出发，既然如果产生相应损失，保险公司可以赔付，那么投保人就失去了继续投入成本进行防护的必要性。如果所有投保人都不采取防护措施，保险公司就只能增加每个人的保险费，社会财富损失的概率就增加了，即不管是疏忽性的放松，还是出于理性经济人的考虑，道德风险的存在都将增加社会财富损失的概率。一些通过防护措施可以减少的损失可能由于疏忽或不当行为而实际发生损失；二是增加社会成本，导致市场低效率。投保人采取防护措施是需要花费时间和金钱的。在签订保险合同之后，投保人采取防护措施的成本完全是由个人承担的，所以作为理性经济人的投保人没有激励采取这种防护措施。由于投保以后，任何损失都由参与保险的所有人共同承担，所以个人成本转嫁为集体成本，增加了社会成本。此外，在社会保险范围内，如社会医疗保险，由于投保人故意或不作为所增加保险支付金额的同时，也增加了社会成本，这将导致社会服务的低效率；在劳动力市场上，雇主与雇员签订合同之后，如果所有雇员都以满足雇主最低收益为前提追求自身利益最大化，选择对自己有利而对雇主不利的较低努力水平，将导致社会生产的低效率。总之，由于道德风险的存在，可能导致社会福利的降低、市场不完备及效率低下。避免道德风险问题产生的核心是建立有效的激励机制、约束机制和信任机制。

3.3 激励机制设计

在道德风险中，应对代理人的道德风险，委托人的问题就是建立有效的激励机制，即委托人对代理人的激励，设计一个激励合同以诱使代理人从自身利益最大化出发，自愿或被迫选择对委托人最有利的行动。和委托代理模型一样，一个激励机制模型要求既要满足参与约束，又要满足激励相容约束。任何激励机制都在满足这两个约束条件的情况下实现委托人和代理人收益最大化目标的。

由于信息不对称所导致隐藏信息的道德风险和隐藏行动的道德风险可以通过有效激励而避免。如果代理人具有隐藏信息优势，那么激励机制的目标就是“如何使代理人说真话”。关于如何使人说真话，著名的“显示原理”是这一类问题机制设计的理论根据。根据“显示原理”，要使人说真话，就必须设计机制使得说真话比说假话能够得到更多收益，使得“说假话”的成本远远大于“说真话”。如果代理人利用隐藏行动使得委托人可能面临道德风险问题，那么激励机制设计的目标就是“如何让人不偷懒”，就使得偷懒的成本远远大于不偷懒的成本。

委托人对代理人设计的激励机制的一个基本思想是：代理人的收益必须与代理人自身的行动所带来的产出相关联，即产出决定收益。因此，要避免代理人的道德风险，即必须使道德风险带给委托人的损失能够部分转移为代理人自己的损失。为了满足这样的激励效果，人们设计出了很多种复杂的激励制度，来激励代理人的行为。

3.3.1 激励工资制度

虽然委托人无法观察到代理人的行动，但可以观察到其结果，结果与行动之间存在一定的正相关关系。因此，委托人设计激励工资把工资与结果（产出）联系起来，以刺激代理人做出的有利于委托人的行为。激励工资的具体形式有租金制、目标产量承包、劳动工资与分成制等。

1. 租金制

委托人向代理人收取固定租金

$$V = R \tag{3.3.1}$$

这里 R 为一常数，代理人获得除租金以外的所有产出。

$$U = f(a) - c(a) - R \tag{3.3.2}$$

如果代理人（劳动者）使 U 最大化，那么，代理人（劳动者）将选择 a^* 的努力程度，$Mf(a^*) = Mc(a^*)$，这恰好是土地所有者所希望的。在这里，参与约束决定了地租率的大小。由于代理人（劳动者）的总效用等于 U_0，故

$$f(a^*) - c(a^*) - R \geqslant U_0 \tag{3.3.3}$$

因此，地租应略低于以下水平

$$R \leqslant f(a^*) - c(a^*) - U_0 \tag{3.3.4}$$

这里委托人的收益 V 即为代理人支付给委托人的租金。因为租金是固定的，所以代理人越努力工作（f 越大），越有可能得到较多的剩余产出；如果代理人偷懒，将有可能支付不起租金，从而带来损失。所以对于代理人而言，努力工作优于不工作，而不工作优于偷懒。

在信息不对称的条件下，如果代理人的产出是随机分布的，代理人将承担由于随机因素引发的所有风险。如果代理人为风险厌恶者或不具备承担风险的能力，那么这种激励制度就会出现不相容情况。代理人很可能为降低风险而放弃一部分收益，要求委托人共同承担风险。

2. 目标产量承包

委托人给予代理人一项简单选择：如果代理人获得产出 $I^* \geqslant I_0$（目标产量），付出劳动水平为 a^*，就能从委托人处得到报酬 B^*，否则，报酬 $B^*=0$。显然，这是一种不允许讨价还价的单点报酬激励机制。其中，B^* 的数量由参与约束条件决定。

$$B^* - c(a^*) \geqslant U_0 \tag{3.3.5}$$

故

$$B^* \geqslant U_0 + c(a^*) \tag{3.3.6}$$

如果代理人选择劳动水平 a，且 $a \neq a^*$，那么，代理人获得的预期效用将为 $-c(a)$；如果代理人选择 a^*，那么，其预期效用为 $B^* - c(a^*)$。因此，代理人的最优选择是使 $a = a^*$。

在信息不对称的条件下，委托人无法观察到代理人真正投入的劳动量。同时，如果产量由多种因素决定的话，该机制使代理人承担了全部风险，如果代理人稍微偏离“目标产量”，将导致报酬为零的结果。

3. 劳动工资

委托人（土地所有者）规定一个单位劳动工资率为 W，代理人（劳动者）可获得两部分报酬：一部分是固定收入 K，另一部分是“按劳分配”的工资，因此，该激励机制的形式为

$$U = W \cdot a + K \tag{3.3.7}$$

这里，工资率 W 等于代理人在最优选择水平上的边际产量，即 $W = Mf(a^*)$。这时 $Mf(a^*) = Mc(a^*)$。从代理人角度来看，希望使自己的收益最大化，即

$$\max(W \cdot a + K - c(a)) \tag{3.3.8}$$

这意味着代理人将选择使他的边际成本等于工资，即 $MC(a') = W$。由于工资率 $W = Mf(a^*)$，故代理人的最优选择将是 $a' = a^*$，这正好是委托人所希望的理想水平。

固定收入 K 的设置：

$$W \cdot a^* + K - c(a^*) \geqslant U_0 \tag{3.3.9}$$

因此，$K = c(a^*) + U_0 - W \cdot a^*$。

在信息不对称的条件下，委托人只能观察到代理人的工作时间，而不能观察到代理人投入的真正劳动量，但工资必须依赖于劳动量。显然，如果委托人不能观察劳动的投入量，那么，这种激励机制是无法最大限度地激发代理人的工作热情的。

4. 分成制

分成制是指委托人和代理人按照一定比例从收益中获得各自的利润。分成制除了激励作用以外，还具有风险分担作用。

代理人的报酬由固定工资和根据劳动产出比例所得到的报酬组成，代理人报酬分为两个部分

$$U = K + \alpha f(a) \tag{3.3.10}$$

其中 K 为固定收入部分，$0 < \alpha < 1$ 为分成系数，产出函数为

$$y = f(a) + \xi \tag{3.3.11}$$

其中随机变量 ξ 服从正态分布，其数学期望值 $E(\xi) = 0$，方差为 σ^2。

在完全信息下，分成制并不是一种有效的分配方式。

不妨假定委托人和代理人都是风险中性的，代理人的目标：

$$\max(K + \alpha f(a) - c(a)) \tag{3.3.12}$$

即

$$\max(\alpha f(a) - c(a)) \tag{3.3.13}$$

委托人的目标：

$$\max(f(a) - U) \tag{3.3.14}$$

参与约束要求：$U - c(a) \geqslant U_0$，代入（3.3.14）得

$$\max f(a) - c(a) - U_0 \tag{3.3.15}$$

即

$$\max f(a) - c(a) \tag{3.3.16}$$

由式（3.3.13）和式（3.3.16）可知：由于 $\alpha \neq 1$，代理人和委托人目标是不相容的。

由式（3.3.13）得

$$\alpha Mf(a') = Mc(a') \tag{3.3.17}$$

由式（3.3.16）得

$$Mf(a^*) = Mc(a^*) \tag{3.3.18}$$

当 $\alpha<1$ 时，有 $a'<a^*$。

所以，在完全信息下，分成制并不是一种有效的分配方式，如图 3.3 所示。

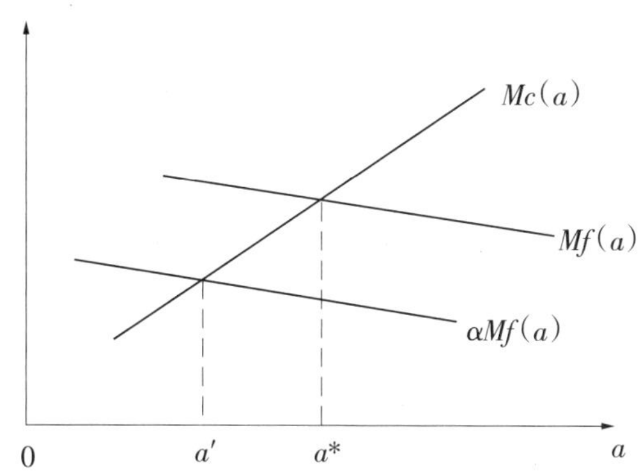

图 3.3　代理人和委托人目标是不相容的

在信息不对称情况下，分成制是一种有效的分配方式。

委托人目标：

$$\max f(a) - S \tag{3.3.19}$$

即

$$\max(1-\alpha)f(a) - K \tag{3.3.20}$$

参与约束：

$$\alpha f(a) + K - c \geqslant u_0 \tag{3.3.21}$$

激励相容约束：

$$\alpha Mf(a) = Mc(a) \tag{3.3.22}$$

将式（3.3.21）代入式（3.3.20）得

$$\max f(a) - c(a) - u_0 \tag{3.3.23}$$

这是一个带约束条件式（3.3.22）的极值问题。

所以，在信息不对称情况下分成制是一种有效的分配方式。于是我们可以得出下面的结论：

（1）不对称信息情况下，分成制是一种良好的折中方法，风险分担可以降低道德风险。

（2）在信息不对称的情况下，“按劳分配”只是一种理想的分配制度。

（3）α 的取值决定于随机变量 ξ 的不确定程度，即产值波动程度、参与人的风险偏好和监督成本。系数 α 越大，对代理人的激励程度越高。一般情况下，代理人工作的努力程度对产出影响越大，系数 α 越大；委托人对代理人的努力程度的评估越不准确，系数 α 越大。在信息不对称的情况下，分成制是一种折中的次优机制。

代理人与其产出部分相关，委托人与代理人共同承担由于外部因素导致产出波动而带来的风险。委托人支付代理人不因产出变化而变化的固定工资，从而避免了代理人承担全部风险；除了固定工资，委托人还使得代理人可以根据产出多少得到一定比例的收入，以此激励代理人努力工作，避免或减少道德风险行为。

3.3.2 效率工资制度

1914年福特汽车公司开始向其工人支付每天5美元的工资。由于当时的工资普遍为2～3美元，福特的工资远远高于均衡水平。所以求职者在福特汽车工厂外排起了长队，希望获得这样的工作机会。亨利福特认为，“高工资意味着低成本，而不是高成本”。他用高工资提高工人的生产率，这就产生了效率工资理论，即工人工作的效率与工人的工资有很大的相关性，高工资使工人的工作效率更高。

效率工资理论的基本假说就是工资和效率的双向作用机制，即生产率高的工人理应得到高工资，工资依赖于工人的生产率，而另一方面工人的生产率也依赖于工资。工人的行为常受到工资的影响，例如，工资的高低可以影响工人的偷懒程度、辞职率、工作士气和对雇主的忠诚等。

定性地讲，效率工资指的是企业支付给员工比市场保留工资高得多的工资，促使员工努力工作的一种激励与薪酬制度。定量地讲，厂商在利润最大化水平上确定雇佣工人的工资，当工资对效率的弹性为1时，称它为效率工资。此时工资增加1%，劳动效率也提高1%，在这个水平上，产品的劳动成本最低，即效率工资是单位效率上总劳动成本最小处的工资水平，它保证了总劳动成本最低。

根据效率工资理论，委托人给予代理人高工资将提高代理人的工作努力程度。委托人不可能完全监督代理人的努力程度，而且，代理人必定自我决定是否努力。代理人可以选择努力工作，也可以选择偷懒。如果厂商给予雇员行业平均工资 W^*，雇员就有偷懒的激励，因为他到其他企业也能获得同样的工资 W^*。如果厂商提供较高的工资，在这个工资水平上，如果雇员偷懒，就会被解雇，解雇后在被另外一个厂商以 W^* 聘用前还有一段失业期，同时，即使被雇佣，其收入也下降。

如果厂商给雇员提供一个足够高的工资如 W_e，雇员将会因为机会成本提高而不发生偷懒行动。使雇员不偷懒的工资水平 W_e 就是效率工资。在图3.4中，对劳动的需求曲线 D_L 向下倾斜。如果没有偷懒行动，W^* 将为 D_L 与劳动供给曲线 S_L 的交点，并有充分就业水平 L^*。但存在偷懒行为时，所有厂商都不愿提供工资率 W^*，而愿提供高于该水平的工资率以激励雇员不偷懒。高出的工资率由无偷懒约束曲线决定，它表明相对于失业水平工人不偷懒而需要获得的最低工资。

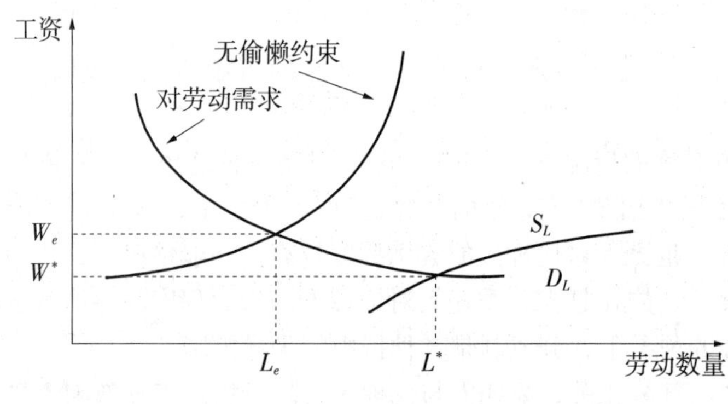

图3.4 效率工资

显然，失业水平与（$W_e - W^*$）成反比，即如果失业水平降低，（$W_e - W^*$）将升高。反之亦然。这样，在有偷懒行动时，均衡工资位于无偷懒约束曲线与 D_L 曲线交点处，L_e 的雇员获得工资 W_e。由于无偷懒约束曲线不会与劳动供给曲线相交，因此，均衡时社会总会存在一定数量的失业，即厂商以效率工资 W_e 雇佣 L_e 的雇员，产生 $L^* - L_e$ 的失业。

假定代理人是风险中性者，委托人除发现代理人是否存在懒惰行为以外，没有别的信息可以作为奖惩代理人的依据。因此委托人不可能对代理人实行激励工资，而只能实行固定工资。

若给定代理人在偷懒的情况下委托人发现代理人偷懒的概率，可以建立一个委托人和代理人的动态博弈来分析，如图 3.5 所示。

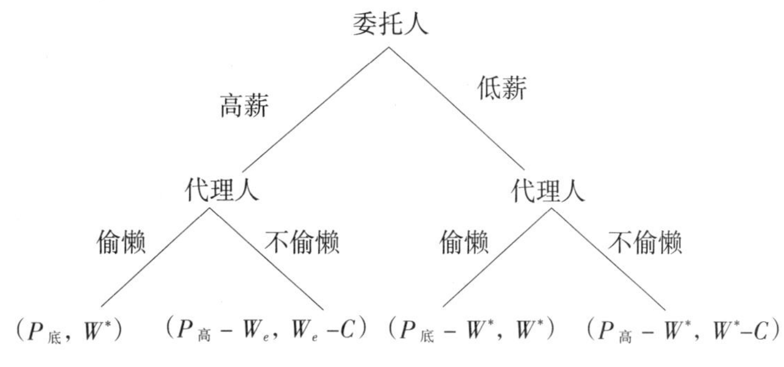

图 3.5　效率工资博弈

图 3.5 中，$P_{底}$ 为公司低效率运行委托人收益，$P_{高}$ 为公司高效率运行委托人收益，对公司而言，$P_{高} - P_{底} > W_e - W^* > C$。如果代理人选择偷懒，委托人发现后将开除代理人，代理人总收益应略低于 W_e。显然该博弈有一子博弈精炼纳什均衡（高薪，不偷懒）。

效率工资政策带来了岗位稳定性的增强和生产率的极大提高，不仅抵消了工资增加额，降低了成本，而且还带来超过工资增长额的利润，因为高工资带来工人劳动生产率的提高。当时的一份调查报告显示："福特的高工资摆脱了惰性和生活中的阻力。工人绝对听话，而且可以很有把握地说，从 1913 年的最后一天以来，福特工厂的劳动成本每天都在下降。"高工资提高了工人积极性，增强了企业的凝聚力，福特公司雇员的辞职率下降了 87%，解雇率下降了 90%，缺勤率也下降了 75%。高工资带来了更高的劳动生产率，福特的汽车价格比对手便宜很多，汽车销售量从 1909 年的 5.8 万辆直线上升至 1916 年的 73 万辆。

效率工资理论可以为"高薪养廉"问题提供经济学解释。假定政府官员离开政府部门后从事其他工作的市场工资为 0。假定政府官员的权力越大，滥用职权的额外收入就越高，那么其工资也应该提高，否则，他就会滥用权力寻求得到更多收益的机会。在这种情况下，政府可以采取以下几种办法约束官员的腐败行为：一是提高工资；二是加大惩罚；三是官员晋升采用选举制度而非提拔制度；四是增加透明，加强监督。由于政府工作的特殊性，监督成本很高。因此，最有效的办法是提高政府官员的工资，即"高薪养廉"。

3.4 约束机制

除了激励机制之外，还需要对代理人进行相应的约束。委托人对代理人的约束主要包括内外约束两个方面。外部约束机制是在企业、经济运行外部形成的，体现的是“人的意志”；内部性约束机制是企业、经济运行过程中自然形成的，体现的是“市场的逻辑”。

1. 企业和员工约束机制

(1) 内部约束。

①公司内部规章制度。作为对公司全体人员权力利益及其行为做出规范性规定的大法，公司的规章制度是对所有人重要的约束力量。

②组织机构约束。完善的董事会制度，对协调企业与经营管理者、员工的关系，尤其是对经营管理者、员工的优缺点评价有着重要的作用。

③合同约束。任何人员进入企业必须签订受法律保护的合同，明确规定了入职人员对企业的责任，从而形成有效的约束力量。

(2) 外部约束。

①法律约束。在市场经济的大环境下，健全有效的法律机制是约束规范人们行为最有效的形式。以明确的法律确定企业与员工的职、责、权，如《公司法》等，这是约束的最重要的制度。

②道德约束。在企业中员工要有企业的忠诚精神和团体精神，不得做出对企业危害的行为，维护自身利益要用法律武器，不得使用不正当的手段。

③市场约束。市场是竞争的市场，要符合市场规律才能发展，不得违背市场经济的约束。

④媒体约束。媒体作为重要的社会力量，肩负着社会监督约束的责任，是实现约束的强大力量。

2. 公司股东和经理约束机制

(1) 内部约束。

①经营决策制度。企业往往通过经营制度对董事长、总经理等的权力进行详细的、定量的规定，形成权力合理分配、互相制衡的机制。其主要包括决策主体、决策范围、决策程序、决策责任和风险防范等。

②财务控制制度。董事会直接任免财务负责人以形成对经理人员的财务监督。其包括各项经费开支规定、分级审批、财务审计等。

③内部监督制度。公司董事会、监事会、企业财务总监分工检查和监督各项规章制度的执行情况，防止经理人员做出有损于公司的行为。股东通过评价经理绩效、检查公司财务、任免董事等形式加强监管。

④保证金制度。经理必须缴纳一定数目的金钱作为保证金，一旦他们被发现欺骗或偷懒，则没收保证金将作为对经理的惩罚。

(2) 外部约束。

①产品市场的约束。经理的经营绩效主要体现在产品市场上。如果产品不能适销对路，或者产品成本太高，那么企业将缺乏竞争力，生产率下降，经营萎缩，甚至被迫退出

市场。经营不善是对经理声誉的最大打击，而且企业被迫退出市场，经理也将面临失业。产品市场竞争越激烈对经理的约束力越大。

②资本市场的约束。债权人与破产约束和股东与收购的约束。当企业经营不善时，资本所有者“用脚投票”，债权人也可能向公司提出清偿的要求，从而使企业缺乏必要的资本。如果企业破产，这将对经理产生很大的打击。有限责任下债权人比股东更有动机来约束和控制经理。如果是上市公司，一旦企业经营不善，股东将实行“两票制”：一方面股东通过股东大会“用手投票”改造董事会，并通过董事会罢免总经理；另一方面，股东“用脚投票”，致使股价陡落，如果企业价值被低估，就有可能被竞争对手收购，从而导致原经理被撤换。

③经理市场的约束。经理市场是一种特殊的要素市场，使在职者不敢懈怠，以保持其职位，也使替代者更加努力，以竞争代理人之职。经理在工作时实际上也是在积累“信誉资本”，经营业绩差就是低能力的信号，会降低经理信誉。

3.5　应用与案例

3.5.1　“三明医改”破冰前行

福建省三明市是因国家小三线建设而诞生的城市，但“未富先老”，退休人员比重颇高。2010 年，三明市职工医保统筹基金亏损 1.4 亿多元，到 2011 年，实际亏损量达到 2 亿多元。当时“这个亏损量，在全省排在前列，占全市当年本级财政近 15%，我们已根本无法兜住底了。基金还欠付全市 22 家公立医院医药费 1 700 多万元”。如此巨量亏损和刹不住的势头，让搞了一辈子财务工作的老张压力山大。2012 年初，地处福建中部山区的老工业基地三明市，以“百姓可以接受、财政可以承担、基金可以运行、医院可以持续”为目标，以医药、医保、医疗“三医联动”为途径，破除利益纠葛，全面统筹推进公立医院分配机制、补偿机制、考核机制、药品采购、医院管理、医保基金管理等方面一系列综合改革，时称“三明医改”。

2012 年 2 月，三明市正式启动医改。其中一个动作就是堵住“小病大医”的漏洞。三明市在 2013 年和 2014 年先后出台了《单病种付费制度》和《患者次均门诊/住院费标准制度》。举个例子：国家鼓励顺产生育，但如今更多的人选择剖腹产。像将乐县这样的二级公立医院，顺产价格为 1 200 元、剖腹产是 4 500 元，医院自然乐意患者选剖腹产。但在“单病种付费”规定下，三明市将此统一核定为 3 600 元，超出了，医院自付；结余了，医院自留。这样的单病种，三明市一共选定了 30 个。“这个叫‘临床路径’，也是国际上的通行做法。”三明市卫计委副主任于修芹说。

同理，“次均费用”，就是指当年医院门急诊病人和出院病人的平均费用，也被三明市医管中心规定了一个固定的费用标准。超出了，医院自付。

“可如果我们在治疗过程中发现变异和其他并发症，无论是‘单病种付费’还是‘次均付费’，结果都可能大大超出所核定的付费标准，那我们是治还是不治?”三明市第一医院眼科主任郑红的担心，其实也代表了全市医务工作者的疑虑。而这也正是公立医院院长们最初质疑医改可行性的一个“能够摆在桌面上”的理由。三明市对此早有预料：允许三级和二级公立医院分别有20%和15%的变异率，真发生了变异或其他并发症，就退出“单病种付费”，该怎么治还怎么治。

“有这个比例就放心了。其实以往更多的患者还有这样一种心理：难得到医院做一次手术，干脆就做次全面检查，看看还有哪些潜在的问题，顺道一起治了。在检查化验可以挣钱的时代，这也是‘小病大治’的一大原因。”郑红说。自从白内障手术被列为“单病种付费”后，手术量不减反增，“因为比以前便宜了1 000多元，医改前一年最多做900例，2015年做了1 136例。至于‘次均标准’，廖冬平一开始觉得“根本不可能”。2011年，将乐县医院住院患者“次均费用”实际额为7 800元。2013年，三明市给医院核定的标准为5 000元。“要完成这个目标就只能在管理上下功夫，要由我们自己消化。”

有加强管理的压力，但同时也有自我消化的动力。如果有结余，结余部分的60%奖励给医院专项用于绩效工资发放。

2015年，将乐县医院城镇职工“次均费用”实际额为5 142元。而这一年，三明市给他们核定的住院“次均标准”为5 300元。为什么还提高了呢？这是三明市医改确保“不回头”的又一既定之策：根据各县医院实际情况，“次均标准”每年一调整，一院一标准。

之前任职10年院长期间才攒下1 800万元、医改后1年就结余3 000多万元的廖冬平，又得到了市、县两级政府卸下“医保亏损”的包袱后不断加大的财政投入，3年来累计投入2亿多元。如今将乐县医院添了不少先进的医疗设备“大件”，并新开设了ICU病房、肿瘤微创等。

三明市4年医改，取得六方面成效：一是群众看病负担明显减轻。至2015年，无论城镇职工还是城乡居民，住院个人次均自付费用比2011年时分别下降203元与437元。二是医务人员收入待遇大幅提高。2015年，全市22家公立医院工资总额达到8.95亿元，比2011年时翻了一番。三是医院的医药总收入年年高增长势头得到有效遏制，医务性收入大幅提升，收入结构渐趋合理。四是城镇职工医保基金安全运行。在2011年还亏损2亿元的基础上，自2012年起年年结余，2015年结余达到8 912万元。五是病人转外就医率下降。2011年全市城镇职工医保患者转外就医住院人次占比为7.34%，2015年降为7.02%。六是医院得到可持续发展，全市除了一个县外，其他所有县级医院均建立起ICU病房。医改4年，净增加医生405人、护士1 073人，增加高级职称220人。

（资料来源：三明医改的事实真相. 人民日报，2016－2－26）

【案例分析导引】

（1）医改的难点在哪里？

（2）如何看待有人说“三明医改”是“三明改医”？“三明医改”能经受时间、空间检验吗？

（3）医疗制度改革——应市场主导还是政府主导？

3.5.2　广东四十天查处五名官员　官员财产公示试点引关注

2012年12月8日人民日报海外版报道：广东省40天内查处5名高官，传递了党和政府反腐的正能量。这几天，中国的老百姓及海内外媒体都在关注中国官员的廉政建设进程。而另一个好消息也令人十分振奋：广东省将推进廉政办建设，试点开展领导干部家庭财产申报和公示，2014 年前完成试点，并逐步推开。

据广东省纪委统计，2012 年上半年全省纪检监察机关共立案 3 328 件 3 480 人，其中地厅级干部 17 件 17 人，县处级干部 144 件 145 人。给予党政纪处分 1 883 人，其中地厅级干部 14 人，县处级干部 82 人。移送司法机关 121 人，涉及地厅级干部 5 人，县处级干部 26 人。

官员财产公示。在运用制度加技术预防腐败的背景下，广东正在研发的预防腐败信息系统被寄予了厚望。一位参与该系统研发的工作人员告诉记者，这一系统由广东省纪委主导，包括中山大学等学术机构和相关信息科技公司都参与了研发。“从技术上来说，监控官员的财产状况、出入境状况等没有任何问题，如果和其他系统联网之后，官员的房产信息、存款信息、有价证券信息等将一览无余。”他表示，该信息系统能否真正起作用，最根本的保障还在于官员财产申报制度的健全，“一旦系统发现该官员申报的个人及家庭财产信息与预防腐败信息系统联网信息不一致时，就会发出预警。目前，纪委取得这些资料还存在一定的困难”。

相关资料统计显示，官员财产公示至今已有 17 个市、县进行了试点。其中，地级行政区有 4 个，县一级有 13 个。不过，公示范围和公示对象都偏窄，多数试点地方只对拟提拔干部的家庭财产在内部进行公示，科级干部成为主要的公示对象。而公示平台也多选择在单位内部或者局域网公示，公众无法看到。

中央编译局世界发展战略研究部主任何增科指出，公职人员家庭财产申报和公示制度是防范腐败的一项基础性工程，应制定相关法律明确相关制度，避免流于形式。中国人民大学国际关系学院教授周淑真表示，实行财产申报应是反腐败的突破口之一，申报财产并公示公开，应作为提拔领导干部的前提。

（资料来源：人民网.人民日报海外版 2012－12－08）

【案例分析导引】

官员财产申报、财产公示与腐败怎么关联？如何评价官员财产申报、财产公示对预防腐败、打击腐败的作用？如何应用官员财产申报、财产公示制度预防腐败和打击腐败？

3.5.3 净水器行业呼唤第三方产品质量认证

净水器市场怎么这么混乱？国庆期间想买台净水器，结果发现净水器市场比较乱：美的、沁园、立升、安吉尔等都说自己的最厉害，都说自己的是国家标准，有点搞不明白了，到底哪一家好？感觉净水器目前还是处于利润较高的状态，要不怎么各家都不惜诋毁竞争对手来促进自己的销售？

据称北京鉴衡认证中心（以下简称鉴衡）已经启动净水器产品认证试点工作，今后获得认证的净水器产品将加贴相关认证标志，消费者亦可以此作为选购标准。此前，2013 年 10 月鉴衡在北京成立了净水器认证技术委员会，并对《反渗透净水器产品认证实施规则》《超滤净水器产品认证实施规则》等相关文件进行了研讨。

据鉴衡有关负责人介绍，我国现有 3 000 多家净水器生产企业，生产数千品牌数万型号的各类净水器，净水器年产销售额达到300多亿元。但是，由于净水器行业准入门槛低，高技术含量、高附加值、高可靠性的净水企业并不多，一方面低价低质的产品充斥市场，长此以往，必将发生“劣币驱逐良币”的现象，最终将影响整个产业的健康发展；另一方面，很多企业在宣传上夸大产品功能，混淆概念，使消费者在选购净水器产品时经常感到无从入手，消费者在无奈的情况下只能凭价格来选择。

认证已经成为国际通行做法。据了解，我国是世界上唯一需要行政许可审批（卫生批件）才能生产销售净水器产品的国家，美国等国家和地区基本采用第三方认证政府进行市场监管的模式。但是，近年来这一做法也在逐步改变。2012年底，国发〔2012〕52号文中就有取消陶瓷净水器，除氟、除砷净水器等净水器产品及部分净水器原材料零部件的卫生许可；2013年，卫生部又把净水器产品（新材料除外）的卫生许可下放到各省卫生厅。随着时间的推移，我国行政许可的范围和力度将会越来越小、越来越弱。由谁来填补这个真空，消费者凭什么来选择合格和优质的净水器产品呢？毫无疑问，从单一的检测净水器出水水质和卫生指标，逐步发展到对净水器产品质量的全面检测，从单一的卫生部门行政许可审批，逐步发展到第三方认证、政府服务和进行市场监管，从而与国际接轨，是我国净水器行业发展的必然趋势。

开展产品质量认证可以实现对全行业的质量监管。据了解，美国NSF、WQA等质量认证机构已经在我国开展净水器质量认证工作。我国某些净水器原材料、零部件（如管材、膜元件、滤料等）已经取得了NSF认证，在我国生产、销售的某些净水器也已取得了WQA认证。

据介绍，对净水器进行产品质量认证，可以实现对净水器产品质量的全面检测和监管。由卫生部门检测净水器出水水质和卫生指标，由质监部门或合法有资质的实验室负责净水器的其他检验：电气安全试验、结构性能检验、环境试验、环保检验、自控性能检验、外观检验、计量检验等，可以大大提升我国净水器的产品质量，大大减少净水器漏水淹地板现象。

净水器进行产品质量认证，还可以把净水器根据出水水质分类分级（类似其他家电产品的分类分级），有利于消费者及经销商对净水器的选择，也有利于激发净水器生产企业关注产品质量，提高产品质量，从而使全行业净水器产品质量整体获得提升。

有业内人士称，目前我国开展净水器产品检测认证工作条件已经成熟。首先，净水器产品认证相关标准已经逐步齐全。我国已经发布实施了一系列净水器相关标准，国家标准、行业标准、地方标准、企业标准已经制定，并在不断补充和完善中。其次，净水器产品认证检测能力已经满足要求。据介绍，对净水器进行产品质量认证，需要对净水器产品质量进行全面检测。以往，各级疾控中心只检测净水器出水水质和卫生指标，不检测其他项目。现在，一些有资质的、专业的、权威的检测机构已经开始积极进行各项准备，适时开展对净水器产品进行全面的质量检测工作。

（资料来源：人大经济论坛. 真实世界的经济学（含原财经时事）. http://bbs. pinggu. org/forum. php? mod = viewthread& tid = 577528&page = 1&fromuid = 2138496）

【案例分析导引】

净水器、直饮水，你担心什么？

3.5.3 温州企业家为什么跑路?

前段时间温州企业家纷纷跑路与跳楼，主要原因是温州地下融资链的断裂。借高利贷的，还不起钱，结局自然不是跑路就是跳楼，正所谓“出来混的，一定要还”。

A 企业是最传统的企业了，做服装，绝大部分单子出口。过去几年，生意越来越难做。从需求层面看，美国次贷危机与欧债危机的爆发，造成最主要出口国美国与欧盟市场不断萎缩，需求持续疲弱。从供给层面看，近几年招工越来越难，成本越来越高；人民币汇率大幅升值，且升值幅度难以预测，不能在合同中充分规避汇率风险；贸易融资变得越来越难，成本越来越高。这一切均造成 A 企业生产成本显著上升。由于服装行业是买方市场，A 企业难以将成本上涨全部转化为价格上涨（这会造成出口额显著下降），因此 A 企业不得不以压缩自身利润空间为代价，依靠自身消耗掉一大半成本上涨。2013 年上半年，人民币汇率格外坚挺，这对 A 企业对美国之外的市场出口大幅下滑，由于不能获得足够利润，A 企业不能按时对银行还本付息。无奈之下，A 企业关门大吉，甲企业家跑路了。

与 A 企业相比，B 企业在过去 10 年已经完成了产业结构升级，由做服装转为做机电产品，且出口市场已经由欧美多元化到全球各地。因此，无论是欧美增长疲软，还是国内要素价格上涨，对 B 企业的冲击都远远低于 A 企业。那么，B 企业的老板乙为什么也跑路了呢?

故事要追溯到 2011 年前。当时，中国经济在外部危机的冲击下，增长率显著下滑。为提振经济增长，政府放开了信贷闸门，鼓励商业银行发放贷款。商业银行的信贷经理找到 B 企业老板乙，苦口婆心地劝 B 企业多贷款。老板乙看到贷款利率的确很低，抵抗不了诱惑，从商业银行借入大笔资金。由于正常生产经营活动用不了这么多钱，因此老板乙将大部分银行贷款资金投入到温州的房地产市场，购买了多套住宅与商铺。随着温州房地产价格的上涨，老板乙获得了可观的账面财富。

遗憾的是，在温州房价最高点时，老板乙没有将投资变现。随着中国经济增长率的下滑，商业银行不良贷款率开始上升，银行的风险控制开始加强。尤其是 2013 年上半年，随着中央政府加强对影子银行的监管，商业银行纷纷开始收缩对民营中小企业的贷款。因此，商业银行开始对 B 企业施压，要求 B 企业偿还银行贷款。不幸的是，此时，温州的房价已经显著下跌，且交易量急剧萎缩。为偿还银行贷款，老板乙不得不以很低的价格出售房产，从而导致企业出现显著亏损，老板乙不得不跑路。

如果说 A 企业老板跑路是因为经营出了问题，B 企业老板跑路是因为投资出了问题，这都还有情可原，那么 C 企业老板跑路就变得令人难以理解了。首先，C 企业经营没有任何问题，与 B 企业相仿，C 企业已经完成了产业结构升级，由低附加值的服装鞋帽转为较高附加值的机电产品；其次，C 企业老板丙生性谨慎，没有过度借入银行贷款投资于资产市场。因此，与 A 企业和 B 企业这两个企业相比，C 企业应该算是非常好的企业了。那么，为什么 C 企业的老板丙最终也不得不跑路了呢?

问题出在 2012 年。2012 年，银行的放贷意愿依然强烈，但放贷标准已经收紧。因此，A 企业仅凭自身已经难以获得银行融资。因此商业银行的信贷经理将 A、B、C 企业的老板甲、乙、丙召集到一起开会，苦心婆心地劝三家企业用联保的方式获得融资。这样，不仅资质较差的 A 企业能够获得融资，资质较好的 B 企业与 C 企业也能降低贷款成本，这不是三全其美吗？因此，尽管之前互不认识，三家企业还是乐呵呵地签署了联保协议，三方各向商业银行借款 1 000 万人民币。

对 C 企业来讲，过去半年里，不幸的事情接二连三地发生了。首先是 A 企业在内外冲击下大幅亏损，老板跑路；其次是 B 企业在房地产投资方面遭遇巨大亏损，不能还本付息，老板也跑路了。尽管 C 企业经营状况良好，经营行为稳健，并未投资于资产市场，但现在，商业银行要求 C 企业同时偿还三家企业所有借款，否则就要告上法院要求强制执行。在悲催的联保协议下，C 企业老板丙尽管满腔悲愤，最终也不得不跑路了。

（资料来源：凤凰财经综合 http://www.ftchinese.com/story/001052450?full=y）

【案例分析导引】

联保融资能解决什么问题、谁的问题？小企业融资难，症结到底在哪里？

第 4 章　逆向选择

信息不对称问题可以从不对称信息发生的时间进行区分：一是不对称信息发生的时间在签约之后的，则称为事后不对称信息。研究事后不对称信息的博弈模型就是前面已经讨论的道德风险模型。二是不对称信息发生的时间在当事人签约之前的，被称为事前不对称信息。研究事前不对称信息博弈的模型包括逆向选择模型、信号传递模型与信息甄别模型。

4.1　逆向选择模型

逆向选择是指在签订合同之前，委托人不知道代理人的类型，也就是说，代理人已经掌握某些委托人不了解的信息，而这些信息可能对委托人是不利的。逆向选择模型（modes of adverse selection）可以表述如下：

“自然”选择代理人的类型，代理人知道代理人（自己）的类型，委托人不知道代理人的类型，委托人和代理人签订合同。这时处于信息优势的代理人可能采取有利于自己的行动，委托人则由于信息劣势而处于对自己不利的选择位置上。逆向选择也称为不利选择，是在委托代理框架下由于信息非对称导致市场失灵的典型形式之一。

逆向选择问题的开创性研究起始于美国经济学家乔治·亚瑟·阿克洛夫的“柠檬理论”（lemon theory）。1970 年，在《柠檬市场：质量、不确定性和市场机制》这篇经典论文里，阿克洛夫不仅解释了信息不对称导致市场出现缺乏效率均衡的原因，还进一步分析了买方和卖方的数量以及风险态度对均衡的影响。阿克洛夫的研究表明，在非对称信息的情况下，逆向选择会导致市场上出现格雷欣法则（Greshams law）所描述的“劣品驱逐良品”的现象，这时，市场机制所实现的均衡可能是无效率的均衡。此后，查尔斯·威尔逊（Charles Wilson，1977，1980）、斯蒂格利茨和韦尔斯（Wells，1981）分别给出了逆向选择的一般理论和资本配置领域中逆向选择的具体理论。

乔治·亚瑟·阿克洛夫
（1940.6— ）

美国经济学家，柏克莱加州大学经济学教授，2001 年诺贝尔经济学奖得主。其主要成就在于对“非对称信息条件下的市场理论”作出了奠基性的贡献。他在柠檬市场模型中对信息不对称现象及其结果的分析已经成为现代微观经济学的经典理论，被广泛地引用来讨论市场失灵。对信息不对称问题的分析，对市场失灵结论的论证，动摇了新古典主义的理论基础。在几乎所有的微观经济学教科书中，我们都可以看到阿克尔洛夫的经典分析。

逆向选择问题来自于委托人和代理人之间的信息不对称，信息不对称是导致逆向选择问题的根源。以产品市场为例，交易双方进行产品交易，产品质量是重要特征。但通常买主并不能真正了解产品质量信息。所谓“王婆卖瓜，自卖自夸”，所有的卖主都说自己的产品质量好，而买主却无法真正识别其是否为次品。在同一个市场上，当优质产品与劣质产品被顾客以同样方式对待时，次品往往具有价格优势。因此，逆向选择问题需要具备三个要素：

（1）市场产品质量是一个随机变量。

（2）市场参与双方（委托人与代理人）关于产品质量的信息是不对称的。

（3）由于成本优势，劣质产品卖家比优质产品卖家更乐意以较低价格交易。

阿克洛夫揭示的“柠檬”市场属于商品销售领域中具有逆向选择性质的典型市场。在一般商品销售市场上，当市场商品以不同质量交换时，买卖双方都将以同样方式按照产品质量将产品进行分类，但是，只有卖主能够观察到他们所销售的每个单位产品的质量，而买主在购买产品前不能确切了解每个单位产品的具体质量，最多只能够了解这类产品质量的平均分布。由于没有其他任何方式使买主确定每个单位产品的具体质量，这样，劣质产品往往将伴随着优质产品一起销售。

1970 年由阿克洛夫创立的旧车市场模型也称为“柠檬”模型。在一个旧车市场上，有多个潜在的卖者 s 和多个潜在的买者 b，买卖双方均是风险中性的。

假定信息对称，即卖者知道自己要出售的旧车的质量 θ，买者也知道 θ。$V(\theta)$ 为买方对车的评价，$U(\theta)$ 为卖方对车的评价，一般有 $V(\theta) > U(\theta)$。如果没有交易发生，双方的收益 $u=0$；如果有交易发生且成交价为 P，$V(\theta) > P > U(\theta)$，买方的收益为

$$u_b = V(\theta) - P \tag{4.1.1}$$

卖方的收益为

$$u_s = P - U(\theta) \tag{4.1.2}$$

假定信息不对称，即卖者知道自己要出售的旧车的质量 θ，但买者不知道 θ，只知道车的质量 θ 分布函数 $F(\theta)$。下面我们分别从三种不同的市场出发，分别探讨逆向选择问题。

（1）市场上只有两种类型的车：低质量的车 θ_1 和高质量的车 θ_2。由于买者不知道每辆车的具体质量信息，因此不能按照车的质量差别分别付款成交，但是他知道市场上旧车的质量 θ 的分布，即 θ_1 和 θ_2 两种类型出现的概率均为$\frac{1}{2}$，平均质量 $\bar{\theta} = \frac{\theta_1 + \theta_2}{2}$，（$\theta_1 < \bar{\theta} < \theta_2$），因此买者会按平均质量 $\bar{\theta}$ 给出一个平均价格 $\bar{P}$ 作为其期望成交价格。如果以平均价格 $\bar{P}$ 交易，买方的收益为 $u_b = \bar{\theta} - \bar{P}$。但是，由于买方的出价 $\bar{P}$ 低于高质量车的预期售价（$\bar{\theta} < \theta_2$），因此质量为 θ_2 的车将退出市场，市场上只剩下质量为 θ_1 的车；同时买方也知道，质量高于平均质量的车会退出市场，愿意出售的车一定是低质量的车，因此 $\bar{P}$ 不是均衡价格，唯一的均衡价格是按低质量 θ_1（$\theta_1 < \bar{\theta}$）给出的价格 P_1（$P_1 < \bar{P}$），从而导致市场上只有低质量的车成交，高质量的车退出市场。

（2）市场上车的质量 θ 从 θ_1 到 θ_2 是连续分布的。为了便于计算，我们不妨假定 θ 在区间（θ_1，θ_2）上均匀分布，密度函数为 $f(\theta) = \frac{1}{\theta_2 - \theta_1}$。这时买者预期的质量仍然是平

均质量 $\bar{\theta}=\frac{\theta_1+\theta_2}{2}$，其期望成交价格仍为 $\bar{P}$。但此时卖家只愿意出售质量低于平均质量 $\bar{\theta}$ 的车，所以高于平均质量 $\bar{\theta}$ 的车将退出市场。结果市场上留下的车的质量分布变为区间 $(\theta_1, \bar{\theta})$ 上均匀分布，密度函数为 $f(\theta)=\frac{1}{\bar{\theta}-\theta_1}$，车的平均质量下降为 $\bar{\theta}^*=\frac{\theta_1+\bar{\theta}}{2}<\bar{\theta}$，买者愿意支付的期望价格也将随着平均质量的下降而下降，假设下降为 $\bar{P}^*$（$\bar{P}^*<\bar{P}$），但这时卖家只愿意出售质量低于平均质量 $\bar{\theta}^*$ 的车，所有质量高于 $\bar{\theta}^*$ 的车退出市场，留在市场上的车的平均质量进一步下降。买者重新计算车的平均质量并支付一个相应的平均价格，从而又使一部分质量较高的车退出市场，如此类推。最后市场只有质量最低的车，所有质量高于 θ_1 的车都退出了市场。

（3）买者对车的评价高于卖者。一般情况下，交易之所以发生，主要原因在于买者对商品的评价往往高于卖者。当买者对车的评价高于卖者时，尽管高质量的车仍然不会进入市场，但交易会发生，市场部分地存在，但交易数量不是最有效的，买者的评价越高，成交数量越大。假定买者对给定质量的车的价值评价是卖者的 α 倍（$\alpha \geqslant 1$）。如果在价格 P 下成交，买者的收益为 $u_b=\alpha\theta-P$，而卖者的收益为 $u_s=P-\theta$。当买者对旧车的评价高于卖者时，交易带来的净剩余为 $(\alpha-1)\theta$，买卖双方通过讨价还价来决定对这部分剩余收益的分配。

在劳动市场上，性别歧视问题与理想的经济制度格格不入，但是在现实生活中却大量存在，如种族歧视、性别歧视等。数据表明：在美国，在企业管理人员、政府官员、自由职业者等高薪职业中，有色人种和女性的比例大大低于白种男性的比例；在中国，在政府官员、企业管理人员、专业技术人员等职业中，女性的比例大大低于男性。但出现这种结果的内在原因在于由于信息非对称，每个女性了解自己的真实生产率，而雇主并不能够从各种生产率组合的人群中选择出高生产率的雇员。面临这种逆向选择的局面，理性的雇主将会选择预期招工成本最小的方法来选择员工。

假设全体劳动力总数为 N，其劳动生产率服从均值为 E_n 的正态分布。由经验和统计分析可知，男性劳动生产率平均高于女性（这对于雇主来说属于公共信息），这种劳动生产率的分布结构如图 4.1 所示。

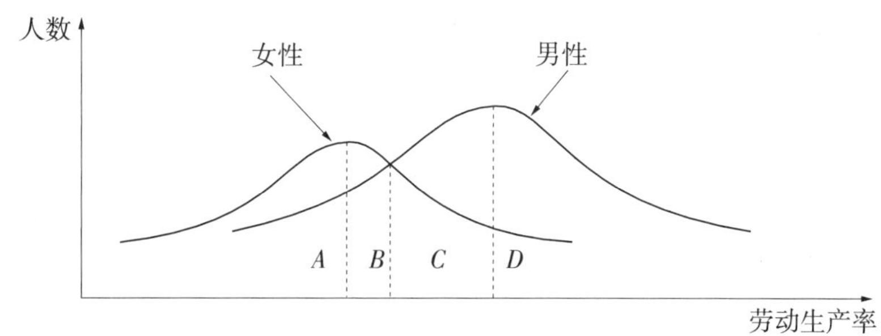

图 4.1　男女劳动生产率分布

当雇主不愿意在招工上花费太多的成本时，最优且最简单的方法是根据图 4.1 的劳动生产率分布，都招收男职员，这种做法的基本根据是，从男性中招收到高生产率的概率，要高于从男女中招收到高生产率的概率，即使这样做可能会招收到甚至低于女性平均劳动生产率的男性（如图 4.1 中 A 位置上的男性），但从整体效率上讲还是值得的。这种有效的招工策略对位于图 4.1 中 D 位置上的女性最不公平，即社会为维持劳动市场的效率而牺牲了她们的利益。

如果雇主完全不进行歧视，则他支付给雇员的平均工资将不会超过全体劳动力生产率的平均值 E_n，高生产率的男性劳动力将不会来应聘，所以雇主宁愿支付高于 E_n 的工资来只聘用男性劳动力。

保险市场中的逆向选择问题相当普遍。在保险市场上，年龄超过 65 岁的人很难买到商业医疗保险。为什么保险费不能一直上升到与风险相当的水平？一个可能的回答是：当保险费提高时，只有那些越来越确信自己有必要投保的人才会买保险。医疗体检中的弊端、医生对病人的同情等因素，使得保险申请人比保险公司更加了解自己的风险状况。结果，当保险费上升时，投保申请人的平均健康状况不断恶化，导致最终将不会在任何保险费水平上签订保险合同。保险市场逆向选择来自于保险公司事前不知道投保人的风险程度（与是否参加保险无关），从而保险水平不能达到对称信息情况下的最优水平，而高风险的消费者把低风险的消费者赶出保险市场。

在信贷市场上，银行信贷机构同样面临逆向选择。借款企业清楚地知道自己的资产负债情况、盈利能力和违约风险大小等，而银行却只能凭借企业提供的报表、材料等，辨别企业与贷款项目的类型和平均风险，而不及借款人所了解其所处的市场环境、财务状况和还款意愿。在信息不对称的信贷市场上，银行采用统一的利率水平发放贷款。当银行提高利率使利率处于较高水平时，导致最愿意签订借款合同的却是那些还款可能性最低的借款人，项目风险较低的借款人由于其项目的收益也较低，从而不愿承担较高的利息成本退出信贷市场。这时信贷市场上借款人的平均违约风险上升，银行的预期收益反而下降。

在信贷市场上，银行的期望收益取决于贷款利率和借款人还款的概率两个方面，因此银行不仅关心利率水平，而且关心贷款的风险。信用配给（credit rationing）是金融机构应付逆向选择，即使借款人愿意支付规定利率，甚至更高的利率时，贷款人仍不愿发放贷款或发放贷款的额度小于贷款申请额度的制度。这样贷款利率总是比使得对贷款的需求和供应相等的均衡利率低，从而存在对贷款的过度需求，即在现有的贷款利率下，有人贷不到款。在传统经济学中，运转良好的市场通过价格调整使得供需平衡，那么银行为什么不相应地提高贷款利率呢？

从银行的角度看，提高利率将会降低向他们借款的人的平均信用程度，因此银行更愿意采用“信用配给”的方式来决定是否贷款给一个人，保持利率在较低的水平，以便容纳较多的潜在的借款人，从中有选择地拒绝一些信用较差的人。即银行贷款行为不仅依赖于价格体系，而且依赖于信用制度。

4.2 信号传递模型

前面分析我们看到，在信息不对称情况下，由于委托人不知道代理人的信息，只有代理人知道自己的信息，那么就可能出现“低质量”的代理人排除“高质量”代理人的现象，而委托人因为信息劣势在选择中处于不利的位置会选择“低质量”的代理人，即产生逆向选择问题。这时，“高质量”代理人是处于信息优势的，但是在竞争中却是处于劣势，他会选择怎样的行动改变自己的不利局势呢？

所谓信号传递就是指具有信息优势的一方先向信息劣势的一方提供信号传递或信息显示，以提高交易效率。信号传递模型（signaling model）描述如下：

“自然”选择代理人类型，代理人知道代理人（自己）的类型，委托人不知道代理人的类型，代理人选择某种信号来显示自己的类型。委托人在观察到信号之后与代理人签订合同。

关于信息传递最著名的模型即为劳动力市场信号模型。该模型由迈克尔·斯彭斯提出，其主要研究劳动力市场上的信号传递。在劳动力市场上也存在逆向选择问题。由于个人能力是私有信息，所以一部分高能力的劳动者就可能失业或者即使就业也只能获得相当于平均生产效率的平均工资，那么我们就要寻求一种方法来使高能力的劳动者获得较高的工资。

斯彭斯用一个具体的形式化的例子讨论了市场信号发送分离均衡的存在。下面以劳动力市场上的文凭信号传递为例，来说明信号传递的基本原理。

假设劳动力市场由高、低生产率劳动者组成。其中，低生产率者每年的平均与边际产量为1，高生产率者每年的平均与边际产量为2，招聘厂商为完全竞争厂商，产品价格为10 000 美元，预期每位员工平均可工作 10 年。

假设高、低生产率者各占 50%，即求职者的平均生产力为 1.5。低生产率者预期给厂商带来 100 000 美元（10 000 美元 ×10 年）的收益；高生产率者预期给厂商带来 200 000 美元（20 000 美元 ×10 年）的收益。

在完全信息条件下：厂商根据求职者的劳动生产率给予相应的平均工资。高生产率者每年可得到 20 000 美元的工资，低生产率者每年可得到 10 000 美元的工资。

在不完全信息条件下：厂商不能确定每个求职者的实际劳动生产率，如果给予每位员工平均工资 15 000 美元，即牺牲高生产率者的收入，补贴了低生产率员工，高生产率者可能退出市场，逆向选择就产生了。

斯彭斯提出接受教育，通过文凭进行信号传递就是一种可能的途径。关于教育，我们首先做出重要假设：

（1）受教育时间越长，教育成本越高，且为达到相同的教育程度，低生产率者的受教育成本高于高生产率者，即信号成本与生产能力负相关。这被称为斯彭斯 – 莫里斯条件。

迈克尔·斯彭斯
（1943— ）

美国斯坦福大学经济学教授，1973 年在《经济学季刊》上发表了著名论文《劳动力市场中的信号问题》（*Job Market Signaling Quarterly Journal of Economics*），1974 年出版了专著《市场信号：雇佣及相关程序的信号传递》（*Market Signaling*）。斯彭斯的研究成果是市场中具有信息优势的个体为了避免与逆向选择相关的一些问题发生，如何能够将其信息“信号”可信地传递给在信息上具有劣势的个体。其贡献在于形成了这一思想并将之形式化，同时还说明和分析了它所产生的影响。随后的研究包括拓展这一理论和证实不同市场信号重要性的大量应用性研究，并对大量的经济现象进行了分析。2001 年因在“对非对称信息条件下的市场理论”作出了奠基性的贡献获诺贝尔经济学奖。

（2）教育程度仅仅代表信号的价值，不影响劳动生产率。

假设 e 为求职者受教育年限，也代表教育程度，低生产率者的教育成本为 $CL(e)$，高生产率者的教育成本为 $CH(e)$。

劳动力市场信号传递博弈的过程：首先，求职者决定他们希望进行多大的智力投资以向雇主传递信息，他们要支付相应的信号示意的成本；其次，虽然雇主不能观察到每个求职者的实际生产能力的高低，但他们可以观察到求职者受教育程度高低的信号。也就是说，生产能力高低是私有信息，受教育程度是公共信息。雇主根据求职者的受教育程度和自己对教育程度与实际生产能力之间的相关程度的信念，决定给予雇员的工资水平。

如果厂商将教育程度作为信号，并且认为 $e \geqslant e^*$ 者属于高生产率者，给予 20 000 美元的工资；$e<e^*$ 者属于低生产率者，给予 10 000 美元的工资。虽然 e^* 的值由厂商自行决定，但是，如果某 e^* 值的水平无法向厂商提供正确的判断，那么，厂商将会更改 e^* 值。因此，要想知道 e^* 的高低，需要进一步了解两类员工的受教育程度。

由于受教育的收益在于获得高工资，因此，教育收益 $R(e)$ 为不同教育程度所增加的工资，如图 4.2 所示。

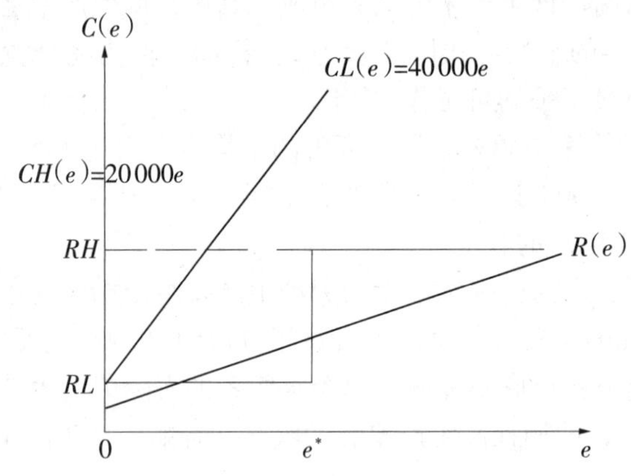

图 4.2　信号传递机制

雇主需要找出一个特定的教育程度 e^*，所有教育水平 e^* 的雇员都是高生产率型劳动者，小于 e^* 的雇员都是低生产率型劳动者（设低生产率个人的受教育水平都是零，假设教育水平是指高等教育）。即当雇主观察到一个雇员的受教育程度小于 e^* 时，雇主支付受教育水平为 e^* 的个人的工资等于 RH，而对受教育水平低于 e^* 的个人支付的工资等于 RL。低生产率个人接受 e^* 教育的效益将是工资 RH，成本是 $CL(e^*)$。如果选择 e^* 将使条件

$$CH(e^*) < RH < CL(e^*) \tag{4.2.1}$$

这时效益小于成本。因此，低生产率个人发现零受教育水平（即维持原状）是其最优选择，高生产率发现 e^* 受教育水平是其最优选择。

这就是信号传递的分离均衡：不同类型的劳动者所选择的可被观察到的最优水平是不同的，低能力劳动者选择不接受高等教育，高能力劳动者选择接受高等教育。委托人可以通过最优水平来区别不同类型的劳动者。也就是说雇主可以通过雇员传递的受教育信号来

区分不同能力的求职者。雇员接受教育虽然并不会提高个人的生产效率，但是能使雇主认为雇员是高能力的，从而获得较高的工资。

信号传递是否能发挥作用，在于雇主认为受教育程度与工作能力之间的相关性到底有多大，以及在这种判断下雇主支付给雇员的工资水平，而这种判断是雇主的一个信念。由于高能力的人受同样教育的成本低于低能力的人，因此高能力劳动者才会选择受教育的方式来使自己和低能力的劳动者分开。

如果 e^* 或者 RH 使得

$$CL(e^*) < RH \quad \text{或} \quad RH < CH(e^*) \tag{4.2.2}$$

教育根本就不会起到信号传递的作用，出现所谓信号传递的混同均衡。这时不同类型的劳动者所选择的可被观察到的最优水平是相同的，因而委托人不能通过该最优水平来区分不同类型的劳动者。这时雇主难以凭借受教育水平来区分两类劳动力，只能按照平均工作能力来提供工资。

应用信号传递理论可以对大量的经济现象进行分析，引导我们更深地理解现实世界的种种现象。比如说，汽车经销商可以通过提供产品担保书来表明他的车更好，而公司则可以利用红利的额外税收来显示它的高收益。又如，作为市场力信号的主动降价，作为谈判力信号的延缓工资报价策略，作为盈利能力信号的债务融资而非发行新股的融资方式，作为降低居高不下通货膨胀的坚定承诺信号不惜以衰退为代价的货币政策，等等。

广告是卖主向买主发送信号的重要方式之一。广告能对消费者在购买商品时做出的选择产生明确的或潜意识的刺激，因此，厂商为了使消费者对广告的需求更为敏感，将会对市场广告宣传投入更多资本；当消费者更加需要信息进行合理决策时，他们对于广告的需求也更为敏感。消费者对于其熟悉的某些产品（如啤酒、饮料、洗发用品等）的广告往往会有更敏感的反应，尽管这类广告可能并不含有任何质量或价格内容。因此，厂商都对同一产品大做广告，以期消费者对这些产品的广告更为敏感，并在此基础上改变或影响消费者的消费偏好和消费水平。

一般而言，不是每种产品做广告都是经济的，低质量产品做广告就不经济，而高质量产品做广告才是经济的，因为广告的目的在于让消费者能长期、持续地购买企业的产品，而低质量产品很难做到这一点。只有当做广告带来的收益大于广告的信号成本时，企业才会选择做广告。低质量产品的信号成本要大于高质量产品的信号成本，因此，低质量产品通常不会做广告。

4.3 信息甄别模型

罗斯查尔德和斯蒂格利茨（1976）通过对保险市场的分析提出了信息甄别模型（screcning model），信息甄别模型可描述如下：

“自然”选择代理人类型，代理人知道代理人（自己）的类型，委托人不知道代理人的类型，委托人提供多个合同供代理人选择，代理人根据合同选择一个最适合自己的合同来揭示自己的私有信息，从而使得交易的帕累托改进实现。

信息甄别和信号传递的重要差别在于行动顺序的不同。在信号传递模型中，求职者先行动，将文凭信息作为信号传递给雇主，以显示自己的类型，然后雇主根据接收到的信号决定支付的工资水平。但在信息甄别模型中，行动顺序是雇主先提出供求职者选择的不同的雇佣合同，每个合同指明了一个特定的教育水平会提供的工资水平，然后每一个求职者考虑雇主提供的可供选择的雇佣合同，从而选择自己最偏好的一种。雇主通过求职者的选择来判断求职者的类型。

比如保险公司提供不同的保险合同供投保人选择，投保人通过选择适合于自己的保险合同来显示自己的风险类型。假设一家保险公司面临的所有客户的收入 y 和可能遭受的损失 d（$d<y$）都是一样的，但其客户可以分为两类，他们遭受损失的概率不同。其中，高风险客户遭受损失的概率为 p_H，低风险客户遭受损失的概率为 p_L，这里有 $0<p_L<p_H<1$。

如果保险公司对两类客户都采用同样的保单，则会出现“逆向选择”的问题而导致保险公司的亏损。为了避免这种现象，保险公司可以对两类客户采用不同的保单。保单定义为数组（a，b），其中 a 是保费，b 是赔偿金。保险公司推出两种保单（a_H，b_H）和（a_L，b_L），其中，$a_H>a_L$，$b_H=d$，$b_L<d$，即一种是保费较高的全额赔偿保单，另一种是保费较低的部分赔偿保单。对高风险客户而言，选择第一种保单有利；对低风险客户而言，选择第二种保单有利。这样，保险公司就可以有效地将两类客户甄别开来，达到分离均衡。

差别定价是信号甄别的典型事例。如果能够细分市场，区分不同的消费者，对相同的产品制订不同的价格，可以提高生产者的收益和消费者的福利。事实上，同样的商品，对每一个消费者而言，其效用或多或少是有差别的，问题就在于厂商很难了解消费者效用差别的信息，巧妙的信号甄别机制的设计可以让人们显示出这个私人信息。美国航空公司的价格折扣就是一个例子。美国的航空公司之间常常发生价格大战，优惠票价会折扣到正常票价的三分之一到四分之一，但航空公司不愿意让出公差的旅客得到这种好处，因为他们的选择余地小得多，支付能力也更强。那么如何识别私人旅行和出公差的人呢？美国的航空公司规定了购买优惠票的条件，如规定要在两个星期之前订票，又规定必须在目的地度过一个甚至两个周末等。可以推断，出公差的人既难以在两周前就做好计划（另一个可能是也许他们并不在意机票有没有折扣），更难以悠闲地在目的地度周末。因此这样的折扣政策就可以使消费者自动地披露其身份的私人信息。

约瑟夫・斯蒂格利茨
（1943. 2— ）

美国斯坦福大学、哥伦比亚等大学的经济学教授。1976 年与罗斯查尔德合作发表了著名论文《竞争性保险市场的均衡：论不完备信息经济学》。相继发表过 70 多篇论文，对不完全信息条件下产品市场、资本市场和保险市场中的经济行为进行了深入分析。斯蒂格利茨的一系列论著不仅是进一步探索信息经济学理论的主要文献，而且也是有关领域深入研究的重要基础。2001 年因在于“对非对称信息条件下的市场理论”作出了奠基性的贡献获诺贝尔经济学奖 。

4.4 应用与案例

4.4.1 南阳“大处方医生排行榜”惹风波

2005 年 10 月，在“医圣”张仲景的故乡南阳市，一项悄悄进行的临床用药制度改革“药品双十制”——每个季度统计医疗机构使用量最大的前 10 种药品名单和前 10 种药品中每种药品开方量最大的前 10 名医生名单并对外公布，在南阳市甫一实施，就在整个医疗界掀起了轩然大波。

“南阳市搞的这个所谓‘药品双十制’，出发点是好的——遏制医生‘开单提成’、减轻患者负担，但这项医改制度不是很科学。”南阳市中心医院耳鼻喉科副主任尹昕接受采访时有些无奈。

“药品双十制”并不是由卫生部统一安排的医改措施，而是地方自主、自发进行的医改探索，目的是遏制医生开大处方、吃回扣，减轻患者负担。“药品双十制”曾被舆论称作“减轻患者负担与反腐并重的一项医疗改革措施”，并得到卫生部有关领导的肯定，河南省卫生厅曾下文要求在全省推广。但这一医改措施却在南阳遇到了空前的阻力，并引发了一场旷日持久的风波，结果是“市委领导不满意，医院、医生意见纷纷，老百姓也没得到实惠”，一项具有良好初衷的医改近乎夭折。

（资料来源：南阳“大处方医生排行榜”惹风波. 中国卫生，2006（6）：7－7）

【案例分析导引】

“出发点是好的”结果却怎么“不好”？逆向选择？道德风险？还是……？

4.4.2 “销售宝典”赢在哪里？

卖辣椒的人总会遇到这样的问题：“你这辣椒辣吗？”怎么回答呢？说辣吧，怕辣的人立马走了；答不辣吧，也许人家喜欢吃辣的，生意还是不成。

一天没事，我就站在一个卖辣椒妇女的三轮车旁，看她怎样解决这个二律背反难题。趁着眼前没有买主，我自作聪明地对她说：“你把辣椒分成两堆吧，有人要辣的你就给他说这堆是，有人要不辣的你就给他说那堆是。”卖辣椒的妇女对我笑了笑，轻声说：“用不着！”说着就来了一个买主，问的果然是那句老话：“辣椒辣吗？”卖辣椒的妇女很肯定地告诉他：“颜色深的辣，浅的不辣！”买主信以为真，挑好付过钱，满意地走了。不一会儿，颜色浅的辣椒就所剩无几了。又有个买主来了，问的还是那句话：“辣椒辣吗？”卖辣椒的妇女看了一眼自己的辣椒，信口答道：“长的辣，短的不辣！”果然，买主就按照她的分类标准开始挑起来。这轮结果是，长辣椒很快告罄。看着剩下的都是深颜色的短辣椒，我心里想，这回看你还有什么说法？

当又一个买主问“辣椒辣吗？”的时候，卖辣椒的妇女信心十足地回答：“硬皮的辣，软皮的不辣！”我暗暗佩服，可不是嘛，被太阳晒了半天，确实有很多辣椒因失水变得软绵绵了。卖辣椒的妇女卖完辣椒，临走时对我说：“你说的那个办法卖辣椒的都知道，而我的办法只有我自己知道。”

那么，销售卖什么？生客卖的是礼貌，熟客卖的是热情，急客卖的是效率，慢客卖的是耐心，有钱卖的是尊贵，没钱卖的是实惠，豪客卖的是仗义，时髦者卖的是时尚，小气者卖的是利益，享受型卖的是服务，挑剔型卖的是细节，犹豫型卖的是保障，随和型卖的是认同感，这才叫销售。

（资料来源：什么叫销售？http://linzhongzhou.com/sales/xiaoshouxinli/77.html）

【案例分析导引】

（1）根据“逆向选择”，你要重新认识“信息”。

（2）从这个“销售宝典”出发，能了解“销售技巧”的本质。

4.4.3 海尔“砸冰箱”事件，为什么一定要“砸”？

1984年以前，青岛电冰箱总厂主要生产单缸洗衣机，那时候是按照一等品、二等品、三等品、等外品分类的。原因就是在那个时候中国刚刚改革开放，物品缺乏致使市场非常好，只要产品还能用，就可以堂而皇之地送出厂门，而且绝对有市场，绝对卖得掉，就是连等外品都能够销售得出去。实在卖不了的产品，就分配给一些员工自用，或者送货上门半价卖掉。1984年年末，张瑞敏到厂以后，他在班上、班后反复给大家上质量课，学习日本质量管理知识，成立质量管理小组。应该说，质量管理的一种方法，员工往往容易学会，但是大家质量意识的提高，却不是一朝一夕所能改变的。因为在员工的头脑里整天是一等品、二等品、三等品、等外品，固有的产品质量观念很难改变。冰冻三尺，非一日之寒嘛。

1985年4月，张瑞敏收到一封用户的投诉信，投诉海尔冰箱的质量问题。于是，张瑞敏到工厂仓库里去，把400多台冰箱全部做了检查，发现有76台冰箱不合格。为此，恼火的张瑞敏很快找到检查部问道：“你们看看这批冰箱怎么处理？”检查部人员回答：“既然已经这样，就内部处理了算了。”因为以前出现这种情况都是这么办的，加之当时大多员工家里都没有冰箱，即使有一些质量上的问题也不是不能用呀。张瑞敏说：“如果这样的话，就是说还允许以后再生产这样的不合格冰箱。这么办吧，你们检查部门搞一个劣质工作、劣质产品展览会。”于是，他们搞了两个大展室，在展室里面摆放上那些劣质零部件和劣质的76台冰箱，通知全厂职工都来参观。员工们参观完以后，张瑞敏把生产这些冰箱的责任者和中层领导留下，就问他们：“你们看怎么办？”结果大多数人的意见还是比较一致，都说内部处理了。但是，张瑞敏却坚持说：“这些冰箱必须就地销毁。”他顺手拿了一把大锤，照着一台冰箱，“咣咣”就砸了过去，把这台冰箱砸的稀巴烂，然后把大锤交给了责任者，转眼之间，76台冰箱全都被销毁了。当时，在场的人一个一个都流泪了。虽然一台冰箱当时才800多元钱，但是，员工每个月的工资才40多元钱，一台冰箱是他们两年的工资呀。张瑞敏说：“从现在开始，我们要确立质量方面的一种理念——有缺陷的产品就是废品。以后我们的产品不能再有一、二、三等品，等外品的分类了。我们的产品就分合格品、非合格产品。市场只有合格品，非合格品就不能进入市场，要再进入市场，就追究生产者的责任。”他还说：“从现在开始，我们要完善质量管理制度，以后谁再生产了这样的冰箱，责任由自己负。”

由此，大家开始明白，海尔的前途与有没有严格的质量管理是息息相关的，一定要重视产品的质量。冰箱总厂的老职工胡秀英说：“忘不了那沉重的铁锤，高高举起又狠狠落下，76台质量不合格的冰箱顷刻间成了一堆废铁。它砸碎的是我们陈旧的质量意识，唤醒了我们去努力提高自身素质的意识。有了质量，我们才有了现在的一切。”

在这个事件中，张瑞敏带头扣掉了自己当月的工资，以做警戒。这一事件作为海尔创业史上的一个重要镜头，也成为海尔发展史上的经典案例。应该说砸冰箱这件事，给海尔全体员工思想造成了强烈的震撼，员工的质量意识有了普遍的提高。他用一把有形的锤子，砸醒了全体员工的质量意识，第一次在中国企业的员工中树立起争创一流的观念。的确，海尔的这一锤也告诫全体海尔员工：谁生产了不合格的产品，谁就是不合格的员工。一旦树立这种观念，员工们的生产责任心迅速增强，在每一个生产环节都不敢马虎了，精心操作，“精细化，零缺陷”变成全体员工发自内心的心愿和行动，从而使企业奠定了扎实的质量管理基础。

经过四年的时间，也就是 1988 年 12 月，海尔就获得了中国电冰箱市场的第一枚国内金牌，把冰箱做到了全国第一。

（资料来源：1985 年海尔厂长张瑞敏砸冰箱事件．http://www.vbgudu.com/html/20160625/52041.html）

【案例分析导引】

（1）海尔“砸冰箱”仅仅为了砸掉“次品”，提高质量吗？

（2）海尔“砸冰箱”要砸给谁看？

（3）海尔为什么一定要“砸冰箱”，还要 76 台全砸？

4.4.4　新能源车补贴政策怎么了？

根据国务院批准的《关于扩大节能与新能源汽车示范推广的请示》（财建［2010］41 号），财政部、科技部、工业和信息化部、国家发展改革委将开展私人购买新能源汽车补贴试点工作。申请补助的汽车生产企业及其新能源汽车产品须符合下述条件：

（1）新能源汽车产品纳入《节能与新能源汽车示范推广应用工程推荐车型目录》，企业保证销售汽车与目录产品的一致性。

（2）纯电动乘用车动力电池组能量不低于 15 千瓦时，插电式混合动力乘用车动力电池组能量不低于 10 千瓦时（纯电动模式下续驶里程不低于 50 公里）。动力电池不包括铅酸电池。

（3）汽车整车和动力电池等关键零部件生产企业具备一定的产能规模和完善的售后服务体系，对动力电池等关键零部件提供不低于 5 年或 10 万公里（以先到者为准）的质保，并承诺对整车和动力电池按一定的折旧率进行回收。

（4）汽车企业销售新能源汽车应向消费者提供按照有关国家标准规定的试验方法测定的产品性能参数保证：在纯电动模式下行驶的汽车 30 分钟最高车速、插电式混合动力汽车的最高时速、0～50 公里/小时加速时间、最大爬坡度、百公里耗电量（工况法）、续驶里程（工况法）、电机类型和功率、动力电池类型及总储电量、充电（快充、慢充）方式和时间、车载充电机的功率和输入电压等。

第九条补助标准根据动力电池组能量确定。对满足支持条件的新能源汽车，按 3 000 元/千瓦时给予补助。插电式混合动力乘用车最高补助 5 万元/辆；纯电动乘用车最高补助 6 万元/辆。2014 年在 2013 年标准基础上下降 5%，2015 年在 2013 年标准基础上下降 10%。

中央财政还将安排资金对示范城市给予综合奖励，奖励资金将主要用于充电设施建设等方面。示范城市或区域须满足以下条件：

（1）2013—2015 年，特大型城市或重点区域新能源汽车累计推广量不低于 10 000 辆，其他城市或区域累计推广量不低于 5 000 辆。

（2）推广应用的车辆中外地品牌数量不得低于 30%。不得设置或变相设置障碍限制采购外地品牌车辆。

（3）政府机关、公共机构等领域车辆采购要向新能源汽车倾斜，新增或更新的公交、公务、物流、环卫车辆中新能源汽车比例不低于 30%。

（4）地方政府对新能源汽车车辆购置、公交车运营、配套设施建设等方面已出台具体明确的政策措施。

（5）相关城市须接受年度考核评估，未能完成年度推广目标的将予以淘汰。

2016 年 9 月，财政部等四部委对 93 家主要新能源车企业进行了专项检查，发现 93 家新能源车企中就有 72 家涉案，骗补车辆总计达到 76 374 辆，涉及金额共 92. 707 亿元，平均一辆车骗 12 万。财政部对外通报了五起通过专项检查发现的新能源车骗补车企名单，涉及新能源汽车补贴金额超 12 亿元。

业内人士指出，我国新能源汽车快速发展中也不可避免地出现了成长的“烦恼”。如，为了骗补，个别企业打政策“擦边球”，虚假上传合格证，部分车辆未生产即上牌，进而申请补贴；部分整车企业全资或参股汽车租赁公司，通过“自产自销”的方式，获得国家和地方补贴。

值得注意的是，部分车辆闲置基本未实际运行。比如，南方地区某地级市私营企业，于 2015 年底购置 100 辆 6 米纯电动公交车，而实际需求仅为 50 辆，每辆公交车只运行半天，两辆车当一辆车使用。

虚传 1 000 个合格证骗补超亿元。针对“骗补”问题，2016 年 1 月，工信部会同国家发改委、科技部、财政部赴江苏专门核查。2016 年 3 月底至 4 月上旬，国务院办公厅、财政部等部门组成 5 个督查组，在对河北等 15 个省市进行了实地督查。中国汽车技术研究中心新能源汽车与财税政策研究室主任刘斌曾先后参加工信部牵头的核查和国办督查。

刘斌告诉《法制日报》记者，部分企业通过虚报车辆合格证，虚报产量，甚至上牌照、申请补贴，在流程上不符合国家相关规定，属于未生产车辆即向国家申请注册登记，申请财政补贴。如，苏州吉姆西车辆销量（注册量）大于生产量，未生产即已上牌和申请补贴；华南地区某企业 100 多辆已注册登记车辆尚未完成生产下线。

据估计，吉姆西 12 月当月提交 2 905 个合格证计算，若其中 1/3 虚假上传，1 000 个虚假合格证申请的补贴金额就超过亿元。

据刘斌介绍，虚假上传合格证、蓄意“骗补”的途径可能按以下三个步骤：一是生产厂家虚假上传车辆合格证。二是最终用户材料造假。如购买吉姆西车辆的 5 家运营租赁企业，申报材料中车辆数量与实际严重不符，这 5 家企业应有新能源汽车 209 辆，但实际仅有 20 辆，其余车辆仍在吉姆西生产。三是生产厂家与关联客户拟定购买合同，向关联客户交付少量车辆，并向政府申请牌照、车辆行驶证以及购置补贴等。

电池拆装后重复利用申请补贴。记者注意到，由中国汽车技术研究中心和社会科学文献出版社等部门近日联合发布的 2016 年《新能源汽车蓝皮书》显示，部分产品的推广应用车型与《道路机动车辆生产企业及产品公告》（以下简称《公告》）参数不一致，部分企业产品性能虚标，部分电池生产厂家的电池组数“缺斤少两”，个别车辆甚至缺失电池，其中，部分车辆少装电池仍然可以按照《公告》信息获得中央和地方财政补贴。

中国汽车技术研究中心新能源汽车与财税政策研究室副主任方海峰曾参加国办督查，他介绍说，在新能源汽车“骗补”中，车辆的电池成为“骗补”的关键载体。在新能源汽车上，由于车身、座椅、动力电池、轮胎等车辆主要部件不能进行唯一性追溯，存在不法企业通过拆卸、倒卖等部件获利的空间，其中，电池序列号与车架号关联性不强，难以一一对应，而且多辆车可使用同一组电池，导致部分企业通过电池拆装、重复利用申请财政补贴。

方海峰披露，核查发现，车辆未按《公告》要求安装电池及关键零部件，部分企业的部分车辆未安装电池等部件。如珠三角地区某企业部分已注册登记车辆尚未完成生产下线，部分车辆未安装电池、座椅等设备。

同时，部分车辆出现“以油换电”等非法改装现象，市场中个别企业在获取车辆补贴后，将所购车辆电池、电机等关键部件拆解转卖获利，或者将车辆改装成传统燃油车后销往农村市场（改装成本 3 ～ 5 万元）；个别经销商获取补贴资金后，将车辆改装为铅酸车型再次销售，并将拆下的锂电池倒卖。

部分车辆闲置基本未实际运行。刘斌透露说，各地公共服务领域均不同程度出现先集中买车再等最终用户的情况，部分已销售注册车辆闲置，尤其是 2015 年底推广的部分车辆在 2016 年 1 季度基本没有进入实际运行状态。核查发现，车辆闲置未实际运行主要为以下四种情况：

一是部分车型（如 6 ～ 8 米客车）由于补贴政策力度大且退坡明显，部分企业集中批量采购，导致闲置未投入使用。如东北地区某县级市于 2015 年底在当地的地方补贴还未正式下发前，大批量购置近 50 辆纯电动公交。

二是部分租赁车辆未找到最终使用用户，导致车辆闲置。如东南地区某公司 2015 年底购买的电动汽车仅少量完成注册登记开展租赁业务，导致大量车辆闲置。

三是部分企业基于营运证办理拖延等原因，营运车辆闲置。如长三角地区某城市 2015 年推广的纯电动公交车、出租车、小型物流车等投入运营比例不足一半。

四是部分插电式混合动力车型因用气比用电更经济，故车辆未实际用电运行。如中部某省公交公司购买投入使用的批量插电式气电混合动力公交车，在运营过程中，由于用气更经济，基本不充电使用。

（资料来源：财政部关于新能源汽车推广应用补助资金的调查通报：新能源汽车第一大国的骗补名单．http：//www. pcauto. com. cn/client/875/8757771. html）

【案例分析导引】

（1）利国利民的新能源汽车推广政策成了部分车企发财的机会，“骗补”成在何处？“骗补”败露又在何处？

（2）新能源汽车推广政策有漏洞吗？漏洞在哪里？能堵吗？怎么堵？

（3）美国加州零排放汽车规定及其积分交易制度的借鉴。

第5章　信任与信誉

市场经济是信用经济，要以诚信为本。市场经济主体在交易活动中的诚实守信是经济健康运行的前提。当信息不对称成为市场交易活动的普遍现象时，将严重冲击公平市场交易，使公平的天平向信息优势方倾斜。信息不对称滋养了失信行为，导致了诚信危机。信息经济学提出的非对称信息市场理论既为失信行为的内在机制做出了新的解释，也为确立诚信原则提供了新的思考途径。

5.1　信任及其作用

信任，相信并加以任用，被认为是一种依赖关系。值得信任的个人或团体意味着他们能够积极寻求实践政策、道德守则，履行契约和先前的承诺。相互依赖表示双方之间存在着交换关系，无论交换内容为何，都表示双方至少有某种程度的利害相关，己方利益必须靠对方才能实现。在市场经济中，信任主要体现在两个方面：一是对合同的承诺，或对市场规则的承认和遵守；二是敬业精神。

在市场交易中出现的欺诈与背信现象，不仅表现为企业制售假冒伪劣产品，而且还表现在经营单位之间故意拖欠债务、不履行合同义务、随意违反市场规则等方面。这些欺诈和背信行为破坏了市场秩序，阻碍了市场交易，损害了消费者和其他市场主体的利益，降低了市场经济的运行效率。经济学家中，亚当·斯密是最早系统关注信任和人类经济行为关系的学者。他在其重要著作《道德情操论》（*The Theory of Moral Sentiments*）中指出经济活动基于社会习惯和道德之上，如果离开这些习惯和道德，人们之间的交易活动就会受到重大的影响，交易的基础就会动摇。肯尼斯·阿罗认为，信任构成市场经济的灵魂。市场参加者遵守各种经济规则的水平，体现了市场经济发展的成熟程度。然而，遵守市场经济规则，不可能在其他参与者不遵守的情况下要求某些个别参与者严格遵守，即使个别参与者能够在一时严格遵守规则，他们也没有动机长期地严格遵守规则。信任被普遍认为是除物质资本和人力资本之外决定一个国家经济增长和社会进步的主要社会资本。

5.2　信息不对称的信任依赖

一般情况下，市场主体之间的信息是不对称的。在合约签订之前，非对称信息将导致信用市场中的逆向选择；而在信用合约签订之后，产生信息优势方的道德风险行为。这些已经成为委托代理理论分析的起点和前提假设。

签约前的信息不对称引起逆向选择的失信行为，那么解决逆向选择的关键在于消除信息不对称。如何使得信息从信息优势方顺畅地传递到信息劣势方，既然市场交易规则不能完成此任务，那么就需要建立起其他的市场规则加以规范，许多市场经济制度就由此而确立。而逆向选择对这些市场制度的建设提供了有益的启示：必须使得信息真实并有效传递。这也成为市场制度建设的一个约束——诚信基础。譬如说旧车市场上的商品使用保证，既然起用商品使用保证制度，这一制度就承担着传递商品质量信息的任务。信息的可靠性、准确性依赖于这一制度的有效性，依赖于商品使用保证的可信度。从而，可以说逆向选择对经济制度的建设提出了诚信约束。

信号传递理论表明，只要信号有效，市场会内在地要求经济主体讲真话，诚信原则是内在地发生作用的，在信号真实有效地被传递之后，信息不对称所带来的市场缺陷得以避免，市场在长期内仍趋于均衡。关键点就在于信号传递的通畅性及真实性，这就要求有社会监督体系帮助建立健全的信号传递机制。

信息甄别为逆向选择的信息劣势方提供了规避风险的分析方法，为降低交易成本提供了思路，使信息劣势方获得了获取信息的主动权，减少了等待信息优势方发出信号的成本及区分信号可靠度的成本。斯蒂格利茨的信息甄别理论的中心点在于使信息优势方说真话，即通过提供不同的交易合同，让信息优势方自我选择，这些交易合同必须具有信息区分功能，也就是说，只要信息优势方是理性人，就无法隐瞒也不愿隐瞒自己的消费类型。在信息有效获取的前提下，交易有效率地进行，交易成本大为降低。

签约后的信息不对称产生道德风险，并且信息不对称程度越大，市场中产生道德风险的可能性就越大，授信主体的信息成本就越高，市场的交易费用也就越大。在信息对称的情况下，委托人期望代理人更努力劳动而自己少支付报酬，代理人则期望少努力劳动而得到更高的薪酬，显而易见双方是有矛盾的，但经过代理人和委托人双方的磨合，最后总能达成一个报酬的支付价格。因此，在信息对称的情况下，只需对采取的行动和支付的价格进行协商，就可以达成最佳的契约。但在不对称信息的情况下，委托人不能观测到代理人会有什么样的具体行动，所以代理人为了达到自己想要的效果完全可能先承诺他的行动，而在实施时却偏离了这个行动。因为不对称信息具有价值，所以代理人不可能在没有获得任何利益的情况下很情愿地将自己的个人信息散播出来，这就使得代理人和委托人的信任关系变得很有局限性。

委托人托付给代理人的行动总起来说是私有信息，但并不是说代理人努力的信息委托人就一点也看不到了。现实中还有一些与代理人采取行动相关的信息，这些信息通常都会显示代理人所采取的行动和所付出的努力。比如，产出结果和某些监督的信号这些信息通常对委托人和代理人两者都可以无成本地观测到。由于代理人和委托人均可以观测到产出与监督信号，委托人可以将报酬合同设计为产出与监督信号的函数。虽然委托人监督手段不是在任何一种情形中都能做出完全的信息统计，但总能给出代理人努力的附加信息。这些附加信息有助于减少代理成本和减少信息的不对称性。因此，委托人在不能以准确和直接的方式观测到代理人行动的情况下，可根据产出结果和某些监督信号提供的信息，制订一套可行的支付方案使得代理人在符合自己利益的情况下做出选择。因为若代理人在实现他的报酬时依赖于产出结果与某些监督信号提供的信息，且这些信息又与他所采取的行动有关，则他所做出的决策实际上受到了委托人所提供方案的支配。这样做的目的既达到了实现委托人设计合同的目标要求，又可避免代理人发生偷懒现象。

5.3 不完全契约、法律制度与信任

信息不对称是信用市场中高违约风险的必要条件，其充分条件是不完善的法律制度及由此产生的不完全契约。

5.3.1 不完全契约

不完全契约是相对于完全契约而言的，所谓完全契约是在最大可能的程度上明确规定未来所有状态下契约所有各方的责任与权利，将来各方都不需要再对契约进行修正或重新协商。而不完全契约是指契约中包含缺口和遗漏，可能不会提及某些情况下各方的责任，而对另一些情况下的责任只作出粗略或模棱两可的规定。产生契约不完全的根本原因来自三个方面：

（1）市场的不确定性和契约双方的有限理性。由于受信息传递、认知能力、计算能力和人的心理因素等条件的限制，契约双方在复杂多变的不确定的市场环境中，不可能或很难对长期内可能发生的各种情况都做出全面的计划安排，签订契约时条款的遗漏将不可避免。

（2）第三者无法验证。契约规定的项目中，于其他局外人则是无法体验和观察到的，所以在出现纠纷时，第三者（如法院）很难确定哪一方违约并按规定执行处罚等，造成了契约的不完全。

（3）信用制度的不完善。由于制度缺陷导致契约双方的行为难以得到约束，在某一方违约时而不承担相应的违约责任，造成契约的不完全。

市场信任中契约的不完全除了具有一般经济社会不完全契约的特征外，其主要原因还来自信息的高度不对称和信用制度的严重扭曲，这大大提高了发生契约纠纷的可能性和重新谈判（或缔约）的成本，从而大大增加了市场的交易成本；另一方面使契约双方无法通过契约的最优设计，形成有效的监督与约束机制来规范行为主体的信用行为，导致契约行为主体严重的逆向选择和道德风险行为，使契约双方面临极大的信任风险，大大降低了市场的运作效率。

5.3.2 法律制度与信任

法律制度作为约束信用行为主体的规范、标准及其产权结构的合约性安排，对信用秩序的稳定乃至整个国民经济的健康发展都具有重要的影响，对市场资产的配置效率和市场结构的形成发挥着基础性作用。

（1）法律制度有助于缩小企业机会主义空间。从行为主体来看，信任风险的存在很大一部分原因在于人的机会主义倾向。好的制度，可以引导人们的机会主义倾向朝积极方向发展，诱导和迫使企业通过正当经营和诚实劳动来为自己增加利益，一方面可以改变人们为其偏好所付出的代价，改变财富与非财富价值之间的权衡，进而使理想、职业精神等非财富价值在个人选择中占有重要地位；另一方面，对损人利己行为的惩罚和对诚信行为的鼓励，可以在一定程度上约束企业的机会主义倾向，并在客观上降低交易成本，使整体交易量增加，从而增进社会财富。

（2）非正式制度安排就成为弥合诚信缺失的必要。非正式制度是在人们长期的社会交往中逐步形成并得到社会认可的一系列约束，它包括价值信念、伦理规范、道德观念、风俗习性、意识形态等。在现实生活中，由于信息的不对称、人的有限理性以及未来经济活动的不确定性，契约不完全都是不可避免的。仅从契约的完备性出发是不可能找到规避企业道德风险的根本路径的。我国法律一直致力于商业道德在人们交易中重要作用的强化，将诚实信用、遵守公认的商业道德规定为企业参与市场竞争和订立、履行合同时必须遵守的基本原则，这种用国家强制力保证的道德推广，其教化作用显然要强于社会舆论。另外，明确的法律条文可以鲜明地昭示法律对合法经营的肯定及对作奸犯科的否定，从而给企业提供识别是非的判断标准，有益于引导企业自律，并通过法律自身的规范及协调、指引、教育、惩戒等社会功能，形成知法、懂法、守法的行为习惯和制度环境，促进企业道德规范行为的养成，最终达到道德理想的实现，消除企业信任风险产生的内因。

5.4 信誉机制

良好的信任从哪里来？一种观点认为，信任来自家庭和血缘关系，因为人们发现在家庭和血缘关系亲近的群体之间，信任更容易建立也更有信任。文化和人类学家则认为，信任或者社会资本是一种历史遗产，它来自长期的文化积淀。例如宗教对信任度会有影响，人们出于对来世惩罚的恐惧会在现在守信。经济学家则认为，信任也许跟文化有关，但更重要的是，信任往往是人们理性选择的结果，人们追求长期利益会导致信任。

5.4.1 法律与信誉

法律和信誉是维持市场有序运行的两个基本机制。现在，法律的重要性已经被广泛关注，但对信誉重要性的认识远远不够。事实上，与法律相比，信誉机制是一种成本更低的维持交易秩序的机制。特别是，在许多情况下，法律是无能为力的，只有信誉能起作用。一个没有信誉机制的社会是不可能有真正的市场经济的。信誉就是资本，信誉资本构成社会学意义的“社会资本”的重要内容。信誉资源已被证明是一种可以转化的特殊社会资本。一般认为，信誉资本蕴含着比物力资本和人力资本更大而且更明显的价值。信誉资本在一定程度上决定企业获取社会资源支持的能力，并对企业规模和效率具有提升作用。信誉是企业规模、绩效乃至市场发育程度的递增函数。信誉资本提升公司价值。但是，企业信誉资本的获取和维持需要有一个良好的企业信誉机制。

克雷普斯、米尔格罗姆、罗伯茨和威尔逊四人建立的所谓 KMRW 声誉模型（reputation model）讨论了不完全信息重复博弈中的合作行为，得到 KMRW 定理：在 t 阶段重复囚徒博弈中，如果每个囚徒都有 $p>0$ 的概率是非理性的（即只选择“针锋相对”或“冷酷战略”），如果 t 足够大，那么存在一个 $t_0<t$，使得下列战略组合构成一个精炼贝叶斯均衡：所有理性囚徒在 $t \leq t_0$ 阶段选择合作（抵赖），在 $t>t_0$ 阶段选择不合作（坦白）；并且，非合作阶段的数量只与 p 有关。

KMRW 声誉模型证明参与人对其他参与人支付函数或战略空间的不完全信息对均衡结果有重要影响，只要博弈重复的次数足够长，合作行为在有限次重复博弈中会出现，特别地，“坏人”可能在相当长一段时期表现得像“好人”一样。当只进行一次性交易时，理性的参与者往往会采取“机会主义”行为，通过欺诈等“非名誉”手段来追求自身收益最大化，其结果只能是“非合作博弈均衡”。但当重复多次交易时，为了获取长期利益，参与者通常需要建立自己的“声誉”，一定时期内“合作博弈均衡”就能够实现。

KMRW 声誉模型的直观解释是：尽管每一个囚徒在选择合作时冒着被其他囚徒出卖的风险（从而可能得到一个较低的现阶段支付），但如果他选择不合作，就暴露了自己是非合作型的，从而失去了获得长期合作收益的可能（如果对方总是合作型的话）。如果重复博弈的次数足够多，未来收益的损失就超过短期被出卖的损失，因此，在博弈的开始，每一个参考人都想树立一个合作的形象（使对方认为自己是合作的），即使他在本性上并不是合作型的；只有在博弈快结束的时候，参与人才会一次性地把自己的过去建立的声誉利用尽，合作才会停止（因为此时，短期收益很大而未来损失很小）。

在市场契约不完全条件下买卖双方的行为调整过程。如果交易只进行一次的话，结果很难高效率。比如，如果买者先交钱，卖者可能就会不交货；反之，卖者先交货，买者可能就不交钱。但是，如果买卖双方交易重复发生的话，这种情况可能就不会发生，因为“声誉”的损坏有损今后的利益。“声誉”可以减少市场交易费用。

“声誉”的建立并不需要（其实也不可能）要求双方保持长久的交易关系。只要有一方是长期存在的，而其他人又可以观察到它的商业行为，这就足以使“声誉”发挥作用。这时，任何人都可以与“长寿”的一方签订协约，表示接受“长寿”一方的权威指令。这对双方交易是有益的，而且另一方不必担心“长寿”一方会滥用权威，因为它会考虑到今后的声誉，而此时声誉已成为无形资产（一种威廉姆森式的专用性资产）。

经济学家克雷普斯论证过，若要当事人愿意建立信誉，交易就必须是多次的，即博弈必须是重复的，这在直观中可以得到理解：如果你想靠“欺诈”营利，欺诈只能发生一次，消费者不会相信第二次，如果你还想营利，就不能欺诈，因为欺诈的成本是非常高的。在有的市场环境中，市场自发形成这种失信惩罚机制是非常困难的，因为消费者始终处于消费弱势，消费群体是庞大的、分散的，缺乏足够的积极性去打击商家的欺诈行为，也没有能力做出“不再与之交易”的惩罚措施，由于市场是如此之大，作为“欺诈者”的商家则可以非常容易地找到其他交易对象完成同样的交易。

信誉机制发生作用的条件如下：

（1）博弈必须是重复的，或者说，交易关系必须有足够高的概率持续下去；

（2）当事人必须有足够的耐心，一个只重眼前利益而不考虑长远的人是不值得信赖的；

（3）当事人的不诚实行为能被及时地观察到，这需要有高效率的信息传递系统；

（4）当事人必须有足够的积极性和可能性对交易对手的欺骗行为进行惩罚。

5.4.2 建立信誉机制

在现实中，最不完备的条件是信誉机制的信息基础和法律基础。当道德机制失灵时，由公司和注册会计师“合作”和“合谋”提供的“内幕”信息，即使“公开”也很难“公平、公正”。根据这样的信息，是难以及时观察到高管层的败德行为的。因此，建立信誉机制须从以下几方面入手：

一是要建立健全信息传输机制。信息是个人行为受到监督的基础，通过信息传播机制让有欺骗行为的信息在市场中传播所付出的代价是非常高的，使失信者不仅要为此次失信行为付出代价，而且在今后也将失去更多的交易机会。建立信用管理体系、加强资信评估和建立资信的传播机制是解决这一问题的重要手段。

二是要规范政府行为。政府监管越多，赋予政府权力越大，滋生的腐败越多，企业的未来预期也越不确定。只有政府的审批才能办，无疑会产生过多的寻租机会，而拿到政府审批的企业也就会获得垄断权力。企业一旦得到垄断租金，自然不会在乎企业信誉。普遍来看，垄断越强的行业信誉越差。规范的政府行为能够提供一个稳定的政策环境，有利于人们形成稳定的预期。赋予政府太大的责任并不是好事，在市场中应该让行为者承担责任，而不是让政府承担太多的责任。政府逐渐减少对企业的干预，政策的透明度将会更高。

三是要建立对失信者的惩罚机制。如果没有完善的法律，人们建立信誉的积极性就会大大降低，在许多情况下，严格的法律制裁可以使人们更讲信誉，形成一种制度信任。这也是司法制度健全的国家人与人之间更信任的重要原因。根据世界各征信国家的经验，社会信用体系中的失信惩罚机制能够消除绝大部分失信现象的出现，改善市场秩序，最终重建社会信任。

5.5 企业信誉

企业信誉是企业在社会活动尤其在经济活动中因忠实遵守约定而得到另一方的信任和赞誉，是长期诚实、公平、履行诺言的结果。从社会学的角度来说，信誉是社会系统赖以运行的主要润滑剂，具有真正的经济价值，它提高了制度的运行效率。信誉具有协调社会运行的功能。从伦理学的角度来说，信誉是交易双方为了获得交易的长远利益而自觉遵守的承诺，是一种心理约束机制，是交易双方在信息不对称情况下，按照交易原则进行活动的道德保障。从经济学的角度来说，信誉能够给企业带来价值，是一种无形的资产和生产力，是企业取得竞争优势的法宝。从管理学的角度来说，信誉的取得和维护离不开管理，信誉是企业追求利润和制定战略的基石，信誉是企业获得竞争优势之源。

企业作为市场的主要参与人，企业信誉提升备受关注，斯特恩商学院的名誉教授查尔斯·丰布兰认为：“企业信誉是一个企业过去一切行为及结果的合成表现，这些行为及结果描述了企业向各类利益相关者提供有价值的产出的能力。”

5.5.1 企业信誉的性质

企业信誉具有自身的独特性质，具体如下：

一是企业信誉形成的长期性。企业信誉诞生于企业的建立之时，并伴随着企业成长而发展。企业创始人建立企业时就怀有服务社会理念，这种经营理念通过创业者的实际行动而不断地被实施和传播，逐渐被企业内外所认可，给企业发展带来优势。企业为了继续保持竞争优势，就不断地投资于企业信誉建设，并且在选择企业经营者时也是选择那些可以继续保持其经营理念的领导者。随着时间的推移，企业信誉的作用越来越重要，只要企业存在，企业对信誉建设投资就会不断进行，企业信誉建设就不会停止。企业信誉机制形成过程是一个动态、曲折、积累的过程，是企业之间演化博弈的结果，具有长期性。

二是企业信誉的道德性。信誉是一种心理约束机制，具有道德性。企业信誉没有法律效力，在市场交易中，完全凭借交易人的道德素质来履行其承诺；信誉的源泉是诚信和公平，企业信誉程度代表着企业的诚信和公平的程度。诚信和公平是市场经济的本质之一，是市场经济良好运转的道义保障。诚信和公平的存在可以减少交易搜寻成本，降低谈判和事后监督成本，更重要的是可以降低法律诉讼成本，它们成为市场法律的有效补充。企业信誉成为市场交易的道德约束机制。

三是企业信誉的价值性。企业信誉是一种无形的、具有特殊价值的资产。信誉看不见、摸不着，它是依附在人与人之间、企业与企业之间以及在商品交换中的一种信任关系，它像影子一样，使人隐隐约约地感受它，同时又默默地影响人和企业的行为，它是一种无形资产，在企业兼并过程中，信誉好的企业往往获得的价值大于本身实有资本价值。在企业经营过程中，信誉好的企业获得边际报酬大于同等规模企业的边际报酬。原因在于企业信誉在保持其竞争优势方面具有独一无二的价值。

四是企业信誉的脆弱性。信誉不同于产品质量和技术水平，一旦形成就会保持不变。信誉具有很强的脆弱性，容易受损，而且一旦受损就很难恢复。信誉会随着企业规模的增加和投资的加大而增值，但是它同时所面临的不确定性也随着增加，管理难度增大。企业信誉一旦遇到内外不确定性的冲击就会贬值，甚至影响到企业战略的实施和企业的生存。

五是企业信誉投资的沉没性。信誉的形成过程实际上是企业不断投资的过程，信誉投资包括时间投资和资本投资。时间投资在任何投资中都属于沉没成本，一旦投资就不可收回；信誉的资本投资是指为了构建企业信誉而进行的物质投资，这种资本就像厂房一样，在企业的经营过程中不能产生新价值，同时由于信誉不能够买卖，那么信誉的资本投资就无法收回。信誉投资成为企业沉没成本的一部分。

六是企业信誉构建的不确定性。任何投资的结果都具有不确定性，企业信誉的构建也一样。企业信誉构建需要长期的投资，但是长期投资未必带来预期效果，原因在于构建企业信誉要面临很多不确定性因素的干扰，这些因素的综合效果给信誉投资后果带来不确定性。例如，有些企业并没有对信誉进行多少投资却构建起信誉，如青岛啤酒；有些企业投入大量资金却没有构建起信誉，如银广厦。

5.5.2 企业战略的信息模式

1. 企业战略管理产生及发展

一般认为，企业管理经历了从生产管理、经营管理到战略管理三个阶段。战略管理被认为是现代企业管理的最高层次，备受企业界的青睐。企业战略管理作为一门学科，诞生于20世纪五六十年代，美国著名管理学家艾尔弗雷德·钱德勒的《战略与结构：工业企业考证》揭开了战略管理研究的序幕。钱德勒在这本著作中，从案例研究入手，给出了企业战略的定义，分析了环境、战略和组织之间的相互关系，提出了“结构追随战略”的论点，他认为企业经营战略应当适应环境，满足市场需求，而组织结构又必须适应企业战略，随着战略的变化而变化。安东尼（1965）在法约尔管理职能划分的基础上，将计划和控制进一步细化为战略规划、管理控制和操作控制，并分别对应于组织的高、中、低三个层次，他认为战略规划是组织高层管理的一项独特而重要的活动；“企业战略”这一概念是安索夫（1965）首次提出并将战略定义为“一个组织打算如何去实现其目标和使命，包括各种方案的拟订和评价，以及最终将要实施的方案"，主张战略构造应是一个有控制、有意识的正式计划过程；企业的高层管理者负责计划的全过程，而具体制订和实施计划的人员必须对高层负责；通过目标、项目和预算的分解来实施所制订的战略计划。安德鲁斯（1971）认为战略是目标、意图或目的，以及为达到这些目的而制订的主要方针和计划的一种模式，提出了著名的制订战略的SWOT分析模型。以安东尼的《计划与控制系统》、安索夫的《企业战略》和安德鲁斯的《公司战略概念》标志着所谓的"安东尼—安索夫—安德鲁斯范式"（以下简称"3A"范式）的形成，如图5.1所示。

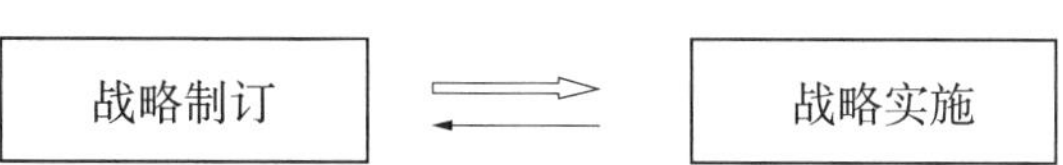

图5.1 战略管理信息范式中的"3A"范式

"3A"范式认为，战略管理就是高层管理者研究、制订、实施和控制组织的长期目标、成长方式和组织架构的过程，它的核心是安德鲁斯提出的把战略管理过程分为制订和实施两阶段，将战略定义为公司能够做的与公司可以做的（环境提供的机会与威胁）之间的匹配，从而奠定了战略管理思想的基础。此后的战略管理学家在这一范式下，沿着企业外部环境和企业内部因素两个维度展开了广泛的研究，形成战略管理各理论流派。其中最具影响的是迈克尔·波特（1980）的竞争战略定位理论。

事实上，对"3A"范式的分析可以得出人们在应用波特理论时不自觉地隐含了三个前提假设：

第一，（经营）环境是（相对）稳定的；

第二，信息是对称的（完备的）；

第三，经济行为主体是无限理性的。

基于这些基本的假设，管理者通过运用一系列所谓的战略分析工具如SWOT分析、波士顿战略组合分析技术、SBU分析、五力分析模型等，立足于竞争优势可以长期保持，可以足够精确地对未来进行可靠的预测，能选择清晰的战略方向、制订正确的战略并实施。对于20世纪六七十年代的经营环境相对稳定的情形，传统战略管理理论指导下的企业经营获得了巨大的成功，被大多数企业所采用。据统计，1979年美国最大的500家企业中有45%的企业实施战略管理，美国以组合分析为基础的正式管理咨询公司在战略管理方面的咨询收入在1980年度高达3亿美元。

在"3A"范式中，既然信息是完备的（对称的），所有参与者拥有全部的信息，企业管理者的无限理性，意味着对于环境的分析是有效的、无误的，从环境的稳定性假设可得出未来的环境是过去和现在环境的克隆，市场及其未来就是确定的。因此风险和不确性就没有容身之地，并由此得出环境是静态的、可预测的，战略制订和实施可以分离导致战略管理理论的重点是如何制订一个"正确的"战略。

20世纪80年代后期尤其是进入90年代后，世界经济环境的发展变化，科学技术尤其是以Internet为标志信息技术的突破性的进展和大范围的应用，市场竞争的日趋激烈和国际化，随着交易费用经济学的发展，以博弈论和信息经济学为基础的产业组织理论的发展，人们对企业竞争优势的来源，企业战略目标的确定，企业战略模式等都有了新的认识。

其一是发展了以资源为基础的企业理论，形成了资源基础战略理论。每个组织都是独特的资源和能力的结合体，这一结合体形成了企业竞争战略的基础。企业竞争战略的主要内容就是如何培育企业独特的战略资源。企业是资源的集合体而非一组产品市场位置。资源与能力为企业的战略提供了基本的方向，它们是企业利润的基本源泉。因为环境总是变化多端，一个企业的宗旨难以根据外部环境如顾客的需求来决定，相反，应根据企业的内部能力来决定，能力决定的方向相对要持久一些。资源基础论对产业组织理论关于企业利润主要取决于行业市场结构的说法进行了批判，强调了内部资源的重要性。其中一个重要发现是同行业的企业间的利润差别远大于行业间利润差别。企业是以自己的资源与别的企业竞争，因此企业所具备的能力，是要与竞争者相比较有优势同时又是顾客所需要的。企业的超平均利润来源于企业所拥有的资源，企业的异质性来源于具有能够产生竞争优势的“战略资源”——有价值的、稀缺的、持久的、不能完全模仿和替代的资源。企业基于资源的战略管理在于鉴别、培育和配置战略资源，以获得和维持可持续的竞争优势。

其二是普拉哈拉德与哈默尔（1990）提出了企业核心能力的概念，创立了企业战略管理能力理论。该理论强调“核心能力观”和“整体能力观”，强调企业内部行为和过程所体现的特有能力。认为企业战略管理的关键在于培育和发展能使企业在未来市场竞争中居于有利地位的核心能力，强调从识别、培养、应用和提升企业内部的生产经营及其过程中的独特能力出发，来制订和实施企业的竞争战略。普拉哈拉德与哈默尔比较了日本企业如NEC、佳能、本田等企业与美国企业GTE、施乐、克莱斯勒的经营业绩差异，认为日本企业成功的关键是注重了核心竞争力的培养。他们将核心竞争力定义为“组织中的累积性学识，特别是关于怎样协调各种生产技能和整合各种技术的学识”。企业“战略的核心不在于公司产品、市场的结构，而在于其行为反应能力；战略的目标在于识别和开发别人难以模仿的组织能力，在顾客眼里，这种组织能力是将一个企业与其竞争对手区别开来的标志”，即它具有价值优越性，异质性，难模仿性，不可交易性和难替代性等特征，识别和培育核心能力是企业立于之败之地的根本战略。对于核心竞争力的鉴别，它必须是提供占领广阔多数市场的能力，它能够使购买产品的顾客明显受益，它必须是竞争对手无法模仿的。核心竞争力应具有稀缺性特征、专用性、方法性特征，即作为资源要具有稀缺性特征，作为资产要具有专用性特征，作为知识要具有方法性特征。

其三是将战略管理研究的重点从竞争转向合作，战略联盟和战略网络的思想被提出并日益受到重视，形成了战略管理合作竞争理论。

所谓战略联盟，是指两个或两个以上企业相互之间合作的安排，通过共享资源、共担风险，改进它们的竞争地位和绩效。战略联盟包括以下形式：合作营销协议、合作研发（R&D）、技术交易、专门生产权和专门经营权、股权投资和合资等。联盟形式不同，联盟强度也有所不同：像技术培训或一揽子承包这样持续时间较短的合作关系，联盟的强度较弱；像许可证协议，可以包括知识产权或技术在联盟伙伴之间的重大转移，持续期时间较长，联盟的强度较强一些；像供应链的联盟甚至包括与供应商之间的合作研发，强度更大一些；联盟公司创立一家第三方的公司——合资企业，这是联盟程度最强的形式。

网络是指联系跨界、跨社会成员或群体之间的相互关系，企业战略网络则指企业与其他组织间具有战略意义的关系，它包括战略联盟、合资、长期购买——供应伙伴关系以及众多类似联系。战略网络是一种关系网络，是获取企业生存和发展所需资源和知识的关键渠道，而不仅仅是一种组织模式，它有别于一般意义的网络组织。战略网络是一个企业接近信息、资源、市场和技术的关键渠道，能够取得学习、规模和范围经济的优势，直接影响企业的战略行为和竞争优势。战略网络及其管理能力是网络资源和关系资源，具有独特性和难以模仿性，是参与者在网络中所拥有的独特资源，是一种核心能力，它为企业提供了实现其战略目标所需的各类潜在性资源，是“企业竞争优势之源”。

“合作竞争”理论的代表人物纳尔巴夫和布兰登伯格在 1996 年合作出版的《合作竞争》中应用博弈论的思想来研究企业战略，提出了企业经营活动是一种可以实现双赢的非零和博弈，突出了战略的互动性和动态性，并进行了大量的实际案例分析，并将商业博弈绘制成一幅可视化的图——价值链，利用价值链定义所有的参与者，分析与竞争者、供应商、顾客和互补者的互动型关系，寻找合作与竞争的机会。在此基础上，改变构成商业博弈的五要素（参与者（participators）、附加值（added values）、规则（rules）、战术（tactics）、范围（scope），简称 PARTS）中的任何一个要素，形成多个不同的博弈，保证“PARTS 不会失去任何机会”“不断产生新战略”。

合作竞争理论还提出了互补者（complementor）的新概念，认为商业博弈的参与者除了包括竞争者、供应商、顾客外，还有互补者。传统的商业战略大都注重竞争性，而忽略了互补性。互补者的概念就是相对应于竞争者而提出的，强调了博弈参与者之间相互依存、互惠互利的关系，要创造价值，就要与顾客、供应商、雇员及其他人密切合作，这是开发新市场和扩大原有市场的途径。合作竞争理论认为，商业博弈是一种重复博弈，而且构成博弈的 PARTS 会随时间而变化，从而改变每次博弈的行为和结果。因此，企业战略并非都是事先计划好的，而是一种不断调整和变化的动态战略，以适应商业博弈的改变。

其四是基于企业能力理论和演化经济学的结合。戴维·蒂斯、加利·皮萨诺和艾米·舒恩提出了动态能力（dynamic capabilities）的战略观。“动态”是指为适应不断变化的市场环境，企业必须具有不断更新自身核心能力，企业的动态能力就是企业保持和改变其作为竞争优势基础的能力。具有有限动态能力的企业不能培养他们的优势并使优势来源适应时间的发展，最终会被其他公司所替代；具有强的动态能力的企业能使它们的资源和能力随时间变化而改变，并且能利用新的市场机会来创造竞争优势的新源泉，所以只有具备了动态能力的组织，才有可能建立长期的竞争优势。

动态能力理论的战略目标是不断创造新优势，企业长期成功不是靠维持已有的长期优势，而是追求一系列暂时的优势。因为在瞬息万变、不可预测的环境下，所有的竞争优势都是短暂的。若固守在原有的优势上，将导致更大的灾难。动态能力理论的战略制定的关键是分析竞争对手之间的战略互动。该理论认为，在超越竞争环境下，竞争对手之间的动态互动明显加快，竞争互动已成为制定战略的决定因素。只有及时正确地预测竞争对手的战略动态，才能保证自己正确地把握时机，放弃原有优势，创造新优势。

还值得一提的是目前在世界范围引起巨大反响的“蓝海战略”理论。该理论将企业目前使用的战略分为红海战略和蓝海战略，认为红海战略是一种“血腥”的你死我活的战略，属于传统竞争战略，是零和博弈，企业和消费者的价值不但没有提高反而降低。而蓝海战略可使企业走出血腥的“红海”，开辟没有对手的“蓝海”是一种多赢的战略。在宽广幽深的“蓝海”里，企业和客户的价值同步提高。认为价值创新是企业高成长的战略逻辑，系统阐述了价值创新的实施步骤，并提出实施蓝海战略的“剔除—减少—增加—创造”的价值创新模式。

2. 战略管理的信息范式

在不确定性条件下，新的战略管理范式——信息范式可以用图 5.2 表示。

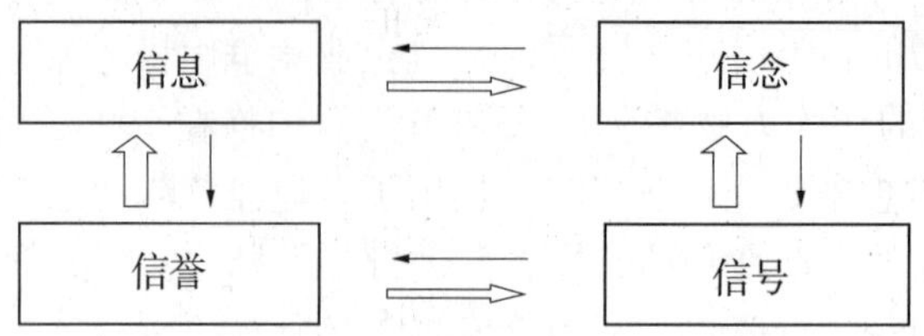

图 5.2　战略管理信息范式

显然，传统的企业战略管理理论的“3A”范式包含其中，如图 5.3 所示。

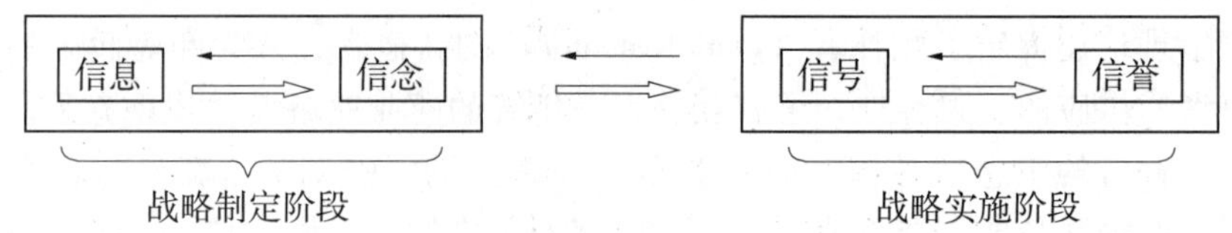

图 5.3　战略管理信息范式中的“3A”范式

在不确定性的世界里，经济主体的决策依据于信息，信息是消除不确定性的东西，所以信息是战略管理的基础。在市场经营和市场竞争过程中，信息不完全和信息不对称是市场常态，战略的制定依赖于与战略有关的信息的收集和处理，它属于信息管理五阶段划分中的最高阶段，传统的战略分析方法可以看作是它的特例。

其实，战略信息对于战略管理的基础作用已为人们所认识。现代基于 IT/IS 的战略管理，就是利用信息技术和建立战略信息系统，实现由封闭式、静态的战略设计（计划）向开放式、动态的战略管理模式转变，从根本上来说就是提高企业的信息获取和处理能力，使企业获取或维持竞争优势。

信念就是人们关于事物的主观概率或预期。主观概率表达了人们对特定命题真实性的信心，用个体“想赌一把”的意愿来表示，这时，主观概率反映了对事件发生“机会”的个人信念，即使此事件客观上并没有频率意义下的概率，或者甚至不是随机事件。信息和信念是企业制定战略的主要依据，也是构成企业战略的主要因素，信息和信念的相互作用、共同运动、自我实现和谐地融为一体，便是现代企业战略形成的基本形式。信息就是根据条件概率原则能有效地改变后验概率的所有可观察的结果，而反过来，有效地利用信息（知识）、高阶信息（共同知识）就能不断地更新信念。

以信息和信念作为构成企业战略的主要因素，博弈论、信息经济学和随机数学的应用就成为可能，使战略管理研究进入一个定量化研究的科学阶段成为可能。

信号是由决策主体有意或无意发送的能够改变事件概率分布的信息。例如，由于市场信息不对称，高质量的商品生产者为了从鱼目混珠的市场上脱颖而出，主动向消费者发送信号；又如你购买了一家石油公司的股票，你的行为就将导致这家公司的股票价格上涨，这就为其他股票交易商无意提供了一个信号。可见，信号是相对其发送主体而言的，在信息不对称的世界里，信息和信号是可以相互转化的。

战略变革的过程可能并不总是公开的、正常的，但总伴随着一些重要的标识性活动和制品，如组织机构变革、权力结构重组、仪式、标志和牌匾等。在战术上，市场参与者常常隐藏信息、策略造成信息不对称使自己处于有利地位。在战略管理中，就企业内部而言，信号表现为企业的远景目标的鲜活描述，它的传播和交流最终达成组织内部整体的一致性，形成组织的共同信念（信仰）和稳定预期；就市场或其他参与者而言，信号的主要表现形式为战略承诺和战略过程，即战略信号。战略信号对一个市场的竞争特性会产生重要的影响，它能改变竞争对手的行为模式，使他们对未来市场的期望定型化，促使环境的有利变化，从而取得竞争优势。

企业信誉的建立是和企业战略联系在一起的。战略与信誉的共同特征是它们都具长期性和稳定性。一个没有信誉的企业不可能实施和成功任一战略，形成稳定的、良好的信誉是战略目标实现的保障、动力和目标，也就是说实施任一战略都必须以信誉为基础，又以建立更好的、更稳固的信誉为目标，企业信誉才是“没有竞争的竞争优势”。以顾客价值创新为中心的战略逻辑提出战略重心应该从“做得比竞争对手更好”转移到“使本企业对顾客提供的价值具有独特性而与竞争对手无关”，这里的“独特性”正是顾客对企业产品和服务的这种可体验到的“放心”“信赖”和“忠诚”。

信誉和信号是战略实施中迈向成功的两条腿，两者相互运动、互为支撑最终形成系统共振。海尔集团的名牌战略和国际化战略可以被认为是这一理论的实践，它们有一共同特征就是都以信誉取胜。

海尔品牌的核心价值是“真诚”，品牌口号是“真诚到永远”，其星级服务、产品研发都是对这一理念的诠释和拓展。对谁真诚到永远？对消费者真诚到永远换取的是消费者对海尔的信任和喜爱。不是一时的喜爱和信任，而是永远的喜爱和信任。这就抓住了名牌是最基本的实质，那就是企业和消费者的关系。不是一般的关系，而是以心换心的关系，是由于企业对消费者永远不变的真诚，换来消费者对企业真诚的、持久的、广泛的信任和喜爱的关系。有人说海尔品牌的成功是“实至名归”，正是其战略信号的“实”换来了企业信誉的“名”，其“名”才是企业经营的重要甚至是最终的归宿。

战略管理信息范式中，信息与信念的互动与更新对应于战略制定，信号与信誉的交互对应于战略实施，而两部分构成的闭环使过去分离开的战略制定与实施实质性地成为一个整体。如果用我国的太极图则更能形象地刻画这一战略管理范式所表现的过程，显然它隐含了战略的动态与柔性特征，如图 5. 4 所示。

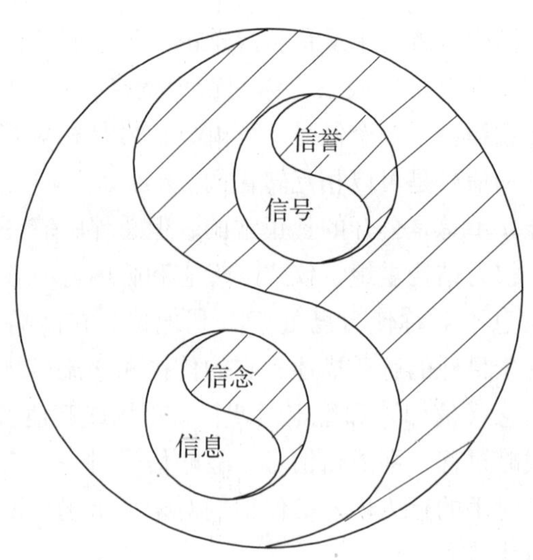

图 5.4　战略管理信息范式太极图

以资源为基础的竞争优势观强调战略资源是企业竞争优势的源泉，当企业具有竞争优势时它将能够获得经济租金，其中基于创新的熊彼特租金（Schumpeterian rents）正是由具有特殊知识与技能的企业在一个不确定性很高的复杂环境中承担风险并形成独创的洞察力而获得的。在企业的整个资源体系中，知识（信息）被认为是最有价值的战略资源，与其他有形资源相比较，知识（信息）又常常是构成企业模仿和复制障碍的关键，竞争对手在复制优势资源时所遇到的一个基本问题是信息问题，即它们无法知道落后的真正原因何在。所以在信息经济社会里，基于资源的竞争实质上是基于信息的竞争。

企业基于核心能力的战略管理理论认为企业竞争优势的真正源泉在于企业的核心能力，核心能力即组织中积累性学识，特别是关于如何协调不同的生产技能和有机结合多种技术的学识。可见核心能力的形成要经历企业内部独特资源，知识和技术的积累与整合的过程。企业经营的成功取决于企业的行为反应能力，即对市场趋势的预测和对变化中的顾客需求的快速反应能力，而这里的"预测"和"反应"都必须以信息为基础，所以说企业创造、获取和运用信息（知识）的能力应是企业的核心能力的核心，哑铃型企业的出现和强盛为该理论提供了实证依据。

基于合作竞争理念的战略联盟和战略网络理论为企业竞争战略研究开辟了新的天地，"双赢"理念已为广大企业所接受。对知识资源的识别、获取和学习，以及对组织结构的调整更有利于知识的转移、学习，是联盟创造价值的基础。企业合作和联盟形成机制除了交易成本的节约和互补性资源的利用外，重要的是合作和联盟可以创造一个知识（信息）共享的环境，是解决知识（信息）特别是隐性知识（信息）转移的有效途径。

5.5.3　战略承诺与信息

战略承诺（strategic commitment）是指企业根据自身的资源和能力，依靠现在的市场环境及未来变化的预测趋势，为了实现未来所达到的战略目标而向竞争对手、伙伴、顾客和企业员工做出某种或某些长期的许诺行为。同样的产业关键成功因素，并采取相似的战略，企业各自的绩效仍然差距巨大，其原因就是每个企业的投入和承诺不同，关键成功因素对企业的成功并非是最关键的，当同一行业中相互竞争的企业都认识到该行业的关键成功因素时，最终的成功就取决于承诺和投入的决心和持久性，所以战略决策一旦制定，企业就深陷其中，必须在相当长的一段时间内坚持其所选择的战略。战略可以看成一个一个的战略承诺组成，或者说战略就是一组战略承诺链，战略的实现过程就是一个一个的承诺兑现的过程。

1. 战略承诺的形成机制

战略承诺的形成是由博弈双方的利益所驱使，通过博弈一方的一次承诺行动，改变博弈次序，增加一个博弈阶段，使静态博弈变为动态博弈，从而改变整个的博弈结构。下面分完全信息和不完全信息两种情形来分析战略承诺的形成机制。

（1）对于完全信息情形。

在竞争中，一方要改变博弈的结果（或结构），可以改变收益函数或者缩小或扩展策略空间实现，途径就是战略承诺。以智猪博弈为例，静态智猪博弈的矩阵如表 5.1 所示。

表 5.1 智猪博弈

大猪 \ 小猪	按	等待
按	5，1	4，4
等待	9，－1	0，0

在这一博弈中，纳什均衡是大猪按、小猪等待，各得 4 个单位。很显然，就大猪而言，对这一结果并不满意，“多劳者不多得”。大猪有动机改变这一结构，它可以在第一阶段做出这样的承诺：为使承诺可信，它可以睡到比小猪离食槽更远的地方。使得在小猪按的情况下仍然能先得到吃食。这样，在第二阶段的博弈收益发生改变，其博弈矩阵如表 5.2 所示。

表 5.2 智猪博弈变形——斗鸡博弈

大猪 \ 小猪	按	等待
按	5，1	4，4
等待	6，2	0，0

这一博弈的纯策略纳什均衡有两个：一个是大猪按、小猪等待；一个是大猪等待、小猪按。事实上，这时已经是一个动态博弈，其展开式如图 5.5 所示。显然这一动态博弈的纳什均衡结果为（6，2）。这样，通过第一阶段大猪的承诺行动，彻底改变了博弈结构，实现了收益增长。而“破釜沉舟”则是缩小自己的战略空间，将“撤退”这一策略从自

己的战略空间剔除来改变均衡结果。

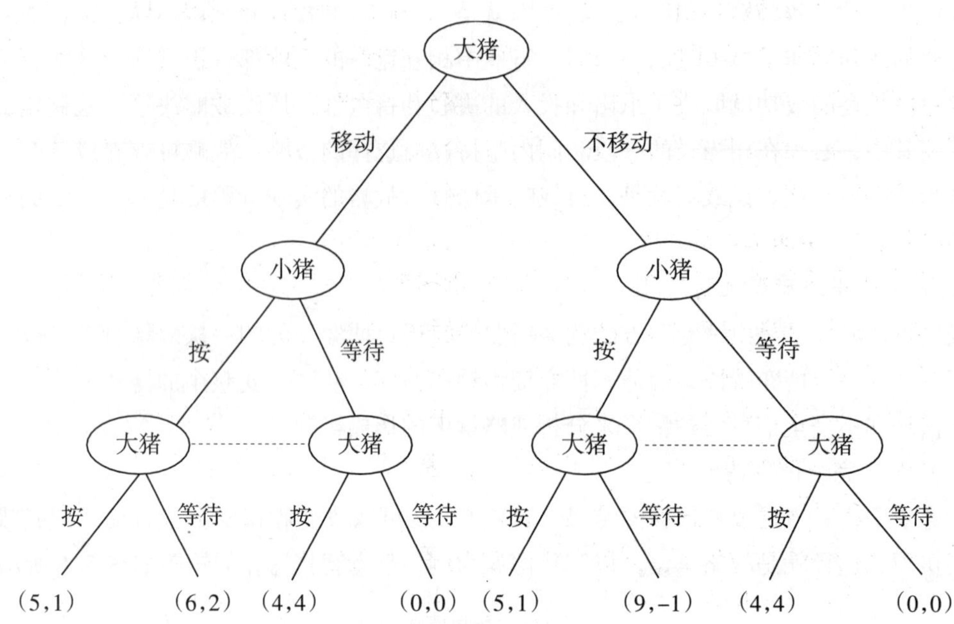

图 5.5 智猪动态博弈的展开式表示

在完全信息博弈中，承诺行动往往通过改变博弈要素来打破不利于己的局势和设计新局，举措就是改变游戏规则，除了改变收益函数或者缩小或扩展策略空间外，还可以通过改变参与人、规则和范围等要素来达到目的。

对于不完全信息情形，在战略承诺中，承诺实力和决心往往是承诺者的私人信息，承诺的目的在于改变竞争对手的信念。以市场进入博弈为例。假设甲、乙为博弈的两局中人，甲为在位者，乙为潜在的进入者。乙有“进入”和“不进入”两种策略。乙采取“不进入”可获得确定的收益0，而采取“进入”策略收益不确定，这时只要乙的期望收益大于0，局中人乙就有动机采取“进入”策略。对甲来说，乙不进入时可获得垄断的利润，乙进入后，甲与乙将展开库古诺竞争或伯川德竞争。一般而言，竞争利益要小于垄断利润。因此甲有动机改变这一状况阻止乙进入。实现这一改变的途径就是构造一个两阶段信号传递博弈。在第一阶段，甲采取一个战略承诺，向乙传递一个自己类型的信息，从而改变乙对甲类型的先验信念，使得乙的期望收益大于0，实现阻止乙进入的目的。

在不完全信息博弈中，战略承诺行动就是向市场和竞争对手显示自己的类型信息，从而改变竞争对手的信念，事实上也就改变了竞争对手的收益预期，重新选择策略。当然战略承诺行动是要成本的，但与竞争代价相比要小得多。这样承诺者的“不战而胜”的战略意图就得以实现。

2. 战略承诺的本质：不完全信息动态博弈

战略承诺是一种承诺方与被承诺方之间的不完全信息动态博弈。承诺方先做出承诺行动，被承诺方在观察到承诺行动后，修正自己对承诺方类型的信念，再先选择自己的相应策略或行为。所以从本质上来说，战略承诺是一类信号，是一类可以表征承诺方真实类型从而使竞争对手由此做出有利于自己回应的信号。并不是所有的承诺都是成功的。一个成功的承诺必须具有三个必不可少的要素：可见性、可理解性和可信性。承诺的可见性意味着承诺行动在形式上可以被竞争对手清楚地观察到；承诺的可理解性意味着承诺行动在内容上要符合逻辑，具有合理性，期望结果要符合承诺者的利益需求；承诺的可信性意味着承诺一旦付诸实施便难以逆转或逆转的成本相当高，也意味着承诺行动真实表达了承诺者的决心和意志。事实上，从自由、开放与竞争的市场角度分析，成功的承诺还应具有两个要素：竞争力和有效性。承诺的竞争力体现在承诺者应具足以影响全局的实力，若竞争对手置承诺于不顾，他将会得到更少的收益甚至导致无法挽回的失败；承诺的有效性是在满足五要素后的承诺的效应，表现在承诺对竞争对手的策略选择或信念产生影响并使之发生改变。在战略承诺的五大要素中，可见性决定于承诺的形式，可理解性决定于承诺的内容，可信性是承诺的核心，竞争力是战略承诺的基石，有效性是承诺实施的目标，它们相互联系，缺一不可。

战略承诺可被描述为一种两阶段信号博弈：有两个局中人 $i=1, 2$。局中人1为承诺者（信号发送者），局中人2为竞争对手（信号接收者），“自然”选择局中人1的类型。局中人1的类型有两种，其中 θ_1 表示高实力者（低成本、先进技术等），θ_2 表示低实力（高成本、落后技术等）。承诺方知道自己的类型，竞争对手不知道，只知道承诺者类型的概率分布 $p(\theta)$。设 $p(\theta_1)=\pi$，$p(\theta_2)=1-\pi$。局中人1发送承诺信号 m，并选择一个最优的类型依存信号战略。局中人2观察到 m。使用贝叶斯法则从先验概率 $p(\theta)$ 得到后验概率 $p(\theta \mid m)$，a 表示局中人2的行动（a_1 不进入，a_2 进入），他选择自己的最优行动达到信号传递博弈的精炼贝叶斯均衡，这里 $p(\theta)$ 和 $p(\theta \mid m)$ 都是公共知识。

信号博弈的精炼贝叶斯均衡有分离均衡、准分离均衡和混同均衡三类，有效的承诺信号的选择标准就是实现分离均衡或至少是准分享均衡。在这两类均衡下，特定信号可以准确地揭示出局中人的类型或使竞争对手关于局中人类型的后验概率上升。最有效的承诺信号是 $p=1$，$q=0$，从而改变了局中人对均衡结果收益函数值。

假设企业做出承诺信号 m_1，m_2 的沉没成本分别是 c_1，c_2，且 $c_1>c_2$；u_1，u_2 分别为两类型 θ_1，θ_2 企业1的垄断利润；v_{11}，v_{21} 分别是 θ_1 类型企业1与企业2寡头竞争时，企业1和企业2的利润；v_{12}，v_{22} 分别是 θ_2 类型企业1与企业2寡头竞争时，企业1和企业2的利润。为使分析有意义，不妨假设在完全信息情况下，当只有企业1为 θ_2 类型企业时，企业2才选择进入，即 $v_{22}>0>v_{21}$。博弈结构如图5.6所示。

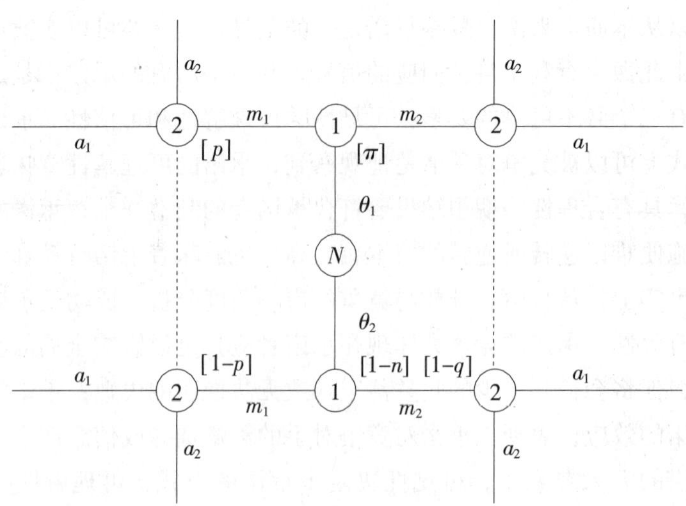

图 5.6　战略承诺信号博弈

注：θ_1——低成本企业（高实力）；θ_2——高成本企业（低实力）；m_1——高成本信号；m_2—低成本信号；a_1——不进入；a_2——进入；π——先验概率；p，q——后验概率

那么分离均衡的主要条件是：1 类型企业 1 宁愿选择承诺信号 m_1，阻止企业 2 的进入；2 类型的企业 2 不会选择承诺信号 m_1。它的最优承诺信号为 m_2。即

$$u_1 - c_1(m_1) \geqslant v_{11} - c_2 \tag{5.5.1}$$

$$v_{22} - c_1 \geqslant u_2 - c_1(m_1) \tag{5.5.2}$$

因此

$$\begin{cases} p(\theta_1 \mid m_1) = 1 \quad p(\theta_1 \mid m_2) = 0 \\ p(\theta_2 \mid m_1) = 0 \quad p(\theta_2 \mid m_2) = 1 \end{cases} \tag{5.5.3}$$

实现分离均衡在传递承诺信号 m_1、m_2 是完全有效的。

而准分离均衡的充要条件是，类型 θ_1 随机地选择 m_1 或 m_2，而类型 θ_2 选择 m_2 为必然（即概率为 1）事件，即

$$u_1 - c_1 = v_{11} - c_2 \tag{5.5.4}$$

$$v_{22} - c_1 > u_2 - c_1 \tag{5.5.5}$$

那么

$$\begin{cases} p(\theta_1 \mid m_1) = 1 \\ p(\theta_1 \mid m_2) < p(\theta_1) \\ p(\theta_2 \mid m_2) > p(\theta_2) \end{cases} \tag{5.5.6}$$

实现准分离均衡的承诺信号 m_1，m_2 亦是有效。

说明：当作为承诺信号的选择对自己来说是无差异时，选择对手不会选择的承诺信号能有效地显示自身的类型信息。这作为战略承诺来说是具有战略意义的。

在斯宾斯 - 莫里斯条件下，式（5.5.1）、式（5.5.2）决定了一个承诺信号成本区间 $[c_1m, c_2m]$，其中 c_2m 为式（5.5.1）确定的分离均衡承诺信号成本的上界。c_1m 为式（5.5.2）确定的分离均衡承诺信号成本的下界；企业 1 选择承诺信号 m 使其成本 $c_1 \in$

$[c_1 m, c_2 m]$，都可达到分离均衡。从准分离均衡的条件可知，信号成本为 $c_1 m$ 的承诺信号为准分离均衡的承诺信号。

若 $\pi v_{21} + (1-\pi) v_{22} < 0$，即企业 2 在先验信念下选择不进入，混同均衡存在。

$$v_{22} - c_2 \leqslant u_2 - c_1 \tag{5.5.7}$$

由于式（5.5.1）和式（5.5.7）存在一区间 $[c_0 m, c_1 m]$，所有的信号 m，其成本 $c \in [c_0 m, c_1 m]$，条件（5.5.7）成立，均构成一个混同均衡。$p(\theta \mid m) = \pi(\theta)$，企业 2 从承诺信号 m 无法修正先验信念。这样的承诺信息不能改变博弈结果，丧失承诺意义，所以混同均衡信号是一个无效承诺。

5.5.4 识别规避信誉风险

在市场信誉机制不健全环境下，虽然市场上充斥着伪劣假冒商品和欺诈，但人们仍然渴望信誉，信誉成了稀缺商品。信誉稀缺注定了企业在追求信誉资源过程中所遇到的风险就会增加，信誉管理难度就会增大。

（1）产品质量和服务水平出现了问题。产品质量和服务水平是企业信誉的外在表现，它们决定了消费者对企业信誉的认可度。如果产品质量出现了问题或者产品功能与宣传不符，或者顾客投诉产品质量问题的增加和产品返修率的上升等情况出现，那么就表明企业面临产品质量信誉风险；服务水平是对顾客的服务程度，如果对顾客采取一贯的服务水平突然下降、顾客对服务质量的投诉增加、服务形式和内容不能满足消费者需求，那么企业就面临服务信誉风险了。产品质量和服务水平出现问题是企业信誉面临的主要风险。

（2）员工信誉意识淡薄。员工是企业的直接代表，是企业和顾客接触的终端，顾客通过员工行为了解企业内涵。企业信誉由员工信誉意识直接体现，而员工行为直接体现了员工信誉意识。如果员工着装零乱、讲话粗俗、举止不雅、对顾客服务冷淡、不维护企业形象等行为的存在，企业形象就会受损，进而企业信誉面临风险。

（3）企业存在着欺骗行为。由于信息不对称，经营者利用信息优势侵占相关利益者权益、损害企业信誉的行为可能发生。企业董事会或者其他监督机构利用监管机制衡量经营者行为，如果发现经营者违规操作或者没经过监管机构批准而做出与职权不相符举措，以及欺骗利益相关者的行为等情况出现，那么就意味着企业面临信誉风险。

（4）同质企业信誉受损。同质企业是一个有机整体，牵一发而动全身。同质企业中任何一个企业信誉受损，都会殃及其他企业。实践证实信誉良好的同质企业可以增强企业信誉，信誉差的同质企业可以削弱企业信誉。例如，中山乐百氏矿泉水质量问题影响到广州乐百氏矿泉水的信誉，南京冠生园事件也同样影响到上海冠生园的信誉。

（5）社会责任欠缺。企业是社会的细胞，社会要求企业负起一定的社会责任。实践证实，承担社会责任的企业能够获得良好信誉和高额回报；社会责任欠缺的企业不能够获得信誉，不能够长久立足社会。如果企业与以前相比，参加社区的公益活动明显减少；社会出现灾难，公司没有慈善活动；公司没有做到改善社区的责任；企业通过社会调查发现社会对其社会责任评价较低或者抱怨较多等行为存在，那么企业就面临着信誉风险。

5.5.5 在市场信誉机制不健全环境下，构建以企业自身为中心的信誉圈

企业要从企业自身、交易伙伴和新交易伙伴三个方面来构建信誉圈，使企业信誉和交

易伙伴信誉有机结合从而形成顾客和社会认可的信誉。

1. 维护企业自身信誉

信誉起源于企业，企业决定着信誉的命运。在市场信誉机制不健全环境下，企业构建信誉体系，就要从自身做起。首先，企业要贯彻信誉理念，培养信誉文化，把信誉意识根植于企业的员工；建立信誉监督机制，督导信誉建设，同时加大信誉建设投资力度。其次，追求产品质量、提高服务水平和服务意识。质量是构建外部信誉的基础，服务是维护信誉的手段。无论何时，企业都不能依靠牺牲产品和服务质量来获得利益。再者，企业承诺要与资源相匹配，企业做出承诺一定要考虑自身资源实力。如果承诺超出资源能力，不能够兑现，就会破坏企业信誉；如果能够兑现，就会增强企业信誉度。最后，主动与利益相关者沟通，负担社会责任。与利益相关者沟通，可以增进相互了解和信任，有利于树立企业信誉；负担社会责任，体现企业社会责任感，获得社会的认可和信任，实际上是企业用“口碑效应”来宣传企业信誉。总之，只要企业做到这些，就会在企业内部构建了信誉体系。

2. 构建企业交易伙伴的局部信誉圈

“皮之不存，毛将焉附?”在联盟思想和竞合理念盛行的今天，企业已经形成“我中有你、你中有我”的依存关系。交易伙伴信誉的好坏直接影响到企业自身，企业构建外部信誉体系，就要健全交易伙伴的自身信誉。企业从交易伙伴方面健全信誉体系措施：首先，根据交易伙伴的交易记录来评价其信誉等级。对于信誉等级较高的交易伙伴，企业加大和其来往力度和量度；对于信誉等级较低的交易伙伴，视具体情况与其交易。其次，监督交易伙伴经营。企业监督交易伙伴的经营情况，如果发现其经营有问题，可以和其协商令其改正；如果不听劝告，就要考虑与其继续交往的信誉风险。再者，主动沟通、帮助交易伙伴传递信誉信息。企业主动与交易伙伴沟通，增进相互了解与信任；使交易伙伴知晓信誉对企业发展的价值，并使交易伙伴尽力建立自身信誉体系。最后，努力与交易伙伴创造一个公用的信誉体系。公用的信誉体系，可以减少信誉的外部风险、增强彼此的信誉，减少交易成本；公用的信誉体系可以凝聚大家的信誉意识，增强信誉稳定性。

3. 建立新交易伙伴信誉评价指标体系

新交易伙伴数量决定着企业规模程度，企业拓展规模，发展新交易伙伴是其必然选择。由于信息不对称，企业无法了解新交易伙伴的信誉，如何减少企业信誉风险是每个企业面临的问题。为了降低企业信誉风险，构建良好信誉体系，企业对新的交易伙伴一定要建立一套信誉指标进行信誉度评价：①管理层素质。管理层素质高低决定着企业经营的好坏，素质高的管理层能够提升企业经营实力，重视企业信誉。②金融信用。金融信用主要是指企业融资、偿还债务以及回收账款的能力和信誉。金融信用越高，企业越有动力投资企业信誉、构筑信誉优势。③遵纪守法。遵纪守法是企业诚信经营的标志，也是企业获得社会认可的标志，是企业构建信誉的基本条件，遵纪守法的企业通常是道德操守较好的企业。④经营能力。经营能力越强的企业，越注意无形资产的重要性，也就越注意自身信誉建设，越讲信用。⑤社会责任。企业是社会的细胞，要承担一定社会责任，承担社会责任的企业往往是指那些道德观念强的企业，值得信赖的企业。这些评级指标是一个系统，企业在评价新交易伙伴信誉时，忽视任何一个指标都会给企业信誉带来风险。企业只有完整考虑指标系统中各个要素，才可以选择出信誉良好的新交易伙伴，从而增强企业信誉体系。

综上所述，如果企业首先建立自身信誉，同时又能够构建交易伙伴信誉圈，可以有效评价新交易伙伴企业信誉，企业信誉就会在市场信誉机制不健全环境下构建和加强。

5.6 应用与案例

5.6.1 “录音门”

2011 年 9 月 21 日，1 岁 5 个月的患儿小涵因重症手足口病入院，经过呼吸机通气等治疗 10 天后，医生认为孩子已达到出院标准，建议出院继续康复治疗，而孩子家属表示不愿办理出院手续，但认为孩子回家更利于休养，于是当月 30 日在未办理出院手续的情况下，将小涵带回了家。

10 月 9 日，小涵因发热、咳嗽返院，随后相继出现高热、皮疹、肝脾肿大、黄疸、多脏器功能损伤等情况，病情呈进行性发展，“孩子病情属疑难杂症，对治疗反应不理想”。10 月 28 日，小涵出现持续高热、精神反应差、呼吸循环功能不稳定，再次转入儿科 ICU 接受救治。医生表示“现在孩子的病情虽然与前几天相比稍微稳定了一些，但仍极其危重，病情进展十分凶险”。医院儿科主任王波表示，经过来自中山二院、珠江医院、广医一院、市妇女儿童医学中心、市八医院专家的会诊，小涵被诊断为患有“传染性单核细胞增多综合征”“噬血细胞综合征”，同时还有“全身炎性反应综合征”“多器官功能障碍综合征”及肺部感染。上海儿科医学中心王教授也来到广州，对小涵进行会诊。

在此期间，男孩父亲因对医生的一些做法表示质疑，要求全程参与专家会诊讨论并进行录音，同时复印孩子病历、检验结果等咨询院外专家。“上午还活蹦乱跳的孩子，怎么突然就进了 ICU?”小涵的父亲徐先生说，这是他最不能理解和接受的地方。徐先生说，他曾拿着孩子的病例咨询院外医生，他们认为孩子的手足口病情并没有那么严重。而作为广东省手足口病防治专家小组成员的王主任对此表示，小涵入院时已出现神经系统的异常表现，比如烦躁、右手持物不稳等，这些都符合重症手足口病的诊断标准。他表示，重症手足口病虽然只占手足口病患儿的很小一部分，但重症患儿发作十分凶险，在很短时间内就可导致死亡。

广东省妇幼保健院副院长陈某指出：“活蹦乱跳是一个很模糊的概念，有经验的医生可能发现父母没有发现的症状。”他同时表示，小涵父亲曾提出质疑的腰椎穿刺术其实是个非常简单的检查，“医生不会平白无故地让你做一项检查，如果发现有神经系统的问题，做这个检查能对病情判断有很大帮助”。然而，对于医院的这些解释，小涵的父母并没有表示认同，小涵母亲甚至对记者表示“孩子入院时根本没有‘右手持物不稳’的表现”。

医院承认有疏忽之处。此前，医生在让小涵父母签用药的知情同意书时，曾错用了旧版模板，里面有“巨细胞病毒阳性”的字样，让小涵父亲误认为孩子患了巨细胞病毒感染。医院工作人员发现后进行了更正，而这件事情也让小涵父亲更加不信任医生。王波在解释这件事情时表示，当时是工作人员疏忽，打印了电脑系统中一个旧的模板，但这件事并没有对小涵的治疗造成影响。

让小涵父母产生不信任的还有另一件事。他们在 ICU 探视孩子时，发现孩子的尿布上竟有血迹。对此，王主任解释说："经过反复检查，系抢救时导尿管擦伤尿道口所致，调整导尿管并加强护理后未再出现类似情况。"

"医学本来就是一门具有争论性的学科，没有百分之百的对和错。"陈主任昨日通过媒体呼吁患者给医生多一点信任。他说，小涵的父亲全程要求参加专家会诊，并对谈话进行录音等做法，已经超越了"医疗常规"，本来专家会诊时医生的意见就可能有不同，如果家属在场而且录音，有些观点和看法医生可能就不敢说了。

"录音门"事件也让不少医务工作者感到压力和惧怕。"如果你干活时旁边有人在录像，你能安心干活吗?"一位学医的网友在网络上坦言："每次看到这些事，对以后投入这个行业很害怕。"一位护士则表示："在这样的环境下上班，我真想不干了!"而某医院的一位副院长昨日更是直接对记者表示，他已经告诉自己的儿子，以后做什么都可以，就是不要当医生。

"患者一开始就想到医生要敛财，医生一开始就想到患者要闹事"，医患紧张甚至对立成为社会之痛。本应同仇敌忾，共同对付疾病的医患双方，竟然先成了仇敌，明战、暗战不断。今天我们似乎正被"他人即地狱"的气氛笼罩。喝奶粉，里面可能被放了三聚氰胺；端起饭碗，菜里可能有地沟油；好心扶起摔倒的老人，可能被讹赔钱……

中国青年报社会调查中心通过民意中国网和搜狐新闻中心对 1 704 人进行的在线调查显示，76. 3% 的人表示关注"录音门"，69. 7% 的受访者担心"录音门"会加剧医患之间的不信任感，78. 6% 的人在与他人打交道时想过录音，35. 5% 的受访者在日常生活中"经常希望录音"。在和谁打交道时，人们希望能录音？调查中，58. 5% 的人首选"政府工作人员"，47. 7% 的人选择"合同方"，45. 5% 的人选择"商家"，接下来是"医生"(34. 0%) 和"老师"(10. 9%)。

（资料来源：广州日报，http: //www. afinance. cn/new/gncj/201111/391663. html）

【案例分析导引】

信任来源于信息。录音、监控录像、行车记录仪已经进入人们的生活，信息技术发达了，人们生活怎么了？

5. 6. 2 上海罐装假奶粉案

2015 年 9 月，上海市公安部门接到报案后调查发现，犯罪嫌疑人陈某等人仿制多个品牌奶粉罐，并收购低档、廉价或非婴儿奶粉灌装生产的假冒雅培、贝因美等著名品牌奶粉，共计生产销售了假冒奶粉 1. 7 万余罐，销售给郑州、徐州、长沙、兖州等地经销商，并进一步销售到全国多个省市，造成较大影响。

3 月 22 日，《检察日报》将此信息进行报道后，即刻引起消费者和官方的高度关注。

3 月 31 日，新西兰的品牌奶粉——可瑞康退出中国市场，引起了业界热议。可瑞康退出中国市场到底是否与假奶粉有关，致使假奶粉话题于 4 月 1 日第一次达到舆论顶峰。

4 月 4 日，国家食品药品监督管理总局官网消息称，针对近日媒体报道的上海公安部门破获 1. 7 万罐冒牌乳粉案件，国务院食安办已派员赴上海实地督查，并要求相关省份彻查乳粉流向，严惩冒牌乳粉等欺诈行为，确保婴儿配方乳粉质量安全。并表示，假冒奶粉符合国家标准，不存在安全风险。舆论一片哗然。红网以"'非婴儿奶粉'竟然符合'婴儿奶粉’国家标准?”为题对假冒奶粉不存在安全风险表示质疑。随之，关于该话题的新闻关注度也出现了第二次高峰。

4 月 6 日，针对 1.7 万罐假冒名牌奶粉案，食药监总局再发公告表示，国产奶粉品牌贝因美也卷入此次假冒奶粉案中。之前通报冒牌奶粉符合食品安全标准，主要是提醒消费者如果已购买食用，不要过于恐慌，再次引发消费者及业界的热议。随着《假奶粉事件，为何越解释公众越担心?》《假奶粉无风险也要一查到底》等相关的报道，有关假冒奶粉案新闻报道的热度也于 4 月 8 日达到第三次高峰。

4 月 9 日上午，国务院食品安全办召开新闻发布会，通报了上海市公安机关侦破的制售冒牌婴幼儿配方乳粉案件督查情况，指出目前尚未查明下落的冒牌“雅培”婴幼儿配方乳粉还有 3 300 罐，下一步，国务院食安办将继续督促河南、安徽、江苏、湖北食安办协调公安机关、食品药品监管部门追查冒牌婴幼儿配方乳粉去向。

随机抽样 384 名网友留言及评论进行倾向性分析可知，近三成（29.6%）的网友非常关心假冒乳粉的品牌和去向；两成以上（26.5%）的网友认为相关法律不健全、执行力不够，希望加强监管；还有两成以上（24%）的网友明确表示对犯罪分子狠狠处罚、绝不姑息；另有一成（10.4%）网友对国内的食品安全问题屡禁不止表示无奈，去哪里才能买到安全放心的东西。

此次的假冒奶粉案一经报道，即受到多家主流媒体的高度关注。根据“法治周末谷尼舆情监测中心”微信大数据平台“新微邦”数据显示，在主流媒体中，网易、搜狐、中国经济网、中国新闻网、中国网、新华网和人民网对此事的关注度占到总关注度的98%以上。面对这一事件，舆论还有两大困惑：其一，既然是去年 9 月发现的案情，那为什么到现在才公布？其二，婴幼儿奶粉的生产、流通、上市有着一整套程序，为什么这批假奶粉可以堂而皇之流入多地市场？首先是信息披露问题，信息的姗姗来迟，显然是对消费者的不负责任；其次是渠道规范问题，针对婴幼儿奶粉的问题，方方面面也给予重视、拿出办法，为什么还会层层失守，导致这批假奶粉流入市场?

（资料来源：上海破获一品牌奶粉造假案　涉案量达 1.7 万罐. http://roll.sohu.com/20160405/n443318743.shtml）

【案例分析导引】

假冒奶粉，生产、销售 1.7 万余罐到郑州、徐州、长沙、兖州等全国多个省市地区。利益驱动开创了市场，市场的基础是信用。“层层失守”归根结底是信用缺失。

5.6.3 “金华毒火腿风波”

拥有 1 200 多年历史的浙江金华火腿，是享有“世界火腿之冠”美誉的活文物，畅销国内各大中城市和全球数十个国家。金华市是金华火腿发源地也是最大的生产基地。金华火腿是金华市的城市“金名片”，是金华市的经济支柱之一。金华火腿不但涉及金华市 160 家制造厂家，而且带动了金华市商贸、运输、养殖、餐饮、宾馆、劳务、包装等几十个相关产业。

2003 年 11 月 16 日，中央电视台《每周质量报告》揭露了个别金华火腿生产厂家为生产“反季节腿”，使用农药敌敌畏防虫蝇的惊天内幕。媒体纷纷进行报道，消费者谈金华火腿色变。各地主管部门立即查封金华火腿。

由于事件的恶性株连，超市被撤柜，代理商退货。金华市的 160 多家金华火腿厂家遭受了重创。为保卫这个千年品牌，金华市政府牵头进行了危机公关：

11 月 16 日，中央电视台公布个别企业金华火腿制作中使用敌敌畏，当年下午，当地主管部门即对涉案的两火腿厂予以查封和停业整顿并限期召回毒火腿。

11 月 17 日金华市委书记亲自召集市有关领导紧急商讨对策。下午，由市委常委、宣传部长召集市质监、工商、卫生、农业、商检、经贸委、内贸办等部门领导和部分金华火腿生产企业负责人召开金华火腿行业自律会议，认真分析了企业和行业内存在的问题，提出了严格整治和加强管理的方案。

11 月 18 日成立危机事件处理小组，组成 3 个检查组对 100 多个生产厂家逐个检查。

11 月 19 日集中彻底销毁收缴的 1 403 只“反季节腿”。

11 月 19 日金华市出台六大措施确保“金华火腿”名牌。

11 月 28 日金华火腿公开亮相浙江农业博览会，并获名牌产品称号。

12 月 3 日邀请日本最大肉食株式会社社长参观金华火腿制造基地，外宾给予非常高的评价，并且表示计划在金华投资金华火腿，随后签下 3 000 万元的大订单。

12 月 5 日金华市政府对外宣布：获得原产地域保护的金华火腿可放心食用。

12 月 16 日第一批严格按照国家原产地域保护标准生产的新“金华火腿”共 23 万多只，经检测合格后正式投放市场。

12 月 28 日，中央电视台《每周质量报告》通过跟踪采访，给予金华火腿好评。

（资料来源：中国营销传播网 2006 年 8 月 30 日，http://info2.tjkx.com/send/print.aspx?NewsId=5528996646）

【案例分析导引】

1 200 多年历史，浙江金华火腿享有“世界火腿之冠”美誉；2003 年 11 月 16 日，中央电视台《每周质量报告》，消费者谈金华火腿色变；40 多天后，即 2003 年 12 月 28 日，中央电视台《每周质量报告》，给予金华火腿好评。

第 6 章　信息商品与市场

信息商品是人类社会经济发展到一定历史阶段的产物和必然趋势。从人类进化和发展的历程来看，物质资料的生产就成为人类社会前期的主要活动，而人类的经济活动也就主要是围绕着物质商品的生产、分配、交换和消费。到了现代社会，随着社会分工越来越细，在直接生产过程中脑力劳动和体力劳动分离，导致一种专门开发与利用信息的行业或产业出现。物化于商品之中的信息成分的比重逐渐加大，而且在许多情况下超过了物质成分。现代科学技术的飞跃发展，特别是信息科学技术革命浪潮，不但改变了商品中物质成分的比重，而且创造出一种全新的信息商品。现代通信技术、信息技术（特别是计算机的出现）的迅猛发展，为信息在经济活动中发挥商品作用提供了更加雄厚的物质基础和技术支持，大幅度地扩展了信息交流的规模，推动了信息商品化的深度和广度，确立了信息商品的坚实地位。

6.1　信息商品

6.1.1　信息商品的含义与特性

商品是用来交换且能够满足人们某种需要的劳动产品。人们通过感官或仪器，花费一定的时间和精力，对观察、感知所得的信息资源进行分析整理，形成信息产品，且这些信息产品有助于人们的理解、认识，并交换予他人的时候，这些信息产品就变成了商品。

信息是广泛存在的，但并不是所有的信息都可以成为信息商品。首先只有能被人感知的信息才能成为信息资源，而信息资源通过收集、加工、存储、传递等过程，凝结了人类的劳动才能成为信息产品。其次信息产品只有用于交换时才能转化为信息商品，仅用于满足自身需要的信息产品是不属于信息商品的。

信息商品既具有一般商品的共性，又具有不同于一般商品的特性。

（1）知识性。

在信息的产生上，它是一种创造性的劳动，智力劳动的比例占绝大部分。因此作为商品的信息是一种知识性、科技性、专业性很强的劳动产品。在它的生产过程中，以科学技术成果等知识为原料，由智力型的劳动者加工处理而成。其实质表现为动态性的知识形态。信息商品分两类：第一类信息商品能独立于原物质载体而独立转移，信息产品可以交换，而其原来的物质载体不需随其移动；第二类信息商品与物质载体融为一体，必须随其原有的物质载体转移。

（2）高风险性。

信息商品的生产是一次性的，首次研发，因此生产具有很大的风险性，必须承担远远高于传统物质商品的成本，一旦第一份信息生产出来后，大部分成本变成了沉没成本，不可将花费掉的资源再拿回来，这一特点决定了信息产业很多部门是自然垄断的。

（3）独创性。

某种信息商品生产出来后，就会受到知识产权的保护，任何信息机构就不可能再开发相同内容的信息商品，也就是信息商品开发是一次性、非重复性的。

（4）共享性。

相同的一种信息商品可以为同一人或不同的人共同使用，或重复多次使用，而其成本并不会随着购买或消费它的人数的变化而变化，其获得的效用既不会被分割，也不会被削弱。特别是在信息商品的交换过程中，卖方在出售总商品之后，仍拥有信息商品的使用价值。这使得信息消费可能与信息价值无关，信息在多次传播中其价格可能会越来越低于价值。

（5）消费无损耗性。

时间的推移与信息的重复使用都不会使信息的内容有所损耗。第一类信息商品无论怎样转移和使用，都不会失去使用价值和效用。第二类信息商品由于必须随其原有的物质载体转移，所以当物质载体损害时，信息商品本身也不存在了，但由实体表现的思想却保留下来，作为再创造的源泉。

（6）累积性与再生性。

第一类信息商品可以保存、积累、传递，达到时间点上的延续，满足后代人们的需要。信息商品在满足人们需要和利用的同时，必然会生产出新的信息产品，信息商品利用越多越广，效用发挥越充分，创造出的新信息商品就越多。第二类信息商品所包含和体现的思想或传统可能被继承、积累和发展，而且在继承和发展中再生。但累积性和再生性不是很鲜明和强烈。

（7）时效性。

随着科技的发展和人民知识水平的提高，某一特定的信息商品会逐渐丧失作用，表现为价值下降或失去价值。即信息商品具有时效性。

6.1.2 信息商品的生产过程

信息商品的生产过程如图 6.1 所示。

图 6.1 信息商品的生产过程

6.1.3 信息商品生产的类型

信息商品的生产的类型如下：

（1）物质产品型信息生产。同一信息内容的重复翻印，如印刷、音像翻录、软件包复制。

（2）深化型信息生产。信息深入加工，使信息的质有所创新、信息的量有所增加，如深入研究后得到专利产品、研究报告、著作、论文。

（3）扩张性信息生产。拓展信息的内容和范围，而且增加信息量，如报社的采编、电视台的节目选编。

6.2 信息搜寻理论与信息服务价值

6.2.1 价格离散与价格离散率

同一地区（市场）、同一时间，具有相同质量的商品的价格差异称为价格离散。斯蒂格勒 1961 年给出的典型事例，雪弗莱汽车（芝加哥，1959 年 2 月）和无烟煤（华盛顿特区，1953 年 4 月）的价格差异如表 6.1 所示。

表 6.1 雪弗莱汽车和无烟煤的价格差异

雪弗莱汽车（芝加哥，1959 年 2 月）		无烟煤（华盛顿特区，1953 年 4 月）	
价格（美元）	推销商数目	每吨价格（美元）	投标者人数
2 350～2 400	4	15.00～15.50	2
2 400～2 450	11	15.50～16.00	2
2 450～2 500	8	16.00～16.50	2
2 500～2 550	4	16.50～17.00	3
		17.00～18.00	1
		18.00～19.00	4

电子商务下价格离散依然存在。表 6.2 是淘宝网舒适达清凉薄荷抗敏感牙膏（160G）、海飞丝清爽去油型（750mL）去屑洗发露/水的价格分布情况。

表 6.2 淘宝网商品价格分布

舒适达清凉薄荷（160G）抗敏感牙膏（发货地：广东江门，2015 年 3 月）		海飞丝清爽去油型（750mL）去屑洗发露/水（发货地：广东广州，2015 年 3 月）	
价格（元）	网商数目	价格（元）	网商数目
25	2	31～35	3
30	1	39.9～45	11
32	1	53.8～58	5
32.5	1	60.9～79.5	3

造成价格离散的原因，归结起来有三个方面：

第一，市场是变化和分散的，而非集中统一和稳定静止的。在各个分散的市场中，价格以不断变化的形式在一定幅度内发生波动，没有人能够从这种波动的市场中获得所有买卖者在特定时间内所定出的市场交易价格。

第二，商品的时空特征。具备相同功能的消费品质量的不确定性，即使是同质商品，因为空间分离和资源供求的概率波动导致市场价格也会表现出离散性。

第三，商品销售条件和服务的差别和市场规模（贸易量和进入市场人数）的变化。厂商对由价格竞争和非价格竞争所产生的成本函数的反应不同，其制定价格的政策就有所不同，这会使市场价格进一步离散。例如，某些商场或百货公司能够为顾客提供更好的服务或更多的商品种类，还有信誉等。此外，市场规模，如交易量和市场交易人数的变化，也会使价格的离散幅度发生变化。

价格离散具有重要的经济意义。价格离散幅度愈大，市场发育则愈不成熟。因此价格离散幅度可作为衡量市场发育状况的一种指示器。由于价格离散使市场信息变得不完全，导致了市场参与人之间的信息差别。产生了有利可图的信息搜集行为，诱发了信息搜寻的动机并提供了信息搜集的可能，为人们收集市场信息的行为提供激励。

价格离散率是测度价格离散幅度的一种方式。设某市场中有 m 家商店，在某个既定时刻，它们对某种同质商品的开价分别是 p_1，p_2，…，p_n（$n \leqslant m$），且 $p_1 < p_2 < \cdots < p_n$。p_1，p_2，…，p_n分别对应有 x_1，x_2，…，x_n 组商店，所对应的商店数为 t_1，t_2，…，t_n，$t_1 + t_2 + \cdots + t_n = m$。

称 $D = p_n - p_1$ 为市场价格离散幅度，记

$$\bar{p} = \frac{t_1 p_1 + t_2 p_2 + \cdots t_n p_n}{t_1 + t_2 + \cdots t_n}$$

称 $\bar{p}$ 为该商品在市场中既定时刻的平均市场价格，记价格的标准差

$$\delta = \sqrt{\frac{\sum_{i=1}^{n} (p_i - \bar{p})^2 t_i}{\sum_{i=1}^{n} t_i}}$$

称 $\alpha = \delta / \bar{p}$ 为既定时刻（或时期）该商品在市场 S 中的价格离散率。

可以看出，市场价格离散率主要受三种因素的制约。一是经营商品的商店数量 m，特别是经营商店的分类数目 n；二是价格离散幅度 D；三是价格在经营商店中的概率分布。

6.2.2 信息搜寻理论

信息搜寻理论是不对称信息经济学最早形成的基本理论之一。1961 年，斯蒂格勒在《政治经济学》杂志上发表题为《信息经济学》的著名论文，批判了传统经济学的完全信息假定，提出信息搜寻的概念。把信息与成本、产出联系起来，提出搜寻概念及其理论方法，并在后来出版的《价格理论》中进一步细化了他对信息搜寻理论的探索。进入 20 世纪七八十年代，搜寻理论经过萨洛普、戴蒙德和马肯南等人的研究得到系统地发展，成为不对称信息经济学重要的基础理论之一。

通过搜寻是为获取更多的信息，以获得收益。常见的搜寻方式有：

（1）交易区域化是搜寻最古老最常见的方式之一。中世纪西欧、中国唐代以前市制制度都是交易区域化的典型制度。市制制度规定买卖者不得在集市范围之外或非集市时期进行交易，进入集市的商贾必须向政府交纳一定市税，这种市税清楚地表明商贾进入市场的价值。由于区域化交易具有较为明确的交易地点和交易时间特征，因此，交易区域化提高了市场搜寻的效率。随着封建市制的崩溃和商品经济的发展，交易区域化的具体形式得到

扩充和发展，其中，行帮制度成为交易区域化发展的一种组织形式，这使交易的专业性和区域性特征更为明显。在现代社会中，交易区域化的一种突出发展形式就是定期召开贸易展销会，如巴黎时装博览会、广州商品交易会，以及我国当前兴起的人才市场等，都属于现代形式的交易区域化搜寻方式。

（2）专业化贸易商的出现。那些潜在的买卖者可以通过专业化贸易商的集中化专业贸易活动得到相互需要的市场信息或信号。这是搜寻方式的一个发展。

（3）广告，特别是分类广告。通过新闻媒介等广告形式的搜寻，买卖双方都能在降低搜寻成本的同时提高搜寻效率。这是买卖者相互交换信息的现代方式，也是现代经营者信息搜寻的主要方式。

（4）共享信息。指两个或两个以上买主相互之间比较价格，事实上就是在共同享用各自搜寻到的价格信息。很明显，如果每个买主走访 S 个卖主并且进行比较，即排除买主走访同一个卖主的可能性，这时买主实际上走访的卖主人数就会成倍数增加。

（5）直接走访（如走访商店，商情寻访调查等）也属于搜寻的常见方式。

（6）专业化信息机构，如信息公司、职业介绍所、专业性咨询公司等。

（7）通信搜寻，如电话咨询、函件求职等，都可以列为搜寻的具体方式。

总之，搜寻的具体方式大多是不受限制地发展的，随着信息技术的发展，特别是互联网应用的普及，移动通信的蓬勃发展，人们可以通过网络查询所需信息，大大降低了搜寻成本，提高了搜寻效率，如淘宝网、阿里巴巴、中华英才网、智联招聘等。

信息搜寻是一个动态决策的过程。搜寻活动进行的每一步，都面临二中择一的选择决策：一是停止搜寻，以当前的信息为基础，选择最佳的购买行动；二是继续进行搜寻，此时要付出搜寻成本，以当前的信息为基础可以求出最佳的选择方案及期望收益。假定决策者已知选择范围的概率分布，但对具体的每个选择却没有完全信息。可以建立一个搜寻模型来对再次搜寻活动（二中择一的选择）进行分析。

设某市场中有一商品 Q 的正常单价为 p，且该市场中部分商店对每件商品都给予 d 的折扣。假设不给予折扣的商店比例为 q（$q<1$），给予折扣的商店比例则为（$1-q$）。以 $v(c)$ 表示买主每次搜寻承担走访商店成本的负效用，这里 c 表示买主走访商店的成本，显然 $v(c)<0$。买主走访商店可能出现三种结果：

一是买主没有做出购买行动，这时，买主将承担 $v(c)$ 的负效用。

二是买主可能无折扣地按价格 p 购买商品，此时的总体效用为 $v(c)+u(p)$，这里 $u(p)$ 表示按价格 p 拥有商品 Q 获得的效用，显然 $v(c)+u(p)>0$。

三是买主购买到含有折扣 d 的商品，这时，买主获得的总体效用为 $v(c)+u(p-d)$，显然，$u(p)<u(p-d)$。

我们假设买主二中择一的选择：或者无论是否有折扣，买主只走访一家商店并购买商品，得到的预期效用 U_1；或者走访一家商店只有在有折扣时才购买商品，否则，走访第二家商店，并且不论第二家商店是否有折扣都买下商品，得到的预期效用 U_2，这样

$$U_1 = v(c) + [qu(p) + (1-q)u(p-d)] \tag{6.2.1}$$

$$U_2 = v(c) + (1-q)u(p-d) + q[v(c) + qu(p) + (1-q)u(p-d)] \tag{6.2.2}$$

式（6.2.1）、式（6.2.2）分别对 v 求偏导，显然

$$\frac{\partial U_1}{\partial v} = 1 < 1 + q = \frac{\partial U_2}{\partial v} \tag{6.2.3}$$

U_1，U_2 与 c 的关系如图 6.2 表示。对于 c 的任意值，U_2 的曲线都要比 U_1 陡。

考虑 $U_1 = U_2$ 的情况，解得 $c = c_0$，满足 $v(c_0) = -(1-q)[u(p-d) - u(p)]$

当 $c < c_0$ 时，$U_1 < U_2$，即搜寻成本 c 相对低，搜寻是受欢迎的。

相反，当 $c > c_0$ 时，$U_1 > U_2$，即搜寻成本相对地高时，买主更乐意在第一家商店买下商品。

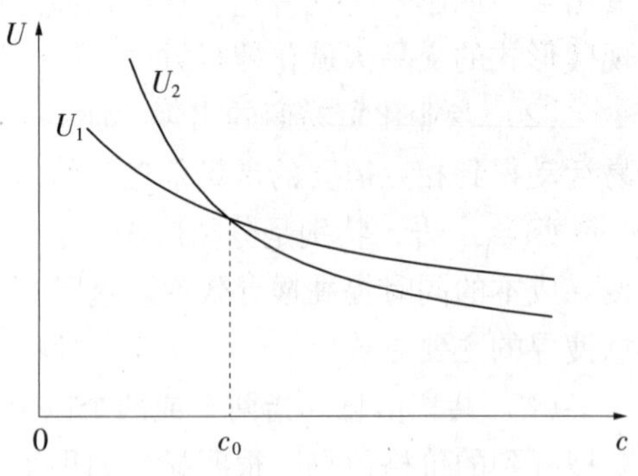

图 6.2　搜寻预期效用曲线

如果不限制搜寻次数，只考虑每次搜寻的收益，情况会怎么样呢？

设市场中有 m 家商店，其中，$\frac{m}{2}$家商店对商品 Q 给予折扣，开价为 $p_1 = 12$ 元，$\frac{m}{2}$家商店维持原价为 $p_2 = 13$ 元。我们看到，随着买主搜寻次数的增加，直至 m 次搜寻，搜寻的最低预期价格在不断地下降，直至最低价格 12 元。

按搜寻次数不同所假设的最低价格分布如表 6.3。

表 6.3　最低价格分布

搜寻次数	最低价格的概率		预期最低价格/元
	12.00 元	13.00 元	
1	0.5	0.5	12.50
2	0.75	0.25	12.25
3	0.875	0.125	12.125
4	0.9 375	0.0 625	12.0 625
…	…	…	…
m	1.0	0	12.00

由表 6.3 可知，搜寻两次比只做一次搜寻将节省 0.25 元，而搜寻三次则可以节省 0.375 元。可以预想，如果市场价格离散幅度更高的话，搜寻三次比只搜寻一次的收益将更大。

从买主角度来看，每次搜寻的收益（节省）等于买主准备购买商品的数量 q 乘以作为搜寻结果的价格减少数额，再加上由于价格下降而增加的购买量的平均收益（节省）额。由于因价格下降而增加的购买量的平均节省数额较小，所以，在一般计算中对该项数值省略不计。

让我们再考虑如果商店给予买主的折扣 d 增加（即价格离散幅度扩大），这对于买主的二中择一选择会产生什么影响呢？当 d 值增加时，对于每个 c 都有 U_1 和 U_2 的增加，即图 6.2 中 U_1 和 U_2 曲线都上移。但是由于

$$\frac{\partial U_1}{\partial d} = -(1-q)u' < \frac{\partial U_2}{\partial d} = -(1-q^2)u' \tag{6.2.4}$$

可见 d 的增加对于 U_2 的影响比 U_1 更大些。这些变化的结果将使 c_0 增大，即图6.2 中 c_0 点右移。这说明，当商店给予的折扣增加时，买主的搜寻收益也将有所增加，并且，买主停止搜寻做出有利选择时的边际搜寻成本同时也提高了。上面分析说明两点：第一，价格离散程度愈高，每次搜寻所获节省额就愈大，有效搜寻次数也就愈多。第二，购买的商品价格越高，或购买商品的数量越多，就越值得进行搜寻。

斯蒂格勒认为每搜寻一次所获得的预期成本的节省额可以近似地看作是信息的价值，信息价值事实上是指由于搜寻而产生的信息价值。

当然，如果考虑到搜寻成本所带来的负效用，搜寻不可能无限地进行下去。

事实上，人们对信息的搜寻是有成本的。搜寻成本则是指搜寻活动本身所要花费的费用，这种费用有时指搜寻活动所需要的开销，有时也可以指等待下一次机会所付出的代价。那么，最佳搜寻次数（或规模）由搜寻成本和搜寻的预期收益之间的相关关系决定。在边际收益和边际成本相等，即 $MR = MC$ 处，达到搜寻的最佳收益。即最佳搜寻次数就是搜寻的边际成本等于预期的边际收益时的搜寻次数，随着搜寻次数的增加，得自搜寻的边际收益总是下降的。当搜寻活动使预期边际收益等于边际成本时，搜寻活动才会停止。这里，搜寻额外价格的预期边际收益是指追加一次搜寻所带来预期最低价格的减少量乘以购买量。搜寻额外价格的边际成本由时间、交通费用、信息费用构成，如图 6.3 所示。其中，CC'为搜寻成本曲线，DD'为搜寻收益曲线，n'为最佳搜寻次数。

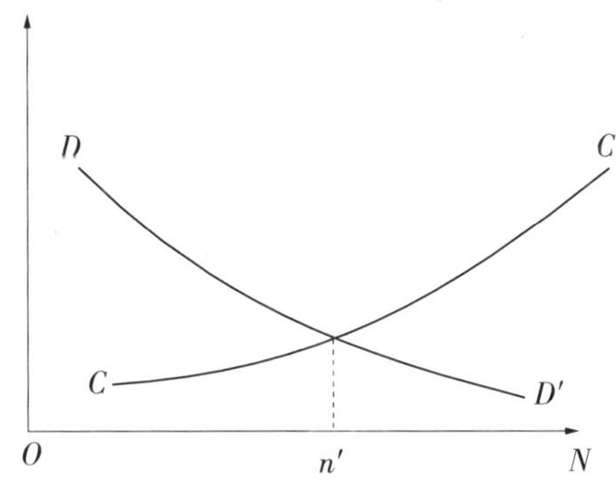

图6.3 最佳搜寻次数

当 $N \leq n'$时，搜寻都是经济的，我们称 $N \leq n'$时的搜寻为经济搜寻；

当 $N > n'$时，搜寻都是不经济的，我们称 $N > n'$时的搜寻为非经济搜寻。

搜寻理论可用来解释劳动力市场上的职业选择。在劳动力市场上，劳动者与雇主都存在对供需信息的需求，两者都会把搜寻活动推进到搜寻的预期边际收益等于搜寻的边际成本那一点，但供需双方在搜寻对象的易识别程度方面存在明显差别。按常理，劳动者识别雇主要比雇主识别劳动者容易。首先，劳动者与雇主之间承担的搜寻成本不对称。当雇主在选择劳动者方面具有优势时，搜寻成本一般由雇主和劳动者共同分担；否则，大部分搜寻成本由雇主承担。其次，搜寻目的不同。劳动者搜寻的目的相对比较单一，就是寻找能提供最高报酬的潜在雇主；而雇主的搜寻则是寻找潜在劳动者，并对他们的劳动能力进行有效甄别。最后，两者搜寻活动的替代程度不同。劳动者为了生活，必须进行工作，而为了生活得更好，就必须搜寻最能发挥其潜力的就业机会。这样，劳动者搜寻活动的替代性就低。而雇主往往可以利用工资率与搜寻技术的替代关系来控制搜寻活动。如雇主可通过支付较高的相对工资来降低离职率，从而减少搜寻活动与降低搜寻成本，其搜寻活动的替代性就高一些。

对于房地产交易的信息搜寻分析，可以解释房地产交易中介公司的利润来源。在二手房的出租或销售中，对于客户和业主：假设每次搜寻的信息为 a，搜寻 n 次才达成交易。每次搜寻平均成本为 c，则总成本为 $c\times n$，收益为 U。对客户或业主而言，其对搜寻信息的利用只是一次性的，交易一旦达成，原先搜寻的信息就不再有价值。对于房地产中介公司而言，如果搜寻的信息量很少，则其平均成本要大于客户或业主。如果搜寻的信息量非常大，则其具有规模效应和匹配效应。总成本为 $c\times n$，收益为 $n\times U$。其信息的利用方式与客户或业主不同，在理想状态，中介公司可以重复利用所有搜寻到的信息。

6.3　决策与信息商品的效用价值

肯尼斯·阿罗（1977）认为，信息就是指根据条件概率原则有效地改变概率的任何观察结果，信息商品的效用价值就是在利用信息和不利用信息两种情况下产生的决策后果在经济所得上的比较。他甚至证明了在对数效用函数条件下，设 X_i 为环境状态 i 发生时代理人行动的收益，$P(x_i)$ 为环境状态 i 发生的概率，a_i 为代理人选择的赌注率，设 $\sum_i a_i = 1$，这时代理人行动的预期效用函数 $\sum_i P(X_i)\log_2(a_iX_i)$ 使效用函数的预期最大值在约束下达到最大化，代理人的最优决策不包括机会收益，其最优值为 $\sum_i P_i\log_2 P_i + \sum_i P_i\log_2 X_i$，也就是没有信息时获得的效用。如果代理人完全了解事件状态并对之下赌注，那么，代理人的收益就为 X_i，效用为 $\log_2 X_i$。于是，该代理人的预期收益为 $\sum_i P_i\log_2 X_i$。因此，在这种情况下，信息量 H 恰好就是表示信息的价值。

阿罗的信息价值分析是经济理论与应用分析中讨论在不确定条件下项目投资的问题的重要研究方法，被广泛用于管理决策的评价。

6.3.1　决策完全信息价值

人们对有百分之百准确性的信息，有了普遍的共识和认可，诸如“一条信息救活一个企业”，“美国的工程在待修的电机外壳画一道指示线就值一百万美元”，早已被传为佳话。决策完全信息价值是针对一个随机事件，是指拥有此随机事件的完全信息时的期望值（即完全信息期望值 EVPI，expected value with perfect information）与未拥有此随机事件完全信息时的期望值（EV，expected value）之差。在许多情况下，决策者能够获得信息可使其规避相关风险（至少是某些风险）的。如果决策者能够获得完全的信息，其价值是多少？

假设 A 是一家公司的法人代表，他打算购买一些药品生产公司的股票。如果该公司得到食物与药品管理局的许可，向市场投放其研制出的一种新药，那么此项购买可给他带来 2 万美元的收益；相反，如果得不到许可，他将会损失 1.2 万美元。据他判断，该公司得到和得不到许可的概率都是 0.5。完全信息的期望价值就是在他能够得到关于食物与药品管理局是否批准该公司在市场上销售新药的信息时，期望货币价值的增加。

计算完全信息的期望价值有两个步骤。首先，计算能够获得完全准确的信息时的期望货币价值；之后计算这一期望价值超过基于原有信息的期望货币价值的程度。

如果 A 能够获得完全信息，不管食物与药品管理局是否批准医药公司销售其新药，他都能做出正确的决策。如果批准，他就购买股票；如果不批准，他就不购买股票。这样，在他能够获准确的信息条件下期望货币收益为

$$\text{EVPI} = 0.5 \times 2 + 0.5 \times 0 = 1 \text{（万美元）}$$

为什么这是在他能够获得完全信息条件下的期望货币价值呢？食物与药品管理局给予许可的概率为 0.5，在这种条件下，他将购买股票，并且收益将为 2 万美元；不给予许可的概率也是 0.5，在这种条件下，他将不会购买股票，并且得到的收益为 0。因此，在他能够获得完全信息的条件下，期望货币价值是 1 万美元。

如果 A 先生根据原有的信息做出决策，期望货币收益为 $0.5 \times 2 + 0.5 \times (-1.2) = 0.4$（万美元），而不是 1 万美元。二者之间的差额

$$V = 1 - 0.4 = 0.6 \text{（万美元）}$$

这就是完全信息的期望价值。完全信息的期望价值是完全信息的价值尺度，它显示因 A 先生能够知道准确的信息而引起的期望货币价值的增量。换句话说，完全信息的期望价值是他为获得完全信息而应支付的最大金额。

假定某啤酒厂面对变幻莫测的市场欲开发一新产品。销售部以往的经验看出，市场需求好（θ_1）、中（θ_2）、差（θ_3）的概率分别为 $P(\theta_1)=0.25$、$P(\theta_2)=0.3$、$P(\theta_3)=0.45$。收益如表 6.4 所示。

表 6.4　啤酒市场需求

需求状态 θ_i	发生概率 $P(\theta_i)$	收益 X_i（百万元）
好（θ_1）	0.25	15
中（θ_2）	0.30	1
差（θ_3）	0.45	-6

新产品开发的预期收益是：

$$EV = 15 \times 0.25 + 1 \times 0.30 + (-6) \times 0.45 = 1.35 \text{（百万元）}$$

由上面的分析可知，该问题完全信息条件下的期望货币价值为

$$\text{EVPI} = 15 \times 0.25 + 1 \times 0.30 = 4.05 \text{（百万元）}$$

于是可得完全信息的期望价值为

$$V = 4.05 - 1.35 = 2.7 \text{（百万元）}$$

6.3.2 决策不完全信息价值

在实际经济生活中，能提供百分之百确性信息者，仅是少数。我们把有百分之百准确性的信息称为完全信息，而把非百分之百准确性的信息称不非完全信息。应该说大多数信息特别是预测性信息（如市场调查报告，专家预测等）都是不非完全信息。许多人对这类信息利用欲望降低，其价值如何呢？

同样对于上面的某啤酒厂新产品开发问题。假设该啤酒厂得到了一市场预测情报，且市场情报的可靠性如表 6.5 所示。

表 6.5　市场情报的可靠性数据

$P(S_j/\theta_i)$		市场实际需求状况		
		好（θ_1）	中（θ_2）	差（θ_3）
情报预测需求状况	好（S_1）	0.65	0.25	0.1
	中（S_2）	0.25	0.45	0.15
	差（S_3）	0.1	0.30	0.75
		1	1	1

根据贝叶斯法则，联合概率

$$P(\theta_i S_j) = P(\frac{S_j}{\theta_i}) \cdot P(\theta_i), \qquad i,j = 1,2,3 \tag{6.3.1}$$

后验概率

$$P(\frac{\theta_i}{S_j}) = P(\theta_i S_j) \cdot P(S_i), \qquad i,j = 1,2,3 \tag{6.3.2}$$

式中边际概率

$$P(S_j) = P(\theta_1 S_j) + P(\theta_2 S_i) + P(\theta_3 S_j), \qquad j = 1,2,3 \tag{6.3.3}$$

各概率的计算结果如表 6.6 和表 6.7 所示。

表 6.6　联合概率和边际概率

$P(\theta_i S_j)$	θ_1	θ_2	θ_3	$P(S_j)$
S_1	0.1 625	0.075	0.045	0.2 825
S_2	0.0 625	0.135	0.0 675	0.2 650
S_3	0.025	0.09	0.3 375	0.4 525
$P(\theta_i)$	0.25	0.3	0.45	1

表 6.7　后验概率计算结果

$P(\theta_i/S_j)$	θ_1	θ_2	θ_3
S_1	0.575	0.266	0.159
S_2	0.236	0.509	0.255
S_3	0.055	0.199	0.746

情报预测市场需求状况分别是好、中、差时，开发生产新产品的预期价值分别为

$$E\overline{V}_1 = 15 \times 0.575 + 1 \times 0.266 + (-6) \times 0.159 = 7.937 \text{（百万元）}$$

$$E\overline{V}_2 = 15 \times 0.236 + 1 \times 0.509 + (-6) \times 0.255 = 2.519 \text{（百万元）}$$

$$E\overline{V}_3 = 15 \times 0.055 + 1 \times 0.199 + (-6) \times 0.746 = -3.452 \text{（百万元）}$$

获得情报信息当情报预测市场需求状况分别是好、中时生产新产品，否则不生产。获得这一情报信息后的预期收益

$$E\overline{V} = 7.937 \times 0.2852 + 2.519 \times 0.2650 + 0 \times 0.4525 = 2.93 \text{（百万元）}$$

获得这一情报信息的预期价值

$$V = E\overline{V} - EV = 2.91 - 1.35 = 1.56 \text{（百万元）}$$

显然预期价值小于完全信息价值 2.7（百万元）。进一步可以看出，任何能改变决策的信息都是有价值的。信息越完全、越准确，使决策改变越成功，从而信息价值越大。因此，应尽力提高信息的准确性。提高信息的准确性，就是提高信息的价值，就是提高经济效益。

6.3.3 竞争完全信息价值

博弈论是研究各利益主体相互作用，相互影响的决策过程，信息与等待在博弈过程的作用是博弈分类的重要变量。我们先来分析古诺寡头竞争的完全信息价值。在古诺模型里，假设有两个参与人分别称为企业 1 和企业 2，每个企业的战略是选择产量，支付是利润，设 $q_i \in [0, \infty)$ 表示第 i 个企业的产量，$C_i(q_i)$ 表示成本函数，为简便假设 $C_i(q_i) = q_i c_i$，$p = a - (q_1 + q_2)$，a 为市场容量，c_i 为企业 i 的变动成本。

$$\begin{aligned}\pi_i(q_1 q_2) &= q_i p(q_1 + q_2) - c_i(q_i) \\ &= q_i(a - (q_1 + q_2) - c_i) \qquad (i = 1,2)\end{aligned} \tag{6.3.4}$$

两个反应函数为

$$q_1^* = \frac{1}{2}(a - q_2 - c_1),\ q_2^* = \frac{1}{2}(a - q_1 - c_2) \tag{6.3.5}$$

可得纳什均衡为

$$q_1^* = \frac{1}{3}(a - 2c_1 + c_2),\ q_2^* = \frac{1}{3}(a + c_1 - 2c_2) \tag{6.3.6}$$

这时两个企业的纳什均衡利润分别为

$$\pi_1(q_1^*, q_2^*) = \frac{1}{q}(a - 2c_1 + c_2)^2,\ \pi_1(q_1^*, q_2^*) = \frac{1}{q}(a + c_1 - 2c_2)^2 \tag{6.3.7}$$

现在考虑不完全信息古诺模型的情况：

假设企业 1 的成本 c_1 是共同知识，企业 2 的成本 c_2 企业 2 自己知道企业 1 不知道，企业 1 处于信息劣势，它只知道 c_2 为一随机变量，服从下列分布

$$p\ (c_2 = c_2^j) = p_j$$

其中 $\sum\limits_{j=1}^{m} p_j = 1$，$j = 1, 2, \cdots, m$。且 $Ec_2 = \sum\limits_{j=1}^{m} p_j c_2^j$。

下面求企业 2 的反应函数，令

$$\frac{\partial \pi_2}{\partial q_2^j} = \frac{\partial q_2^j(a - q_1 - q_2^j - c_2^j)}{\partial q_2} = a - q_1 - q_2^j - c_2^j - q_2^j = 0$$

于是

$$q_2^j(q_1,c_2^j) = \frac{1}{2}(a - q_1 - c_2^j) \tag{6.3.8}$$

$$Eq_2 = \frac{1}{2}(a - q_1 - Ec_2) \tag{6.3.9}$$

式（6.3.8）表示企业2的成本为c_2^j的最优产量，为企业2的私人信息，而式（6.3.9）才是公共信息。

企业1没有企业2成本的完全真实信息，也就不知道企业2的最优反应产量，因此企业1将选择q_1最大化其期望的空间函数。

$$\begin{aligned} E\pi_1 &= \sum_{j=1}^{m} p_j(q_1(a - q_1 - q_2^j - c_1)) \\ &= q_1(a - q_1 - c_1 - Eq_2) \end{aligned} \tag{6.3.10}$$

所以企业1的反应函数为

$$q_1(q_2.c_1) = \frac{1}{2}(a - Eq_2 - c_1) \tag{6.3.11}$$

联立式（6.3.9）、式（6.3.11），于是得贝叶斯均衡为

$$\begin{cases} q_1^* = \dfrac{1}{3}(a - 2c_1 + Ec_2) \\ Eq_2^* = \dfrac{1}{3}(a - 2Ec_2 + c_1) \end{cases} \tag{6.3.12}$$

这时，企业1的期望利润

$$E\pi_1 = \frac{1}{q}(a - 2c_1 + Ec_2)^2 \tag{6.3.13}$$

我们从企业1的角度来分析，它关于企业2成本的完全信息价值为

$$\begin{aligned} V_I = \Delta\pi &= \frac{1}{q}(a - 2c_1 + c_2)^2 - \frac{1}{q}(a - 2c_1 + Ec_2)^2 \\ &= \frac{1}{q}(2a - 4c_1 + c_2 + Ec_2)(c_2 - Ec_2) \end{aligned} \tag{6.3.14}$$

不妨假设$2a-4c_1+c_2+Ec_1$总是为正：

若$c_2>Ec_2$。即企业2的实际成本比企业1关于它成本的期望值高。这时$V_I>0$，说明获取企业2的成本信息是有价值的。

若$c_2<Ec_2$。即企业2的实际成本比企业1关于它的成本的期望值低，这时企业1是没有积极性主动获取企业的成本信息的，那么企业2就有动机传递自身低成本的信息。

由此我们至少可以得到下面的几点启示：

（1）一个不拥有竞争对手完全信息的企业，总是怀疑对手产品成本的低期望值，因此获得进一步的成本信息总是有价值的。

（2）在寡头竞争中，为什么高成本的企业常常保密自己的成本信息，低成本的企业常常要通过各种渠道发布自己的低成本信息。而实际上企业无论是出于规模效益、先进技术，还是从企业发展角度，总是有动机向社会发布自己的低成本信息。

（3）信息价值与市场容量是相关的，市场容量越大的产品，信息价值也越大。

事实上，等待的重要目的之一为获得新的信息，所以博弈的等待价值实质就是信息价值。进一步，我们可以来分析不完全信息斯坦克尔伯格（Stackelbreg）寡头竞争之信息价值。设企业 2（领头企业）有两种类型，高成本类型 c_2^h 和低成本类型 c_2^l，企业 2 首先行动既选择产量 q_i，$i=1$，2，…；企业 1 只有一种类型（这是公共知识），但它不知道企业 2 的类型，它关于企业 2 的类型的先验概率为 $p_{\text{rob}}\{c_2^h\}=p\geqslant 0$，$p_{\text{rob}}\{c_2^l\}=1-p$。

企业 1 在行动前观察到企业 2 的行动，于是它便根据来修正其先验概率所得后验概率为$\tilde{p}(\frac{c_2^h}{q_2})$ 和$\tilde{p}(\frac{c_2^l}{q_2})$，下面分三种情况来进行分析。

（1）分离均衡情况。

存在 q_2^o，使 $q_2\geqslant q_2^o$ 是 θ^h 的最优选择，但不是 θ^l 的最优选择，且 $q_2\leqslant q_2^o$ 一定是 θ^l 的最优选择。即

$$\begin{cases}\tilde{p}(c_2^h\,|\,q_2>q_2^o)=1,\tilde{p}(c_2^h\,|\,q_2<q_2^o)=0\\ \tilde{p}(c_2^l\,|\,q_2>q_2^o)=0,\tilde{p}(c_2^l\,|\,q_2^1<q_2^o)=1\end{cases} \tag{6.3.15}$$

这时博弈等价于经典的完全信息动态博弈情形即斯坦克尔伯格模型所示情形。

考虑给量 q_2，企业 1 的最优选择

$$\pi_1(q_1\cdot q_2)=q_1(a-q_1-q_2-c_1) \tag{6.3.16}$$

由最优化一阶条件$\frac{\partial\pi_1\ (q_1q_2)}{\partial q_1}=0$ 得 $S_1(q_2)\ =\frac{1}{2}(a-q_2-c_1)$，这就是企业 1 的反应函数。

企业 2 的利润函数

$$\pi_2(S_1(q_2)\cdot q_2)=q_2(a-q_2-S_1(q_2)-c_2) \tag{6.3.17}$$

解一阶条件得

$$q_2^*=\frac{1}{2}(a+c_1-2c_2) \tag{6.3.18}$$

为保证该式有意义，不妨假设 $a+c_1-2c_2>0$，上式代入 s_1（q_2）中得

$$q_1^*=\frac{1}{4}(a-3c_1+2c_2) \tag{6.3.19}$$

这就是子博弈精炼纳什均衡结果。可求得这时企业 1 的利润

$$\begin{aligned}\pi_1&=\frac{1}{4}(a-3c+2c_2)(a-c_1-\frac{1}{4}(3a-c_1-2c_2))\\&=\frac{1}{16}(a-3c+2c_2)^2\end{aligned} \tag{6.3.20}$$

若企业 2 为低成本类型，$c_2<Ec_2$，这时

$$\begin{aligned}\Delta V&=\frac{1}{16}(a-3c_1+2c_2)^2-\frac{1}{q}(a-2c_1+Ec_2)^2\\&=\left[\frac{1}{4}(a-3c_1+2c_2)+\frac{1}{3}(a-2c_1+Ec_2)\right]\cdot\left[\frac{1}{4}(a-3c_1+2c_2)-\frac{1}{3}(a-2c_1+Ec_2)\right]\\&=\left[\frac{1}{4}(a-c_1+2c_2)+\frac{1}{3}(a-2c_1+Ec_2)\right]\cdot\frac{1}{12}[-(a+c_1+2c_2)+4(c_2-Ec_2)]<0\end{aligned} \tag{6.3.21}$$

$\Delta V<0$ 说明当企业 2 为低成本企业时，它显示的真实信息使企业 1 的利润减少，即企业 2 已获得先动优势。可见在分离均衡情况下，低成本企业事先显示企业信息对自己有利。

(2) 准分离均衡情况。

这时企业 1 通过观察企业 2 的行动 a，可以断定低成本的真实类型企业 2，但无法断定高成本企业 2 的真实类型。即存在 q_2^o，$\tilde{p}(c_2^l|q_2>q_2^o)=1$，有

$$\begin{cases}\tilde{p}(c_2^l|q_2<q_2^o)<p(c_2^l)\\ \tilde{p}(c_2^h|q_2<q_2^o)>p(c_2^h)\end{cases} \tag{6.3.22}$$

所以当企业 2 选择的产量 $q_2>q_2^o$ 时，企业 1 推断企业 2 为低成本企业，博弈均衡等价于完全信息动态博弈情况。

当企业 2 选择的产量 $q_2<q_2^o$ 时，企业 1 修正对企业 2 类型的概率，企业 2 低成本类型的概率增加，博弈按后验概率的期望成本进行，这时显然有 $\tilde{E}c_2>Ec_2$，记 $\Delta Ec=\tilde{E}c_2-Ec_2$。这时

$$\Delta V=E\tilde{\pi}_1-E\pi_1=\frac{1}{q}(2a-4c_1+\tilde{E}c_2+Ec_2)\Delta Ec \tag{6.3.23}$$

这就是对企业 1 来说的信息价值。

(3) 混同均衡的情况。

由于企业 2 的行动不对企业 1 的推断提供任何有用信息，后验概率不发生任何变化，信息价值为 0。

在许多情况下，了解完全信息的价值都是非常重要的。检测机构、研究部门、新闻机构及其他各种各样的组织都在不断地向人们提供信息，但人们常常感到对是否购买以及以何种价格购买信息做出理智的决策十分困难，因为除非知道某种信息的价值有多大，否则人们无法判定信息的价值是否高于其成本。完全信息的期望价值为解决这一问题提供了思路。

6.4 信息商品的成本

信息商品的成本是信息产品生产和获取过程中物质材料、信息材料和活劳动消耗的费用。

6.4.1 信息商品成本的种类

(1) 信息教育投入成本。现实世界里，信息几乎无时不在无时不有，但直接有用的信息却需要人们分析鉴别与消化吸收，是一种借助先进工具进行脑力劳动的过程，需要较高质量的劳动力素质。在当今的信息时代，信息能力已成了劳动力素质的重要标志，信息教育如计算机硬件与软件、数据库、信息处理、信息存储和信息检索等技术的学习、研究与应用成了当今教育的热点，其教育投入是成本投入之一。

（2）信息的固定成本。由于高科技的发展，无论是信息的生产，还是信息传递、信息获取都需要购置和建立相应的通信系统、计算机硬件系统以及程序、数据库和其他软件系统。随着信息化的广泛渗透，各行各业科技和知识含量将日益增加，经营管理复杂程度也将不断加大，经济主体运行稳健与否、效率高低、效益好坏在很大程度上取决于信息固定成本投入的高低。信息固定成本成为产业成本上升的主要成本项目。

（3）信息的注意力购买成本。赫伯特·西蒙曾说："信息的丰富产生注意力的贫乏。"当今信息问题不在于信息的获得困难，而是信息的过量和超载，注意力成为稀缺资源。要在无数的信息中将人们的注意力吸引到自己特定产品，以获得产品的最高效益，产品销售主体不仅在产品的设计、文字和印刷上增加成本投入，而且还要大力借助大众传媒来大肆宣传自己产品，因而，花费了大量的不断增加的注意力购买成本。

（4）信息的获得成本。面对如此复杂的需要和大量信息，早期的最简单的收集方式仅靠个人的看、听、读早已不再适用，机器系统虽能满足对速度、批量和准确性的要求，但非仅仅如此就够了。信息不对称从本质上是无法消除的，何况知识门类和深度都有着前所未有的发展，许多人尽管是某一方面的专家学者，但难成为熟知各方面的通才，而从事某行业多年的一般是该行业的行家里手。于是经济主体之间便因为分工和高效率的要求，产生了委托与代理的关系，信息委托方为节省时间、提高工作效率和减少决策的风险，一般会委托信息代理方搜索、获取和分析信息。在信息这样获得的过程中，不仅要付出交易成本还要付出相应的信息获得成本。

6.4.2　信息商品成本构成的特点

信息商品的生产成本具有固定成本很高而边际成本极低几乎为零的特点。如软件生产中开发一个信息系统软件的成本主要集中在它前期的"首稿成本"，也就是产品开发而非生产的成本，主要包括人力资源投入、硬件资源投入和其他日常耗费。由于开发周期长、投入高，所以"首稿成本"是相当惊人的。又如耗资数千万元的电影巨片的成本大部分都花费在第一份拷贝产出之前。随着信息技术的快速发展，信息传递的成本也在不断降低，这使得信息的原始拷贝成本占总成本的比重更大了。显然，信息产品的生产成本很高，但是它的复制成本很低。也就是说，信息产品的固定成本很高，复制的变动成本很低，这种成本结构产生了巨大的规模效应：生产量越多，生产的平均成本越低。

信息商品的绝大部分固定成本是沉没成本。人们如果投资于一项实物资产比如房产，后来又改变主意不要它了，可出售房产挽回部分损失。但是，如果拍了一部电影而失败了，那么就没有市场把影片卖出去。信息产品的沉没成本必须在生产开始之前预付。除原始拷贝成本很高外，信息产品的营销成本也很高。在信息经济社会中，顾客的注意力是一项稀缺资源，需要营销者对信息产品销售投入新的要素资本才能抓住潜在顾客的注意力。顾客价值信息逐渐取代公司股票价值信息而日益成为公司最重要的价值信息。

信息商品的变动成本很低。受机器设备和自然资源的限制，以及会计上折旧费计提和分摊的规定，实物产品的生产数量和成本总额一般是有限制的，不仅要遵守配比原则及持续经营会计假设，还要考虑设备和个人的自然承受力。而信息产品的生产与核算则没有这些限制。企业和市场对多生产一份信息产品是没有限制的：如果你能生产一份拷贝，你就能以相同的单位变动成本生产 100 万份拷贝或者 1 000 万份拷贝。这种低增量成本和大规模生产经营运作使信息产业的大型企业获得超额利润。信息产品的超低变动成本为信息产品生产者和营销者提供了巨大的发展机会。

6.5 信息商品的价格

信息商品的价格是信息商品价值的货币表现。信息商品价格的形成基础则是指信息商品价格应以什么为依据，传统的经济学理论认为，在完全竞争的市场上，企业产品的价格等于其边际成本，市场达到帕累托最优。而在垄断竞争的情况下，企业采取成本加成定价法，市场价格等于边际成本加成，而加成量取决于消费者对商品的需求弹性。通常企业在定价过程中要考虑的因素有产品的成本结构、市场结构以及消费者对产品的需求和使用的行为模式等。由于信息商品市场接近于垄断竞争市场模型，所以这种市场的特点和信息商品自身的特点，共同决定了信息商品的具体定价策略。由于信息商品价值的特殊性，使得信息商品价格在反映其价值时也比物质商品复杂得多。

6.5.1 信息商品的价格理论

1. 价值价格论

价值价格论认为价值是信息商品价格形成的基础，其理论依据是劳动价值理论，价值量的大小决定信息商品价格的高低。其信息商品价格形成以其使用价值作为“物质”基础，离开使用价值，价值就不能成为价格形成的基础，使用价值在价格形成和实现中起着重要作用。信息商品价格形成的量的基础是生产该信息商品所耗费的社会必要劳动时间所决定的价值量。信息商品的价值通过其形成中的劳动过程分析来测算，可表示为

$$W = C + V + M \tag{6.5.1}$$

其中，C，V，M 分别为不变资本、可变资本及剩余价值。在价值确定的前提下，信息商品价值货币表现形式为价格。信息商品价格的形成还受到各种因素的影响，尤其是供求关系的变动对价格的形成具有十分重要的作用，有时甚至起决定性的作用。

2. 效用价格论

效用价格论是指信息商品的价格是由信息使用后可能或实际产生的效用来确定的。效用是信息商品使用价值的表现形式，是货币化了的使用价值，是指在利用信息和不利用信息两种情况下产生的决策后果在经济所得上的比较。即将使用这一信息后的预期收益（或损失）与不使用这一信息的预期收益（或损失）相比，两者之差就是信息价格的最高值。

$$P(I) \leqslant \sum_{i=1}^{n} \bar{P}_i \bar{\pi}_i - \sum_{j=1}^{m} P_j \pi_j \tag{6.5.2}$$

其中，P_j 是使用信息 I 前事件发生的概率；π_j 是使用信息 I 前的可能收益；$\bar{P}_i$ 是使用信息 I 后事件发生的概率；$\bar{\pi}_i$ 是使用信息 I 后的可能收益。

信息商品效用越大，信息商品的价格就越高，反之则越小。效用价格论者认为，信息商品的价格只有借助于效用指标才能正确描述，因此信息商品的效用也就成为信息商品价格的基础。

但是同一件信息商品对不同的消费者来说效用是不同的，效用价格理论难以成为实际

定价的依据。

3. 生产费用论

信息商品价格的生产费用论认为信息商品的价格决定于生产成本与耗散费用，以及利润率。其公式为

$$P = C + C \cdot r \qquad (6.5.3)$$

其中，P 为信息商品价格，C 为生产成本，r 为产品利润率。信息商品的生产成本越高，其价格越高；企业利润水平越高，价格也越高。由于行业平均生产费用在一定时期内是固定的，也就是行业内各企业的生产成本和利润是相同的，从而表现为信息商品价格的相似性。

4. 垄断价格论

垄断价格论认为信息生产的唯一性、独创性、非重复性和交换的排他性，使信息商品市场具有相当的垄断特性。由于知识产权（著作权、专利权）的保护使得信息产品生产商具有垄断势力，信息商品的价格决定于卖者的垄断性、买者的需求程度和支付能力。为保证收回投资，实现利润最大化，这些厂商一般会以明显高于平均成本的价格定价，尽管它可能降低了社会效率，在现实社会中还是经常可以观察到的。

5. 均衡价格论

均衡价格论认为信息商品价格的决定因素是供需关系，是买方和卖方在市场上相互制约决定着信息商品的价格。信息商品的价格应该是以生产费用为基础，兼顾一定时期内的市场状况，包括综合考虑供求关系、垄断特征和竞争程度等因素而制定出的均衡价格。这个价格体现了市场上多种因素的作用，既是一个主动价格，也是一个被动价格，它实现个体收益与社会收益的均衡。用户有关信息预期利润的额度构成了信息商品理论价格的上限，用户有关生产成本的额度构成了理论价格的下限。

以上任何一种价格理论都没有全面反映信息商品的特性，虽然它们都是信息商品定价理论上的基础，但都不能独立指导好信息商品的定价。

6.5.2 信息商品价格的形成过程

消费者对产品的需求和使用的行为模式不可避免地要受到生产力发展水平、国家的经济实力、经济体制和经济政策的影响，并和消费者的收入水平息息相关。对于信息商品而言，除了其成本构成的特点外，消费者对商品的需求和使用也具有其他普通消费品所不具备的典型特性。

（1）信息悖论。信息商品普遍是一种体验性产品，即消费者对产品体验在前而对价值判断在后，这使得消费者可能在体验过程中，由于已经掌握了这条信息内容而放弃购买愿望。

（2）非竞争性消费。信息的可共享性是信息商品非竞争性消费的基础，这种非竞争性消费特性可能使得信息商品可以同时为多人消费而价值并无损耗，并将会导致信息商品被顾客转售，从而改变消费者价格预期和市场供需结构。

一般说来，影响普通的物质商品价格理论的因素，如商品的生产成本和经济功能、商品生产者的垄断势力、市场供给与需求状况等，都对信息商品的价格形成和定价策略的选择起着决定性作用。但由于信息商品典型特性的存在，它的价格形成原因和决定因素又具

有多元性，其中，成本决定信息商品价格的下限，效用决定信息商品价格的上限。在正常情况下，受供求关系影响的价格波动只能在这个区间，同时垄断又给信息商品带来了超出价格区间的特殊价格。因此，应综合考虑各个因素对信息商品价格的影响。在信息商品价格制定的过程中，如果按照边际成本定价，肯定无法回收投资，所以信息商品生产商为了补偿投资并进行新的信息商品的开发和生产，在预测销售规模的前提下，首先计算出平均成本，然后考虑自身和行业的垄断势力及目标利润率确定加成空间，并制定一个初步的测试价格，最后将产品推向市场，观察市场反应和竞争对手的价格，根据统计反馈再调整价格水平，最后综合形成最终的公布价格。

6.5.3 信息商品的定价策略

由于信息商品市场接近于垄断竞争市场模型，所以这种市场的特点和信息商品自身的特点共同决定了信息商品的具体定价策略，信息商品在具体定价过程中所采用的策略有很多，且相互间并不是孤立存在，而是多种定价策略的相互交叉与结合使用。定价策略主要有以下四种：

（1）多重定价。多重定价是指厂商对于同一件信息商品通过不同角度进行分割或者组合，赋以不同价格，从而实现市场细分。这是一种从产品角度出发的定价策略。这种角度包括信息时滞、系统界面、使用权限、计算速度、服务协议、结构性能、广含性、功能数量等。例如，路透社的信息终端根据消息显示时滞分为实时用户和延时用户；Microsoft 的 NT 操作系统根据结构性能分为高级服务器版、服务器版、工作站版；Symantec 的杀毒软件根据服务协议也分为企业版、多用户版、个人版等。这些不同的用户和版本的价格差别是相当大的，这种策略分析迎合了用户的需求，细分了市场，提高了市场效率。

（2）歧视定价。歧视定价是一种常见的定价策略，企业为了实现收益最大化，针对不同用户的支付能力，制定了不同的收费价格，从而使各类用户都能购买该商品。这是一种以顾客为核心的定价策略。歧视定价类型包括两种：基于对象和基于空间。基于对象是指根据顾客的身份、收入水平实施价格歧视。基于空间是指根据顾客所属国度或者地区实施价格歧视，例如国际报纸发行商针对一份报纸在不同国家或地区制定不同的发行价格，当这种价格差别和成本差别不成比例时，就存在价格歧视。

多重定价和歧视定价看起来都是将商品进行差别定价的方法，因而常常容易混淆，实际上两者之间是有区别的。多重定价是从产品角度出发的定价策略，厂商将一件商品进行版本划分，对不同版本制定不同的价格，如计算机软件的企业版、多用户版、个人版等。歧视定价与此不同，厂商销售的是同样的商品，其向不同用户索取不同价格的支持点在于，不同顾客对同一件信息商品的消费体验不同，从中所获得的收益也不同，因而愿意支付的费用也不同。

（3）捆绑定价，即捆绑销售。是指将两种或两种以上的相关产品，捆绑打包出售，并制定一个合理的价格。这种销售行为和定价方法常常出现在信息商品领域，例如微软公司将 Internet Explorer 浏览器与 Windows 操作系统捆绑，并以零价格附随出售。事实上，很多信息商品都在捆绑销售，例如 ERP 软件、成套百科全书、订阅一年的杂志等。当然，捆绑商品的好处不只如此，它还可以降低用户的搜索成本、使用难度、交易成本等。

（4）拉姆齐价格。拉姆齐价格是一系列高于边际成本的最优定价，它能资助商品和服务的提供。当某一商品或服务的价格提升所产生的净损失小于运用额外投入所产生的净收益时，经济效益就提高了。拉姆齐价格在信息商品市场以及其他信息服务机构是相当普遍的，因为它增加了社会总福利，是一种有效定价。

这是一种以顾客为核心的定价策略。由于信息商品本身的特性，所以我们在具体运用这些理论和策略的同时，必须具体分析当时的社会条件、信息环境、目标市场的具体情况和其他相关条件，从实际需要出发采用合理的价格理论与价格策略。然后根据实际情况，综合运用经济学、市场学、价格学的基本原理，参照目前通行的知识产品和智力服务特点，分别采用不同的定价方法，才能制定合理的价格。

6.6　信息市场

从狭义上说，信息市场是以提供各种信息来满足用户需要的信息交换的场所。大多数信息能够进入市场进行交换。实际上，信息市场不仅涉及信息商品、信息商品交换场所，还涉及信息生产者、经营者、用户及其经济活动和经济关系。因此，从广义上说，信息市场不仅指信息商品交换的场所，而且还包括购买信息商品的用户，以及其与信息生产者、经营者之间的经济关系，即信息商品从生产到消费之间的整个流通过程和领域，是信息商品供求关系的总和，这里所指的商品既包括信息本身，也包括信息服务和信息流通。

6.6.1　信息市场的分类与特点

1. 信息市场的分类

从信息商品所属的层次划分，可以将信息市场划分为一次信息商品市场、二次信息商品市场和三次信息商品市场。一次信息商品市场主要经营人们在科研、生产和管理等活动中的成果，最有代表性的是技术商品市场，它提供各种技术产品和技术服务。二次信息商品市场和三次信息商品市场主要以信息工作成果和信息系统提供的产品为交换对象。二次信息商品市场中最有代表性的就是数据库市场，这是以计算机为中心的各种信息技术用于加工处理和存储传输所形成的信息商品的流通领域。三次信息商品市场主要向用户提供各种信息研究成果、研究报告、市场调研报告、决策支持报告等，这种信息商品具有针对性，一般是根据用户需求或在了解需求的情况下生产的，因此，基本上适销对路，供求平衡。

从信息商品的形式划分，可以将信息市场划分为产品型信息市场和服务型信息市场。产品型信息市场提供的是某种形式的信息商品，如转让科研成果、出售技术设备、出售数据库和资料等；服务型信息市场主要提供各种智力型劳务，如信息咨询、技术咨询、技术培训、信息检索、专利代理、代译等服务。

从信息商品的种类划分，可以将信息市场划分为经济信息商品市场、科技信息商品市场和综合信息商品市场。

2. 信息市场的特点

无论信息商品中市场中流通的商品以何种形式出现，其实质都是信息。信息商品的特殊性决定了信息商品市场具有特殊性质。

交易活动具有多次性。由于信息交易并不是让渡所有权而是使用权，因此同一信息商品可以在其有效时间内多次、反复出卖。

交换具有间接性。交易的间接性即需求者不一定通过直接交换方式获得信息，而是可以通过广播、电视、报刊等获得信息。

交易具有很强的时效性。随时间的推移和条件变化，其使用价值会失效，即交易具有很强的时效性。

6.6.2 信息市场的结构

无论对信息市场怎样划分，都可以抽象概括出信息市场的共同结构，即信息市场是由主体结构、客体结构、时间结构和空间结构共同组成的。

1. 信息市场主体结构

信息市场主体结构是由信息商品供给方、需求方、中介方和管理方组成，他们是监护信息商品进入市场并使之发生市场交易关系的当事人。供给方是信息商品的生产者和提供者，需求方是信息商品的购买者和消费者，中介方是信息市场中的经纪人，管理方是信息市场的监督者和执法者，这四方缺一不可，而且他们之间必须保持合理的结构和一定的稳定性，才能保证信息市场的正常运行和充分发挥其功能。

2. 信息市场客体结构

信息市场客体结构是指各类不同的信息商品和信息服务。它是信息市场交易当事人之间发生法权让渡的媒介物，是信息交换关系的客观载体。作为信息市场客体的信息商品，包括有形的信息产品和无形的信息服务。

3. 信息市场时间结构

市场的时间结构是指市场主体支配客体运轨迹的量度，这种量度表现为交换过程的连续性和间断性的有机统一。信息市场时间结构运行轨迹主要有两种表现：①各种现存的信息产品和信息服务，如果信息消费者愿意以一定的价格购买，即当面成交、银货两清，便形成信息商品的现货市场；②某种信息产品和信息服务还有待于生产，信息生产者根据信息消费者的需求和自身的生产能力确定是否接受某种信息商品（或信息服务）的生产任务，先达成交易契约，然后在未来的某一时间实现银货授受的交易，这种成交在先、交割在后的交易方式，即形成信息商品的期货市场。只有上述两种信息商品供求形式同时存在，才能使“以产定销”和“以销定产”两种信息商品市场经营方式得以相互补充，使信息供给者和信息经纪商在信息市场上始终处于主动地位，以满足信息消费者多样化、多元化的信息需求。否则，单一的信息市场时间结构将导致信息市场上某类信息商品供不应求或另一类信息商品供过于求，其最终结果是消费者所需要的信息商品“无货供应”。

4. 信息市场空间结构

市场空间是指市场主体支配交换客体的活动范围。市场空间结构就是指各种市场活动范围等级所占的比重及相互关系。信息市场和其他市场一样，是地方市场、全国性市场和世界市场结合而成的分级性一体化市场结构。地方信息市场是指信息交易以地区为活动空间范围的信息市场，反映了市场主体支配客体运动空间的局部性。地方信息商品市场一般以地方行政区划为基础，信息产品和信息服务注重地方特点，针对地方需求，具有明显的地方适用性，市场效益以地方利益极大化为标志。全国性信息市场是指信息商品和信息服务以全国范围为活动空间的市场。这一活动范围反映了市场主体支配交换客体的空间活动的广泛性。全国性信息市场一般以中心城市为依托进行辐射，与许多信息节点相连而成。通过竞争，使信息市场具有开放性。世界信息市场是指信息商品交换以世界范围为活动空间的信息市场，反映了市场主体支配交换客体的空间运动的无限性。世界信息市场的形成是与当代经济的全球化、国际化分不开的，这是其发展的动力，国际信息贸易构成了世界信息市场的主要内容。

6.6.3 信息市场运行机制

信息市场的运行机制与物质市场类似，就是市场中供求双方实现交换的机制，是由相互作用、相互影响、相互制约的信息商品的供求机制、价格机制、竞争机制和风险机制等共同构成，从而对信息商品的生产和消费发生刺激或抑制作用。

1. 信息市场供求机制

信息供给与需求是信息市场上相互联系、相互制约的两种现象，是信息市场存在的前提条件，是信息市场运行和发育的决定性因素。信息供给与需求都要求对方与之相适应，供求平衡、协调，否则就是供求不平衡、不协调。信息市场的供求情况一般表现为三种形态，即供不应求、供过于求、供求平衡。信息生产在许多情况下不是商品生产，也就是说，有许多信息产品不是专为出售而生产的，这就必然使得相当数量的信息产品不能进入市场流通，就是进入市场的产品和服务也未必都适销对路，符合特定需求。信息需求是一种复杂的社会需求，这样，常常使得信息市场出现供不应求和供过于求两种现象。与物质市场不同，信息市场的这两种现象不是指同一信息商品生产过多或过少，而是消费者所需要的信息商品“无货供应”。信息市场上的“产销错位”现象比物质市场要严重得多。

2. 信息市场价格机制

价格机制是指价格变动与市场供求变动之间相互制约的作用和联系。价格机制对信息市场运行的作用是多方面的。首先，价格机制对生产同种商品的企业来说是竞争的工具。因为生产同种商品的企业为了在市场上占据有利的地位，必须在保证质量的前提下尽量压低价格，降低成本和消耗，以商品的价廉物美取胜。其次，价格机制对生产不同商品的企业来说，是调整生产方向和生产规模的信号。效用大的商品价格高，效用小的商品价格低，这种价格形成机制必然驱使信息生产者尽快地将那些使用价值大、效用高、收效快的信息商品推入市场，获得较大盈利。价格机制也反映了需求弹性，即需求对价格的感应性。价格的下降或上升所引起的需求的增加或减少。对不同商品来说，价格变动所引起的需求量变动幅度是不同的。虽然信息商品的价格将随着效用的增大而提高，但信息用户仍然倾向于选择效用大的商品，因为他们在消费该信息商品时将获得更多的收益。可见，在这种价格机制下，供求双方的利益是一致的。信息商品的需求弹性较小。

3. 信息市场竞争机制

竞争是商品经济的特征之一。信息市场的竞争是信息商品运动中的普遍现象，是信息商品价值得以实现的必要条件和表现形式。竞争的实质是“优胜劣汰”。信息市场的竞争是信息商品的供、需、中介各方在信息商品的生产、开发、经营、交易和消费过程中，为争取有利的市场地位而进行的相互竞争。这种竞争保证信息产品生产与消费的统一，促进信息产品生产者与消费者的自我协调。

生产者之间的竞争，可以促使信息生产者不断挖掘潜力，节约消耗，降低成本，提高生产效率，将那些效用大、能够创造较好经济效益的信息产品开发出来。竞争可以促进信息供需之间的平衡。竞争关系到信息生产者的物质利益，因此每个生产者都必须去注意市场动向，调查社会需求，根据消费需求以及消费结构的不断变化来组织生产。生产者向消费者倾向于选择的那些具有一定适应面的商品进行竞争。通过市场价格的作用，达到信息市场供需平衡。

需求方之间的竞争，主要表现在利用信息商品之后的最终产品的竞争。最终产品生产增多，信息利用者的盈利就会减少。因此，信息需求方希望自己购买的信息商品具有某种程度的垄断性和专有性，不希望被多次转让，大量出售。这种竞争要求减少同类商品的供给量，显然这与供给方的利益是矛盾的。

信息商品的经营者即信息市场经纪人之间的竞争。信息市场经纪人对于信息商品的交换起着十分重要的中介作用，其职能是传递供需信息，疏通供求渠道，促进信息商品达成交易。他们的收入将随着完成的交易额的增加而增加，这就必然形成竞争，这种竞争促使信息经纪人广为交际，频繁活动，收集、存储紧俏的信息商品，掌握更多的供需信息以达到对交易的垄断。信息市场的竞争机制，既有其刺激功能，也有其约束功能，刺激和约束的同步是保证信息机构采取合理的信息行为的前提，并规定着信息机构的决策和行为。而信息商品质量的提高，效用的增大又进一步刺激了信息市场的繁荣。

4. 信息市场风险机制

信息产品是智力劳动的产物，它不像物质产品那样可直接用于消费，需要经过一定的物化过程，才能产生收益，才能评价出最终的效果。因此，生产者在生产、经营、销售以及用户在利用、开发信息产品的时候，都承担一定的风险。

（1）信息生产者承担的风险。由于信息的不完全性和非对称性，信息生产者在市场预测、研究方法本身（技术条件等）都存在着不确定性。而每位生产者都追求利益最大化，因此，风险也就更大。决定生产者风险的因素主要有生产投资额、市场需求量、产品的开发周期及生产者的集团规模。在这四个因素中，前两者影响更大。投资额越高，成本越高，产品的价格也就越高，产品转让不出去的可能性越大，因而生产者亏本或破产的风险越大；市场需求量小产品卖不出去的可能性越大，风险越大。

（2）信息经营者承担的风险。经营者在信息市场中起着中介人的作用，他们的利益与交易成交额有关，他们在经济活动中承担的风险来自供给方和需求方，即供给方产品质量和需求方的支付能力。中介方在供求双方之间既要为供给方负责，也要为需求方负责。在对需求方负责时，风险是由供给方带来的。因需求方从中介方购得信息商品以期发挥作用，如因质量不高、效益不好，将会使需求方追究中介方责任。这就要求中介方有较高的知识水平和良好的职业道德，才能使自己在交易中保持不败。在对供给方负责时，风险是由需求方带来的。因需求方不一定信息商品购买费一次付清，而是在该信息商品发挥效用，取得经济效益后才付清。因此，当需求方因某种原因不能从信息商品中取得预期效益，或无资金，往往拒付费用，使中介方不能及时回收资金，也就不能向供给方付款。信息商品转让与使用是受一定法律约束的。中介方也可能要承担一定的法律责任，中介方的风险是与其参与的交易活动的交易额成正比的。

（3）信息用户承担的风险。一般来说，需求方都追求最大效益，但效用大的信息商品价格也高，这就使得购买信息商品给需求方带来风险。风险因素包括信息商品的质量，即效用、商品价格、需求方自身吸收利用信息商品的能力及对信息商品的垄断性。信息市场的各种机制并不是独立存在、独立在市场中起作用的，而是相互作用、相互影响、相互制约，共同构成信息市场的市场机制，成为信息商品市场运行和发展的基础。

6.7　应用与案例

6.7.1　“信息茶”

45 岁的沈昌出生在江苏一个农民家庭。20 世纪 90 年代初，沈昌推出了一种沈昌信息茶。沈昌称，他把所谓信息输入了沈昌信息茶，如果你想要什么，在喝茶时想什么就行。比如说，想要肿瘤消失，就体会肿瘤消失的感觉；想要减肥，就体会体重减轻的感觉。当然沈昌信息茶不是白喝的，他开办了许多沈昌茶市，苏州横塘敬老院曾经就是当中的一个。据敬老院工作人员说，沈昌来到该处，以一小包一块钱的价格出售沈昌信息茶，到后来人多的时候，就以一份 10 大包的单位出售。中央电视台早在 1996 年就对其经营中出现的欺骗行为进行过揭露，为此中央电视台还受到围攻。直到 2001 年，这位曾经显赫一时的沈昌因偷税和非法经营罪，被苏州市虎丘区人民法院判处有期徒刑 12 年，并处罚金 894. 6 万元。

据调查，沈昌信息茶叶的进价与销售价格相差极大。每 500 克茶叶进价是 8. 4 元，按有关规定最多可卖 15 元，而其实际销售价格是每 500 克 100 元，牟取的暴利相当惊人。苏州市物价局表示，沈昌信息茶的价格是沈昌自己定的，没有与物价局核定过。

1996 年，记者曾对沈昌进行过采访，他表示，信息茶之所以昂贵是因为茶上附有信息，而在加工车间记者看到，除了工人们把大包买来的茶叶分装成小包外，再也看不到往其中加入信息的工具。当记者问到用什么方法向茶叶中输入信息时，沈昌说：“就是靠心里面想，想象就是一种信息，这个信息是生命信息。”1996 年，苏州市质量技术监督局、苏州市物价局等相关部门对沈昌多方面经济违法行为进行查处，处以罚款 2 000 万元。

沈昌的骗局被揭穿后，他在苏州再也待不下去了，于是转道北京、上海、沈阳等地行骗。在取得了大量证据后，2000 年 6 月，苏州市公安机关从海门将沈昌抓获归案。

据不完全统计，沈昌及其公司靠沈昌信息茶、沈昌录像带、沈昌信息水、沈昌信息面等一系列产品牟取的暴利至少有 5 000 多万元，而仅在 1991 年至 1993 年，沈昌偷逃个人收入调节税就达 90 多万元。2001 年 9 月 18 日上午，苏州市虎丘区人民法院以偷税罪和非法经营罪一审判处沈昌有期徒刑 12 年，并处罚金 894. 6 万元。

（资料来源：谁扳倒了“信息茶”？http://www.jxnews.com.cn 2002 - 01 - 25）

【案例分析导引】

信息是客观存在。

6.7.2　微软公司的定价策略

信息商品给人们及社会带来了巨大的经济效益。但由于信息商品的一些特殊性质，如非消耗性、高固定成本、低边际成本等，使不同用户对同一信息商品的价值可能存在很大分歧，从而使得信息商品的价格往往难以确定，同时各个单位对自己的信息商品的定价方式也各有不同。究竟如何对信息商品进行定价才能最佳体现其价值，并给本单位带来最大效益，是一个值得深入探讨的问题。微软取得了巨大的成功，仅在我国就占领了近 90% 的市场。微软之所以如此，除了其产品质量高以外，其灵活的定价策略也立下了汗马功劳。

Windows NT 的定价。Windows NT 是我们所熟知的操作系统。微软在为 Windows NT 定价时，对其提供了 Windows NT 工作站和 Window NT 服务器两种版本。前者售价 260 美元，后者售价根据配置不同在 730 美元到 1 080 美元之间波动。两者售价差别这么大的原因是 NT 工作站运行网络服务器时只能同时接受 10 个话路，而服务器版本则可以接受任何数量的话路。

Office 的定价。微软的 Office 取得了很大的成功，获取了办公室市场大约 90% 的份额。Office 中包含一个文字处理程序 Microsoft Word、一个电子表格 Microsoft Excel、一个数据库 Microsoft Access 和一个演示工具 Microsoft FrontPage。微软将这四个产品捆绑在一起出售。

IE 浏览器是免费的。微软曾在互联网上免费派发 Internet Explorer，而且还向原始设备制造商和 ISP 付钱，使其将 IE 设为“默认”浏览器。

Office 的群体定价。微软最近的 Office XP 价格显示，一般的普通售价为 399 美元，对企业售价为 499 美元，而对高校教授和科研工作者售价仅为 149 美元。

微软采用以上定价策略，究其深层原因，是由于它充分利用了信息商品的一些独有特性。第一，利用了信息商品的外部效应特性。与物质商品不同，信息商品具有很强的外部效应，一部分人的使用，会对另一部分人产生影响，促使另一部分人使用。这种外部效应会促成产生正反馈，即成功产生更大的成功。所以，运用恰当的定价方式，对取得一定的市场份额十分重要。第二，利用了信息商品高固定成本、低边际成本的特性。在信息商品生产出来前，需要做大量的投入，而当商品生产出来以后，再生产一份该商品的成本却趋近于 0。正是由于信息商品具有这种高固定成本、低边际成本的特征，微软才能大量地免费派发其浏览器 Internet Explorer。一般来讲，消费者对于免费使用的产品都不会太排斥。当消费者免费体验到了该产品的好处，微软在消费者心目中的形象便自然提升了；一旦微软的整体形象树立后，消费者往往也会爱屋及乌，倾向于信任微软的其他产品。这样做的另一个结果就是容易产生垄断的现象。第三，利用了信息商品的匹配特性。信息商品常常要结合在一起使用。例如，硬件间的相互匹配，操作系统与应用程序方面的匹配，应用程序与其升级版本之间的匹配等。考虑到这种匹配性，用户在面临新的但不兼容的信息商品的选择时，往往使用原有的信息商品。Office 捆绑销售的成功，就与信息商品的匹配特性有很大联系。第四，利用了信息商品的高科技属性。由于这种特性，用户更倾向于选择已掌握的信息商品。Windows NT 工作站和 Windows NT 服务器的价格相差甚远，而事实上，O'Reilly 软件公司经过科学分析后指出，这两种操作系统本质上是一样的，核心程序只有很小的改动。一般用户由于专业知识有欠缺，只好购买较熟悉的信息产品。第五，利用了信息商品的体验性特性。不同的用户对同一信息商品有不同的体验，对其价值的判断也不尽相同。微软 Office 群体软件就是根据用户的不同消费心理和承受能力制定了不同的价格，以获取最大利润。

（资料来源：http: // cc. jlu. edu. cn/G2S/Template/View. aspx? courseType = 1&courseId = 23&topMenuId = 121654&menuType = 1&action = view&type = &name = &linkpageID = 121661）

【案例分析导引】

面向市场，面向顾客体验，赢者通吃。

第7章　信息经济的测度理论

信息在人类社会的每一个发展阶段都发挥着重要的作用，但其作用在人类历史上任何一个阶段都没有像今天这样重要。当前，伴随着信息通信技术创新、融合、扩散所带来的人类生产效率和交易效率的提升，以及新产品、新业态、新模式的不断涌现，人类社会的沟通方式、组织方式、生产方式、生活方式正在发生深刻的变革，信息经济作为一种新的经济形态，正成为经济结构转型升级的驱动力量以及稳定经济发展前景的最优途径。

7.1　信息经济

7.1.1　信息经济的含义

物质经济是工业化时期的经济，以大规模使用和消耗物质和能源为基础，生产物质产品，其特征是机械化。而信息经济的形成与发展是在人类社会进入工业经济后，随着生产力的高度发展，通过先进技术的产业化以及先进技术对原有产业的改造。信息技术应用的深入，信息产业的发展，信息产品和服务商品化程度的提高，信息市场规模的扩大，信息行业的产值和从业人员的比重加大，逐步形成了一种区别于传统经济的新兴的经济结构。

1. 信息经济溯源

“信息经济”的概念可以追溯到20世纪六七十年代美国经济学家马克卢普和波拉特对于知识生产的有关研究。马克卢普1962年在《美国知识的生产和分配》中建立了一套关于信息产业的核算体系，奠定了研究“信息经济”概念的基础。1977年，波拉特在其博士论文中提出按照农业、工业、服务业、信息业分类的四次产业划分方法，获得广泛认可。20世纪80年代，美国经济学家保尔·霍肯在《未来的经济》中明确提出信息经济概念，并描述信息经济是一种以新技术、新知识和新技能贯穿于整个社会活动的新型经济形式，其根本特征是经济运行过程中信息成分大于物质成分占主导地位，以及信息要素对经济的贡献占主导地位。在上述研究的基础上，自20世纪90年代开始，全球范围内展开了“信息经济”概念及理论体系的讨论，认为信息经济是后工业时期的经济，是与信息形态有关，通过减少产品与服务化的物耗，提高智能含量来生产信息产品，提供信息服务。信息经济是以信息资源为基础，以信息技术为手段，通过生产知识密集型的信息产品和提供信息服务来促进经济全面可持续发展的一种新型经济型念。

目前比较成熟的研究观点认为信息经济可以从微观和宏观角度理解。从宏观经济角度看，主要研究信息作为生产要素在经济系统中的运作规律。这种观点同知识经济相通，属于同一个范畴；从微观经济角度看，信息经济所涉及的重点研究内容是分析信息产业和信息产品的特征，以及信息产业对国民经济的贡献力度，这种观点强调信息经济是信息产业部门经济。由于信息技术对经济社会的微观领域产生重要影响，因而相当多的专家学者更倾向于认为信息经济在一定程度上主要是指信息产业经济。

2. 数字经济

数字经济指一个经济系统，在这个系统中，数字技术被广泛使用并由此带来了整个经济环境和经济活动的根本变化。数字经济也是一个信息和商务活动都数字化的全新的社会政治和经济系统，企业、消费者和政府之间通过网络进行的交易迅速增长。数字经济主要研究生产、分销和销售都依赖数字技术的商品和服务。数字经济的商业模式本身运转良好，因为它创建了一个企业和消费者双赢的环境。

数字经济的本质在于信息化。信息化是由计算机与互联网等生产工具的革命所引起的工业经济转向信息经济的一种社会经济过程。具体说来，信息化包括信息技术的产业化、传统产业的信息化、基础设施的信息化、生活方式的信息化等内容。信息产业化与产业信息化，即信息的生产和应用两大方面是其中的关键。信息生产要求发展一系列高新信息技术及产业，既涉及微电子产品、通信器材和设施、计算机软硬件、网络设备的制造等领域，又涉及信息和数据的采集、处理、存储等领域；信息技术在经济领域的应用主要表现在用信息技术改造和提升农业、工业、服务业等传统产业上。

3. 网络（互联网）经济

“网络经济”概念的提出与20世纪90年代全球范围内互联网的兴起有着密切的联系。因此，网络经济又被称为互联网经济，是指基于互联网进行资源的生产、分配、交换和消费为主的新形式的经济活动。在网络经济的形成与发展过程中，互联网的广泛应用及电子商务的蓬勃兴起发挥了举足轻重的作用。一方面，伴随国际互联网的发展，大量新兴行业不断涌现，资源配置得以进一步优化，构成网络经济不可缺少的一部分；另一方面，电子商务带来虚拟网络交易模式，传统交易活动演变成通过国际互联网进行的网络交易活动，构成网络经济的重要组成部分。与知识经济、信息经济和数字经济相比，网络经济这一术语的区别在于它突出了互联网，并将基于国际互联网进行的电子商务看作是网络经济的核心内容。

4. 知识经济

第二次世界大战后，由于科技进步，全球知识生产、流通速度不断提高，分配范围不断扩大，社会经济面貌焕然一新。在此背景之下，相当多的学者也开始关注知识与经济社会之间的联系，知识经济的概念逐渐形成。例如，美国丹尼尔·贝尔和日本堺屋太一等学者分别从“后工业社会”“知识价值社会”的角度论述了知识在社会经济中的作用。这些论述虽然还没有提出知识经济的基本概念，但却已经涉及了知识经济的基本内容。1996年经济合作与发展组织（OECD）在年度报告《以知识为基础的经济》中认为，知识经济是以知识为基础的经济，直接依赖于知识和信息的生产、传播和应用。从生产要素的角度看，知识要素对经济增长的贡献高于土地、劳动力、资本等，因而“知识经济”是一种以知识为基础要素和增长驱动器的经济模式。特别是随着现代信息和通信技术的发展，知识和信息的传播和应用达到了空前的规模，知识对经济增长的影响更加明显，已成为提高劳动生产率和实现经济增长的引擎。正如美国学者唐·泰普斯科特所言：“信息科技强化了以知识为基础的经济。”换言之，知识经济最重要的特征是知识的创造以及其对经济发展的贡献比重大幅度地增加了。

通过上述分析可以看出，知识经济、信息经济、网络经济和数字经济之间的确存在差异。知识经济强调知识作为要素在经济发展中的作用，信息经济强调信息技术相关产业对经济增长的影响，网络经济强调以互联网进行资源分配、生产、交换和消费为主的经济活动，数字经济则突出表现在整个经济领域的数字化。

应该注意的是，信息经济不仅包括以信息产业为主导的，基于信息、知识、能力的新型经济，即产业间的与信息、知识等有关的经济，也包括信息部门经济本身。也就是说，信息经济既指信息社会的经济，也包括信息部门的经济。所以，信息经济是以数字化信息资源为核心生产要素，以信息网络为运行依托，以信息技术为经济增长内生动力，并通过信息技术、信息产品、信息服务与其他领域紧密融合，形成的以信息产业、融合性新兴产业，以及信息化应用对传统产业产出和效率提升为主要内容的新型经济形态。

综合国际社会关于信息经济概念的研究成果，以及信息通信技术融合创新发展的实践，可以认为信息经济是全社会信息活动的经济总和。信息是一切比特化的事物，是与物质、能量相并列的人类赖以利用的基本生产要素之一。信息活动是为了服务于人类经济社会发展而进行的信息生成、采集、编码、存储、传输、搜索、处理、使用等一切行为，以及支持这些行为的信息和通信技术制造、服务与集成。

基于信息的生产和使用环节，信息经济包括信息技术创新、信息产品和信息服务生产与供给（信息经济生产部分）及其使用部门因此而带来的产出增加和效率提升（信息经济应用部分）两大部分。

信息经济生产部分包括信息产业和融合性新兴产业，主要体现为信息产品和信息服务的生产和供给，包括电子信息制造业、信息通信业、软件服务业和由于信息技术的广泛融合渗透所带来的新兴行业等。其中，电子信息制造业主要包括计算机、网络通信、数字视听、集成电路、元器件、应用电子等；信息通信业主要包括基础电信业务和以互联网为主的增值电信业务等；软件服务业主要包括基础软件、应用软件，以及信息系统集成等业务；新兴行业包括云计算、物联网、大数据、互联网金融等。

信息经济应用部分包括其他产业因信息产品使用和信息技术融合渗透所带来的生产数量和生产效率提升。一方面，信息通信技术的持续创新发展，推动了信息采集、传输、存储、处理等信息设备不断融入传统产业的生产、销售、流通、服务等各个环节，形成了新的生产组织方式，带来了更多的产出，信息技术与传统产业的融合带来了行业产出规模增长。另一方面，信息技术和信息产品的扩散对传统产业的贡献还体现在全要素生产率提高而引致的生产效率提升。

7.1.2 信息经济的类型、特点、作用与意义

1. 信息经济的类型

信息经济是以数字化信息为关键资源，以信息网络为依托，通过信息通信技术与其他领域紧密融合，形成了五个类型。一是传统的信息产业构成了基础型信息经济，它是信息经济的内核。二是信息采集、传输、存储、处理等信息设备不断融入传统产业的生产、销售、流通、服务等各个环节，形成了新的生产组织方式，传统产业中的信息资本存量带来的产出增长份额，构成了融合型信息经济。三是信息通信技术在传统产业的普及，促进全要素生产率提高而带来的产出增长份额，构成了效率型信息经济。四是信息通信技术的发

展不断催生出新技术、新产品、新业态，称为新生型信息经济。五是信息通信技术普及所带来的消费者剩余和社会福利等正的外部效应，构成了福利型信息经济。

2. 信息经济的特点

信息经济诞生于工业经济，它是在工业社会经济发展过程中，随着信息技术高度发展，形成信息产业后，才成为一门独立的新兴经济形式而存在的。因此，信息经济和工业经济就其特点而言，不可避免地会有重叠之处。但它们在本质上是有差别的，即它们各自的内涵不同。综合考查，信息经济具有以下几个特点。

（1）信息经济是知识型和创新型经济。信息经济的发展充分依赖于信息技术、信息产业的发展，而信息技术的发展必须依靠技术创新，技术的创新必然要以知识、智力为基础。因此，信息经济是应用知识、智力，使信息技术与各个产业相结合的必然结果。信息经济的活力源于创新，技术创新、管理创新、观念创新以及各种创新的结合成为社会发展以及新经济增长的推动力。二次创新与自主创新相结合、渐进式创新和突变式创新相结合，极大地推动了世界各国经济的发展。在产品和技术革命周期迅速缩短的情况下，只有运用知识和智力不断地进行技术创新，使技术、经济以及教育文化有机结合、综合协调、一体化发展，才能在市场中获得竞争优势。

（2）信息经济是集成型和互联型经济。由于信息经济是建立在覆盖全球的互联网基础上的一种互动型经济，因此各个经济主体就可以利用互联网这样一个平台实现资源的整合和集成。例如，信息的整合、经济的整合、各种相关资源的整合，必要的整合对生产力的发展就是一个突破；功能的整合、产品的整合、部门的整合，会促使产业结构的变化，对经济的发展带来根本性的变化；电子信息服务业与传统信息服务业的整合集成，使两者的界限变得模糊起来，又会引起一场巨变。整合、集成意味着一体化发展。另外，从互联网的发展可以看出，各个产业经济及其发展的相互依存性已到了空前紧密的程度，各个产业之间、产业内部各部门、企业以及公司间的信息交流和业务联系都通过互联网实现了双向互动。因而，信息经济是集成型和互联型经济。

（3）信息经济具有高效性和全球性。信息社会的到来，极大地提高了时间的利用效率，将人们带入了快节奏的生活时代，经济活动的连续性大大增强。光纤通信的实现，使经济活动的信息以光速传递。这样，快速反应、灵活决策就成为企业成功的关键，迫使人们在信息社会中分秒必争，向时间要效益。另外，社会的信息化突破了时空的限制，距离不再是人们交流、沟通的障碍，世界似乎变成了一个村落。知识无国界，必然使得社会经济活动突破国界而成为全球性的活动。世界各国间的经济活动界限变得越来越模糊，形成了全球性的经济大系统，出现了全球性的统一大市场。产品、服务、资金、技术、劳动、信息等都超越国界，在全球性的大系统中流动。产业布局也在世界范围内重组，经济区域化和集团化在经济全球化过程中得以实现，地区性和全球性的经济组织日益兴起，跨国公司在各国经济发展中扮演着日益重要的角色，各国企业间的合作变得更加容易，不再因地理位置的限制而受到影响。因此，信息经济具有高效性和全球性。

（4）信息经济是数字化和虚拟化经济。信息经济是数字经济，信息传输技术的发展使不同信号（模拟信号和数字信号）间成功地实现了转化，使得任何信息都能够转化为数字信息在媒体中传输。同时，信息经济又是一种虚拟经济或具有虚拟性。说它虚拟，并不是指虚缥缈或不存在，而是指突破传统的物理空间，将经济活动引向了一个“虚拟”的空间，即由一系列网络通信设施及传输介质等形成的媒体空间。但在此虚拟空间所进行的一切经济活动都是现实的、实实在在存在的。例如，通过网上虚拟商店、网络银行开展的业务，都实实在在按照参与者的愿望发生了。基于此，可以说信息经济具有数字化和虚拟化特点。

（5）信息经济具有分子化和中空化。信息经济不同于传统的工业经济，由于信息本身的特性（如共享性、渗透性等），经济具有了分子式结构，从而可以根据不同需要进行重组形成新的柔性经济。经济活动的单元趋于微型化，但又是互联的，易于面向不同的对象或不同的服务需求进行综合集成。经济活动更具有主动性、灵活性和创造性。另外，信息经济又是一种中空化的经济。信息技术的发展，尤其是网络技术的成功实现，使得经济活动的主体间实现了"一对一"的关系，从而实现了经济活动无中介而社会交易成本最低。例如，上游的生产商可以直接对终端客户出售产品，这样就省去了中间的代理商、经销商和零售商等多个增加产品成本的环节，使终端客户获得的产品成本最低，因而价格也最低，同时也不损害生产商的利益。这种中空化的结果使得一些中间组织或机构失去了存在的必要性，或者需要转换自己的功能和角色。

（6）信息经济具有综合性和集约性。信息经济的综合性表现在传统的制造业与信息服务业相融合，"你中有我，我中有你"。信息经济本身也是制造业和服务业相融合的经济。由于数字技术的发展，制造业与服务业的界限变得模糊。如软件业，起初依附于硬件业（属于制造业），后来发展为既独立于硬件，又支配着硬件的一个独立的产业。信息经济的集约性表现为对其他行业的渗透。信息经济将信息作为一种重要的投入要素，并通过它对劳动者、劳动工具、劳动对象、科技教育、管理及其他要素进行渗透，依靠科技进步和劳动者的自身素质的提高来推动经济增长，提高集约化程度，降低物质和能量的消耗。信息产业虽然属于高固定投入产业，但相对应的也是高产出、高回报产业，而且其增长主要依赖于投入要素产出率的提高，具有明显的集约性特点。

（7）信息经济具有高技术性和高增值性。信息经济是信息技术高度发展、信息产业化的结果，因而，信息经济是把高技术产业化的一种经济。其研究经费与开发费用占销售总额的比重相当高，平均比传统的制造业高出 3 ～7 倍，同时对技术人员的知识、智能水平要求也相当高。目前，从全球发展情况看，已成形的高技术产业，除新型材料产业，主要是信息技术产业。可以说，信息技术产业是高技术产业的核心。信息经济具有高增值性是指由于信息存在边际效益递增，信息资源在不断传输和加工过程中不断增值，且增值程度随加工层次的深化而增加的特性。由于技术进步和竞争推动，信息产品的性价比每三年就增加两倍。信息企业盈利水平和增长速度要比一般制造企业高出几倍，而劳动生产率比传统工业高出十多倍。

3. 信息经济发展的作用与意义

信息经济是包含了技术经济范式的全新突破，其全面扩展和深化了人与人、人与物、物与物的联系。传感器、物联网、机器人网络建立物与物的新联系，人机互动、通信网络、计算机网络建立人与人、人与物的新联系。以互联网为代表的新一代信息技术将人头脑中的隐性知识显性化，将分散的知识系统化，并进一步将抽象的知识和思想转化为具体的物质运动过程，搭建认识世界和改造世界之间的信息桥梁。

信息经济是一种新的经济社会发展形态。具体而言，就是信息通信技术在经济社会各领域的深度应用。即在信息通信网络泛在连接、广泛普及的基础上，充分发挥互联网等信息技术应用平台优势，推动技术进步、效率提升、组织变革，形成更广泛的以信息为创新要素的经济社会发展新形态。

信息经济为新时期信息化发展提供了更明确的实施路径和手段。信息经济更侧重移动互联网、云计算、大数据、物联网等新技术在信息化发展中的基础性和创新性应用；更侧重跨企业、跨行业、跨区域的网络化连接和信息流动，打破信息不对称，实现供需精准对接，促进资源高效配置；更侧重平台化的数据汇集和深度应用，构建开放共赢的生态体系，集聚大众创业智慧，激发万众创新活力；更侧重跨界融合，对推进改革深化、政府创新、社会进步、构建新型生产关系的驱动作用。

7.1.3　信息经济测度基本理论

信息化是未来社会经济发展的必然趋势，信息化程度对一个国家的经济发展、政治活动等必将产生深刻的影响。20 世纪 80 年代中期以后，世界各国都纷纷在信息领域内加大了投资，在信息产业及其他产业里展开了激烈的竞争，抢占制高点，力争使自己在这场竞争中获取主动权。那么如何测度一个国家或地区信息经济发展水平和信息化发展水平呢？这个问题引起了世界各国政府和研究人员的高度重视。然而，定量分析、评价一个国家或地区的信息化水平并不那么简单，它涉及的领域、范围非常广泛，不能单凭抽象论证和主观推测，而必须深入实际，获取真实的、详尽的数据，建立正确理论模型进行定量测算、分析和评估，这就是信息经济测度问题。

对信息经济的测度，说到底就是要分析信息经济对整个国民经济的贡献，分析信息对经济结构的变化的影响，最终根据其内在的规律去预测（研究）未来经济发展的趋势。信息化是一种处于不断深入和发展中的社会现象，许多国家，特别是西方一些国家的研究人员对信息化发展与理论研究作了非常深入的研究。美国是推动世界进入信息化时代的主要发源地，因而有关信息化发展理论与分析方法的研究也最先开始于此。1962 年美国经济学家马克卢普出版了《美国知识的生产与分配》，提出了一套测算信息经济规模的方法；1977 年波拉特继承并在很大程度上扩展了马克卢普的研究成果，出版了《信息经济》（9 卷本），提出了被称为“波拉特法”的信息化发展测度方法。对于信息社会的形态，许多学者进行了描述，其中的代表性著作有托夫勒的《第三次浪潮》、贝尔的《后工业社会的来临》、斯托尼尔的《信息财富——简论后工业经济》、霍肯的《下一代经济》等。日本学者在 20 世纪 60 年代中期建立了对信息化进行社会测度的模型——信息化指数模型。信息经济测度理论和方法形成于 20 世纪 60 年代，70 年代得到了较快发展，80 年代得到了较为广泛的应用，90 年代美国经济学家波拉特在《信息经济：定义与测量》一书中第一次比较系统地提出了信息经济的预测方法。归纳起来，目前在该领域的研究中，根据其研究的对象、内容、方法的不同，形成了两个比较有影响的分支。

（1）以美国经济学家为代表的分支。

美国经济学家以经济学范畴为出发点、以信息经济为研究对象开展宏观计量，它从人类信息活动的经济角度和生产结构与就业分类角度，对信息产业运行机制进行研究，考察信息经济在国民生产总值（GNP）中所占的比例。其基本论点是：信息经济已成为继农业、工业、服务业之后而形成的第四产业——信息产业，其产值可以用投入产出法从 GNP

中分离。其中，马克卢普、波拉特、鲁宾等经济学家为之作出了巨大贡献。

(2) 以日本经济学家为代表的信息化指数模型。

该模型是从衡量社会的信息流量和信息能力等方面来衡量社会的信息化程度，主要依据某些综合的社会统计数字构造测度模型。

我国在信息经济测度理论与方法方面也进行了大量的研究，尤其是20世纪90年代以后，借鉴国外信息经济测度理论成果，结合我国国情，在此领域里也取得了较大的成就。如2001年下半年，我国在进行了大量的研究后，正式公布了国家信息化指标构成方案，大大推动了我国在信息化测度理论方法与实践方面的发展。

7.2 马克卢普的信息经济测度理论与方法

马克卢普早在20世纪40年代末就开始了对知识和知识产业的研究，而信息经济学一词的出现是在20世纪50年代末，在此之前，在学术界，知识经济、知识产业与信息经济几乎是同一概念，马克卢普对信息经济测度理论的研究成果主要集中在该时期。该时期马克卢普在他的《美国的知识生产与分配》一书中，正式给出了知识产业的一般范畴和最早的分类模式，并在此基础上建立起对美国知识生产与分配的最早的测度体系，即马克卢普的信息经济测度理论体系。

7.2.1 马克卢普信息经济测度理论体系

1. 马克卢普的知识概念

马克卢普明确地对知识进行分类，并对学术知识、实用知识、闲谈与消遣知识进行生产和分配的分析，扩大了传统经济学“知识”概念的范畴，为重新确定国民生产总值的测度范围、扩大国民生产总值核算体系的范畴奠定了基础。

马克卢普首先把知识分为五方面内容：

一是实用知识。它是对于人们的工作、决策和行为有价值的知识。实用知识可以根据人们的行动再分为专业知识、商业知识、劳动知识、政治知识、家庭知识和其他实用知识。

二是学术知识。它是能够满足人们在学术创造上的好奇心的那部分知识。学术知识是教育自由主义、人文主义和科学知识，以及一般文化中的组成部分。

三是闲谈与消遣知识。它是满足人们在非学术性方面的好奇心，或者能够满足人们对轻松娱乐和感官刺激方面的欲望的那部分知识。这类知识常常包括本地的传闻以及小说、

弗里兹·马克卢普
(1902.12—1983.3)

奥地利裔美籍经济学家。20世纪50年代开始对知识和知识产业进行研究，1962年在《美国的知识生产与分配》(*The Production and Distribution of Knowledge in the United States*) 一书中，在关于“生产知识产业及其职业”中正式提出“知识产业”(knowledge industry) 这一概念，给出了知识产业的一般范畴和最早的分类模式，并在此基础上建立起对美国知识生产与分配的最早的测度体系，即马克卢普的信息经济测度范式。

故事、幽默、游戏等，它们大多数是由于被动地放松“严肃的”事物而获得的知识，因而具有降低敏感性的趋向。

四是精神知识。这类知识包括哲学及宗教知识等。

五是不需要的知识（多余的知识）。这类知识不是人们有意识获取的知识，通常是由于偶然或无意识地保留下来的知识。

马克卢普又从科学的与历史的、一般抽象的与特殊具体的、分析的与经验的、永恒的与暂时的角度，对知识类别进行分析。一般地说，马克卢普的“知识产业”研究基本上就是对上述五个层次的知识，特别是前三类知识的生产与分配问题进行分析。在 1980 年的研究中，马克卢普又从世俗知识、科学知识、人文知识、社会知识、艺术知识、没有文字的知识（如视听艺术）的角度对知识进行解释，提出知识具有真实、美丽和优秀等性质。

马克卢普把科学本身作为典型的知识生产活动，明确提出“知识是一项投资”，确定了知识在社会中的经济意义，丰富了社会投资和资本理论的内涵。

马克卢普认为，科学本身就是一项典型的知识生产活动，科学生产的知识可以被看成是提高未来生产率的一种投资。从另一角度分析，科学知识又是作为社会生活的消费品之一而受到部分社会成员的偏好，人们对它进行投资是为了获取知识为己所消费，知识仍然是一项投资，它是作为社会中间产品而为人们所使用。

知识在社会生活中的这种经济意义使马克卢普看到，可以从知识角度重新对待社会投资及其所有的资本理论。马克卢普从各种形态的知识产品中区分出知识存在的三种基本形式：

一是储存于那些建立在成本巨大的研究与开发基础上的技术规范，以及由此而专门制造出来的物质性机器与工具中的知识。例如，计算机软件、飞机机体、雷达仪器等，这些知识可以称为凝固在物质形态中的人类智慧。

二是储存在那些接受过教育与培训的“知识传输者”和技术工人活动中的知识。个人所拥有的知识与技能构成知识储存的第二种形式。

三是储存在那些既不属于物质机器，也不属于“知识传输者”和技术工人等个人身上，而是以某些特殊形式或社会规定的形式存在的知识。这些知识需要时间和劳动成本才能生产和普及，如一项新的生产加工工艺的发明、一项新的计算机软件的开发等。这些知识或者在专利形式下被一定的生产者占有而形成有限的技术垄断，或者以公共财物的形式被任何企图利用它们谋取利益的个人或集团所使用。

马克卢普认为科学生产的知识既是提高未来生产率的一种投资，又是社会生活中对其进行消费的投资。他重新确定了知识在社会中的经济意义，使人们从知识角度重新认识社会投资和资本理论，扩大了社会投资和资本理论的内涵。马克卢普的观点已被诸多经济学家所认同。众所周知的新增长理论认为，知识可以提高投资的回报，而投资回报的提高又可反过来增进知识的积累，人们可以通过创造更有效的生产组织方法以及产生出新的和改进的产品和服务实现上述目的。知识投资可以提高其他生产要素的生产能力，并将这些生产能力转化为新产品和新工艺。由于这些知识投资的特征是增加回报率，所以它们是经济长期增长的关键因素。

一般资本理论中增加了人力资本的要素，提出非物质非人力资本——“无形资本”必须与一定的知识活动和知识投资相联系。这种“无形资本”的投资将给社会带来收益，并且预示当人类社会发展到不能脱离知识资本而发展时，经济领域的知识生产活动以“知识产业”的形式出现将成为一种必然。

马克卢普提出，与三种知识储存形式相对应形成了资本的三种形式，而且所有资本理论都将涉及四个基本概念：耐久但可耗尽、有价值但可以折旧的资源储备；可增加资源储备的投资和积累；伴随资本和投资带来的服务与收益等的流动量；附加劳动所形成的附加价值。这样，马克卢普为其资本的三种形式找到了逻辑上的依据，在一般资本理论中增加了人力资源要素。按马克卢普的观点，物质的或具体的资本和人力资本固然都与知识因素有着密切联系，但只有非物质资本与人力资本才是由知识构成的，即物质资本与人力资本未必一定以知识活动或知识投资为基础，而非物质、非人力资本则必须与一定的知识活动或知识投资相联系。这里，非物质、非人力资木基本上是一种无形资本，它是教育、研究与开发等知识生产活动的产物。

区分知识储存形态与资本的三种形式，最简单的方式就是分析利用它们所带来的各种收益的流动。储存在机器和类似物质形式中的知识是以这些机器或物质形式的实物的市场销售价格的交易收入形式，或以这些机器或物质形式的实物所创造的产品的销售收入的销售体现出对它们投资的回报；储存在个人身上的知识以提高劳动者的技能时获得的工资形式反映对其报酬；储存在非物质非个人中的知识以提高劳动生产率和生产要素效率的收益，通过垄断利润或提高生产者实际收入的形式体现对其报酬。

马克卢普称这些报酬是一种“无形的”资本带来的收益。既然作为“无形的”资本形式的知识能够给人们带来收益，那么，就没有理由阻止追求利润最大化的市场参加者开展大规模的知识生产活动。当这些知识生产活动达到一定的程度，即人类发展的各个方面都已经不可脱离知识资本而发展时，人们就开始认识到在经济领域将知识生产的社会组织活动以“知识产业”概念加以概括而给予特别对待不仅是可行的，而且是必要的。

2. 马克卢普知识产业的研究

马克卢普在对知识产业的研究中，提出了许多在当时世界经济学界颇有影响的观点和问题，最终形成较完备的理论体系。其主要观点和问题如下：

（1）社会中垄断与竞争的不完备多半与社会制度存在着密切关系。马克卢普认为，研究市场经济的垄断与竞争的不完备性，必须考虑社会制度中的哪些制度抑制了竞争。社会专利制度是一种对市场竞争具有强大抑制作用的社会制度。马克卢普对19世纪以来的与专利制度本身利益相互对立的专利价值问题进行了研究，在1958年出版了《专利制度的一种经济观点》一书。

（2）国家技术研究与发展的环境条件与该国的教育制度有着密切的联系。高质量的教育水平与合理的教育制度是高水平的研究与发明创造的必要条件。

（3）由于教育过程中所需的各种知识和技能并非全部产生于教育范畴，教育与实践中产生的种种知识和技能与人们理性思考形成的抽象观念不可分割，因此，信息经济的测度还必须考虑教育之外的知识生产与交流过程。

从以上几个方面可以看出，马克卢普对信息经济测度理论的研究存在内在的规律性，各个环节呈现出递进关系，层层深入。其研究领域既包括组织机构、专利制度、研究与发展的投入，又包括教育、教育制度、知识生产与传播、知识生产与信息资源配置等，形成了“知识产业”研究的体系。

“知识产业”一词最早由马克卢普提出。从马克卢普信息经济测度理论形成看，它始于对垄断与竞争的理论性研究，终结于对美国知识生产与分配的统计学研究。其研究过程也反映了微观信息经济学与宏观信息经济学之间的内在联系。因而可以认为，以讨论信息不确定性为中心的宏观信息经济学，是以讨论市场不确定性和风险为核心的微观信息经济学在研究逻辑上的扩展。

马克卢普认为，知识产业是或者为自身消费，或者为他人消费而生产知识，或从事信息服务和生产信息产品的组织或机构，如厂商、机构、组织或部门，甚至可能是个人或家庭。马克卢普把知识产业分为 5 个层次：

（1）研究与开发方面，包括基础领域的研究、应用领域的研究和产业发展研究。

（2）教育体系方面，包括各级各类的教育，如职业教育、家庭教育、军事教育、宗教教育、中小学教育、高等教育、商业与职业教育等。

（3）通信及中介媒介方面，包括商业印刷、图书出版、文具办公用品、摄影、戏剧、音乐、电影、体育表演、广播、电视、电报、电话、邮政、艺术创作等。

（4）信息设备方面，包括网络互联设备（如网关、路由器、中继器、交换机等）、电影设备、计算机、打字机、信息设施、电报设备、印刷设备以及光控、声控设备等。

（5）信息机构方面，包括图书馆、信息中心，以及与信息相关的机构、部门、服务性行业等。

7.2.2 马克卢普信息经济测度方法

1. 测度方法

马克卢普信息经济测度理论体系的核心是知识产业及其五个组成部分。基于此，他在进行信息经济测度时，选择了“最终需求法”，即将知识产业从现存的统计体系中挑选出来，逐个进行测算和平衡。他运用此法对美国 1956 年和 1958 年的知识产业的生产与分配进行了测度，结果与实际相一致。

最终需求法又称为支出法或最终产品法，是用来测度国民生产总值主要方法之一。其计算公式为

$$\text{GNP} = C + G + I + (X - M)$$

式中：C——消费量，即消费者对最终产品和服务的需求量或消费量；

G——政府采购，即政府对最终产品和服务的需求量或消费量；

I——投资量，即厂商对最终产品和服务的需求量或消费量，或者说是企业、组织和政府对固定资产和物质储备的总投资；

X——出口额，即本国产品或服务的在国外的销售额；

M——进口额，即从外国购进的产品或服务的销售额；

$(X - M)$——出口净额，即产品和服务的出口与进口的差额。

根据最终需求法，马克卢普以 1956 年和 1958 年为测度基准年，对美国信息经济进行了测度，其结果对美国经济的发展具有重大意义。

2. 马克卢普信息经济测度理论的成果与现实意义

（1）马克卢普以 1956 年和 1958 年为测度基准年，通过对美国 1958 年国民生产总值的调整测度得出：1958 年美国知识生产总值为 13 643 600 万美元，占其国民生产总值的 28.5%～29%；美国知识产业各分支对国民生产总值的贡献率由高至低依次为教育、通信

媒介、信息服务、研究与开发、信息设备。可以认为，知识产业中各分支之间对国民生产总值贡献大小的排序，对于分析国家经济发展结构与投资结构具有重要意义。马克卢普还计算出1958年美国知识产业的经费来源，说明消费者才是知识产业发展的最大支持者，其次是厂商企业，政府对知识产业的财政支持程度处于最末地位。显然，美国知识产业发展的这种财政支持状况及其结构，对于发展知识产业的后来者在制定信息产业发展策略和政策上具有参考价值。此外，马克卢普发现，在美国国民生产总值中，知识产业的增长率是其他生产部门平均增长率的2.5倍。据此，马克卢普预言，在不久的将来，美国知识生产的产值将接近或超过国民生产总值的50%。

（2）马克卢普强调知识在经济中的重要作用。这一观点早已得到美国政府和社会的认同。美国对科技的投入不断增加，研究与发展经费由20世纪40年代政府预算支出的1%，增长到1965年的12.6%，1996年，研究与开发活动支出总额为1 846.65亿美元，居世界第一位。马克卢普关于知识生产的预言已经被美国经济发展的现状所证实。根据美国商务部的测算，早在20世纪80年代，科技进步对美国经济增长的贡献就已经达到50%以上。知识和科学技术在经济中的最大作用就是提高劳动效率，由于科技进步，美国无论农业、工业还是服务业的生产效率，都处于世界先进水平。知识、信息就是第一财富。计算机大王、软件大王、媒体大王逐渐取代钢铁大王、石油大王、地产大王，成为全球首富，财富越来越向知识业、信息业汇集。这足以说明知识在经济收益中的作用，以知识及信息的生产、分配和使用为主要内容的知识产业已经形成，并成为新时代的主导产业。

（3）马克卢普关于知识产业的研究开辟了新的研究领域。他的知识产业理论为进一步研究知识生产和科学技术在国民生产总值中所占份额的测度奠定了初步基础，对重新认识知识在以现代科学技术为基础的世界新技术革命和产业革命中的作用提供了理论依据，为研究知识经济和知识产业奠定了重要的理论基础。

7.3 波拉特的信息经济测度理论与方法

马克·波拉特对信息经济测度理论的研究是在马克卢普研究的基础上进行的。他在继承马克卢普研究成果的同时，又在很大程度上扩展了马克卢普的研究成果，同时又吸收了丹尼尔·贝尔的“后工业社会论”思想，发展了克拉克的三次产业分类法，把第一、第二、第三产业中的信息与信息活动分离出来，构成独立的信息产业，提出了被称为“波拉特法”的信息经济测度方法。他的工作为信息经济和信息产业的定量研究提供了一套具有可操作性的方法，在世界各国都得到了应用。

7.3.1 波拉特信息经济测度理论体系

1. 波拉特信息经济测度理论的基本思想

（1）明确若干概念，为理论分析的量化奠定坚实的基础。

（2）从市场角度，按照信息市场的供求关系分析信息经济的基本结构。

（3）最后，按照市场与非市场性质区分不同类型的信息活动，最终建立起具有可操作性的信息经济测度体系。

2. 波拉特信息经济测度理论中涉及的概念

（1）信息劳动者。信息劳动者是指为满足个人、企业、团体或政府组织对信息的需求，社会上出现的以提供信息服务或生产信息产品为职业的劳动者，如教师、工程师、设计师、科研人员、知识分配者、市场调查与管理人员、信息处理工作者等。波拉特在其理论模型中将社会劳动者分为三大类型，即信息劳动者、非信息劳动者和复合劳动者。

波拉特将美国 400 多种职业中与信息劳动有关的职业分离出来，形成五大类信息劳动者，即知识生产者、知识分配者、市场调查和管理人员、信息处理工作者和信息机械操作者。其职业种类和所从事的职业如图 7.1 所示。

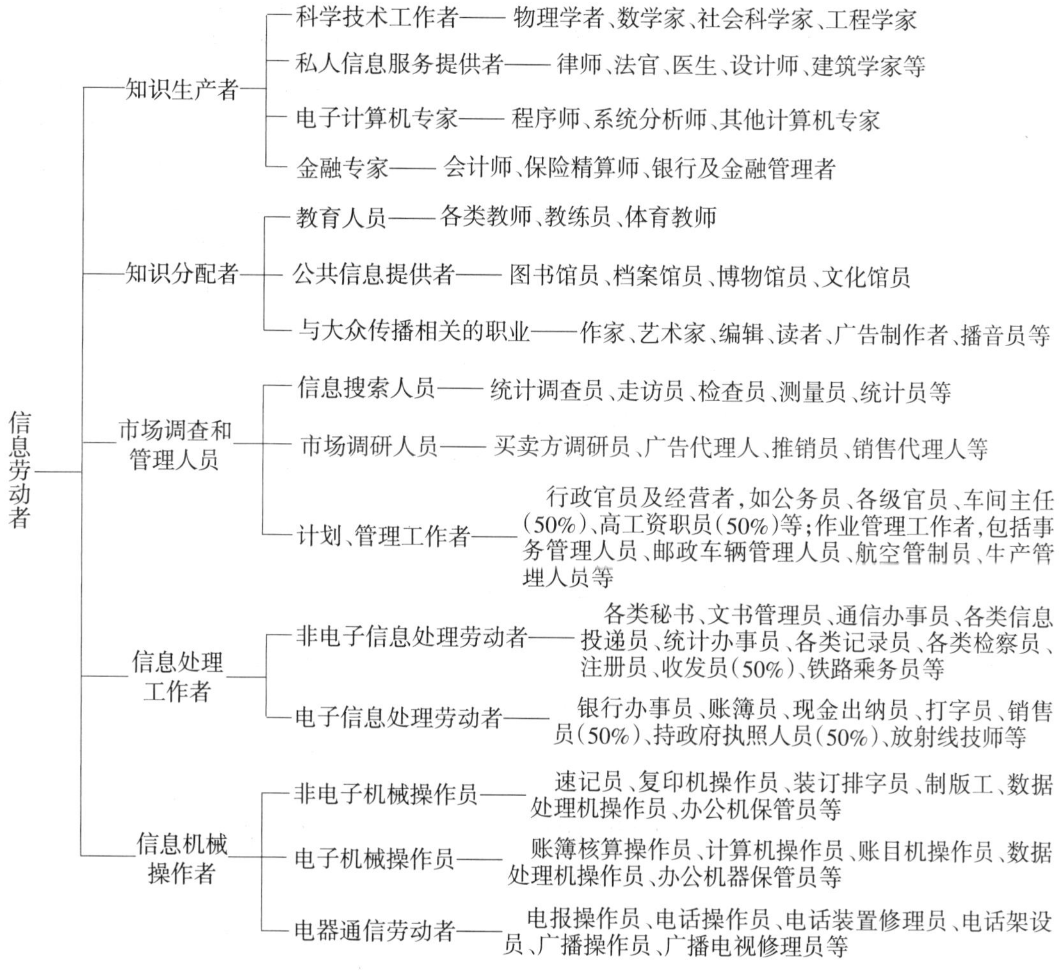

图 7.1　职业种类和所从事的职业

（2）信息资本。信息资本是指对信息生产和信息服务等信息活动相关的各种信息设施和设备的投资。例如，为企业实现全面信息化而投资计算机、服务器、路由器、中继器等设备，还有像为满足远程教育和多媒体教学而投入的信息设备等，都是为从事信息服务相关的信息活动提供的设施，是信息资本的组成部分。

（3）信息及信息活动。波拉特认为，信息就是组织好的、能传递的数据或资料；信息活动是指与消耗在生产、处理和分配信息商品及信息服务过程中所有资源相关的经济活动，即在信息产品和信息服务生产、处理、流通、分配过程中所消耗掉的一切资源。例如，用于处理、使用和传播信息的人力、机械和服务等。

（4）信息职业。按照劳动者的主要收入是否来源于从事信息劳动，波拉特将社会职业划分为两大类，即信息职业和非信息职业。信息职业是指从事符号、信息处理活动或从事高智能性的信息处理活动的职业，如知识创新、技术发明等；非信息职业是指主要从事机械性操作活动的职业，如机床操作师等。按照这种分类，波拉特进而将信息职业分为 30 个小类，其中有 28 种职业具有显著的复合特征。信息部门与服务部门各占 50% 的复合职业，如表 7.1 所示。明确了以上几个基本概念，就可以对信息经济活动进行量化、测度。

表 7.1　波特拉测度理论关于复合职业一览表

信息部门与服务部门各占 50%		信息部门与工业部门各占 50%
医生	船长、海员、零售人员	其他的车间主任
持政府证书的护士	商人	木材检验员、测量员、定级员
营养师	零售事务员	其他分类的检查员
临床检查医师	其他办事员	线路测量员
保健记录技师	零售店主（薪给）	制造业检查员、试验员
放射线诊断技师	零售店主（自营）	定级员、分类员
设计人员	个人服务业主（薪给）	
非食品的销售人员	个人服务业主（自营）	
协会工作人员	事业服务业主（薪给）	
站长	事业服务业主（自营）	
广告宣传人员	收发员	

注：薪给——拥有经营权，不拥有所有权。自营——既拥有经营权又拥有所有权。

另外，为了便于对信息活动进行量化、测度，波拉特将信息部门划分为一级信息部门和二级信息部门。

一级信息部门是指那些向市场提供信息商品或服务，参与市场交换的厂商部门，它们是构成社会信息市场的主体。

二级信息部门是指仅为满足政府或非信息企业内部消费而提供信息产品和服务的部门。

有了这样的概念，对理解波拉特信息经济测度方法会更容易一些。

7.3.2　波拉特信息经济测度方法

1. 一级信息部门的测度

首先是确定一级信息部门，即从众多的信息行业中，按一级信息部门的定义提取出符合条件的构成一级信息部门，如表 7.2 所示。

表 7.2　一级信息部门的分类及行业

信息部门	信息行业
①知识生产与发明产业	研究与开发产业、发明性产业（民间）、民间信息服务
②信息分配和通信产业	教育、公共信息服务、正式通信媒介、非正式通信媒介
③风险经营	各类保险业、各类金融业、投机经纪业
④调研与调控产业	调研与非投机经纪业、广告业、非市场调控机构
⑤信息处理与传递服务业	非电子处理业、电子处理业、电信基础设施
⑥信息商品产业	非电子性消费或中间产品、非电子性投资产品、电子性消费或中间产品、电子性投资产品
⑦某些政府活动	政府中的一级信息部门、邮政服务、地方教育
⑧基础设施	信息建筑物及租金

在确定一级信息部门时，如计算机产业、电信产业等可以直接从制造业中划分出来，难以划分的，要通过具体的调查来确定信息生产与服务的份额。其基本原则是：构成一级信息部门的产品和服务，其信息的生产、处理和流动的过程，必须基本上具有某种信息，如果是信息以外的要素的辅助性东西，那么其产品和服务就应排除在外。

在确定了一级信息部门后，可采用最终需求法和增加值法具体测算信息部门的产值。

增值法是将所有部门的销售额或营业收入扣除从别的部门购买生产资料的支出后的余额相加，进而求得一定时期内社会生产的新增加价值总额的一种计算方法。其计算公式为

$$\Delta SP = \sum_{i=1}^{n}(S_i - C_i) \qquad (i \geqslant 0, i \text{ 为整数})$$

式中：ΔSP——在一定时期内社会生产的新增加价值总额；

S_i——在一定时期内 i 部门的销售额或营业收入；

C_i——在一定时期内 i 部门从其他部门购买生产资料的支出费用；

n——部门数。

采用增值法可以在一定程度上避免 GNP 的重复计算问题。但用增值法测定信息市场的产值时，需运用投入产出矩阵，并把其产品不采用商品形态的非独立的信息部门的增值也计算进去。

2. 二级信息部门的测度

按照波拉特的理论，二级信息部门的产值由两方面可测算的投入量构成：在非信息行业就业的信息劳动者的投入，非信息行业购入的信息资本的折旧。

先根据按产业划分的就业结构矩阵，将该矩阵中的职工人数变换为职业收入进而得出劳动者的收入；再根据按产业分类的资本流量矩阵，通过预先设定的假设条件，从而计算出非信息产业内部资本的折旧；最后根据这两大类数据测算出二级信息部门的总产值。具体的测算过程相当复杂，有一定的困难，下面给出用此法测得的一些国家信息产业所占总产值的百分比及信息产业就业人数占总就业人数的百分比，如表 7.3 所示。

表 7.3　一些国家和组织信息产业产值在总产值中的百分比及就业人口百分比（%）

国家和组织		信息产业产值在总产值中的百分比				信息业就业人数占总就业人数的百分比
		年份	一级信息部门	二级信息部门	合计	
发达国家	美国	1958	19.6	23.1	42.7	42.0
		1967	23.8	24.7	48.5	45.0
		1972	24.8	—	—	—
		1974	—	24.4	—	49.0
	日本	1960	8.4	—	—	21.0
		1965	14.4	21.8	36.2	26.0
		1970	18.8	16.2	35.0	29.0
		1979	14.7	20.7	35.4	38.0
	澳大利亚	1968	14.6	—	—	—
		1974—1975	18.5	—	—	27.5（1971）
		1977—1978	22.0	—	—	—
		1978—1979	23.2	13.8	37.0	46.4
	联邦德国	1950	—	—	—	18.3
		1976	—	—	—	33.2
	法国	1962	21.6	—	—	—
		1972	22.8	—	—	—
		1973	24.8	—	—	—
		1974	19.1	—	—	—
		1975	—	—	—	35.0
	瑞典	1970	16.9	—	—	—
		1975	17.8	—	—	36.0
	英国	1963	16.0	13.8	29.8	—
		1971	—	—	—	37.0
		1972	22.0	10.9	32.9	—
	欧共体	1985	—	—	86.7	55.0
	经济合作与发展组织	1970—1976	—	—	40.0	33.5
中等发达和新兴工业国家	匈牙利	1982	16.3	19.2	35.5	—
	韩国	1980	19.9	17～21	37～41	14.3
	新加坡	1973	12.76	11.6	24.36	—
	新西兰	1972	—	—	18.6	—
发展中国家	马来西亚	1975	9.0	7.0	16.0	—
	委内瑞拉	1978	10.0	10～15	20～25	25.0
	中国	1982	9.0	6.0	15.0	8.8
	斐济	1977	—	—	16.7	—
	印度尼西亚	1975	—	—	8.9	—
	菲律宾	1975	—	—	12.8	—
	泰国	1975	—	—	9.9	—
	巴布亚新几内亚	1976—1977	—	—	11.6	—

注：表中信息部门各栏内的数字，是该部门占 GNP 或 GDP 总值的百分比。其中发达国家为 GDP，发展中国家为 GNP。

（资料来源：骆正山．信息经济学（第 2 版）．机械工业出版社，2013：231－232）

7.4 日本信息化指数模型法

信息化指数模型从人类社会发展的社会角度，研究信息的社会化和社会化信息所引起的经济格局的变更。其基本观点是：信息是人类社会经济发展和社会活动中不可缺少的资源要素，信息是生产力，信息社会是继农业、工业后的又一种新的人类社会形态。1965年，日本学者小松崎清介建立了对信息化进行社会测度的模型——信息化指数模型，受到世人的极大关注，也备受各国的青睐。信息化指数包括一套指标体系，主要是从邮电、广播、电视新闻等行业中选取，由信息量（Q）、信息装备率（E）、通信主体水平（P）、信息系数（U）4 个主要因素构成，具体又分解为 11 个小的变量。信息化指数指标构成如图 7.2 所示。

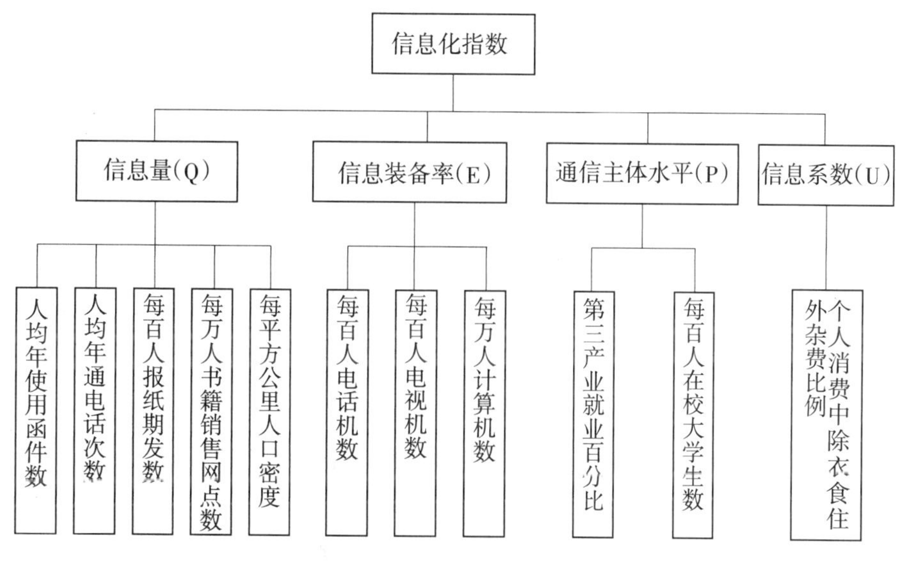

图 7.2 信息化指数指标构成

信息化指数是在信息化指标体系基础上计算得到的。模型的计算方法有两种：一步算术平均法和二步算术平均法，前者是直接将三级指标的指数相加之和除以项数，后者是先计算出二级指数值再求最终的信息化指数。两种算法的权重基础不同，其结果也不一样。

这一指标体系选取了社会信息化活动中最有代表性的活动指标，包括人均年使用函件数、人均年通话次数、每百万人每天报纸发行数、每万人书籍销售网点数、每平方公里人口密度、每百人电话机数、每百人电视机数、每万人计算机数、每百人中在校大学生数、第三产业人数百分比、个人消费中杂费的比率。这些指标不仅是具体的，而且是可以测度的，基本上从各个侧面反映了信息化程度的总体水平。其具体测算方法采用算术平均法，再以某国或地区某年的各项指标数为基年的基数，权重为 100，然后将被测地区某年的各项指标值分别除以基年的各项指标值，再分别按大类累加除以项数，求得各大类的平均指数，最后将各大类平均指数相加除以 4（共四大类），其除数即为最终所求的代表社会信息化水平的“信息化指数”。依据这一方法测得的一些国家和地区信息化指数如表 7.4 所示。

表 7.4　一些国家和地区信息化指数比较

国家与地区	年份	信息化指数	函件指数	通话指数	报纸发行指数	书籍销售网点指数	人口密度指数	电话机指数	电视机指数	计算机指数	第三产业指数	在校大学生指数	信息消费指数
日本	1965	100.0	100	100	100	100	100	100	100	100	100	100	100
	1973	240.6	125	133	116	107	110	291	127	128	111	143	114
	1977	337.3	112	113	118	130	116	391	133	2 400	118	182	107
美国	1965	242.9	387	198	68.9	102	7.9	436	200	794	140	197	141
	1973	556.1	427	249	66.7	142	8.3	591	289	3 724	149	295	141
	1977	1 007	434	326	64.4	159	8.7	655	317	9 117	149	460	162
英国	1965	117	210	40	107	195	85	173	139	129	111	37	121
	1973	209	215	85	118	240	86	309	172	888	124	83	128
法国	1965	110	161	16	56	177	34	109	72	159	98	91	141
	1973	210	232	43	51	192	36	200	733	1 035	109	114	159
联邦德国	1965	103.4	162	34	73	171	86	136	106	188	89	54	97
	1973	211	173	72	64	265	94	264	167	1 088	100	85	110
	1977	382.2	216	84.4	58.5	164	93.2	309	172	2 976	107	118	121
中国大陆	1985	37.88	4.64	3.7	64.0	45.8	41.1	5.7	31.8	41.2	40	29.8	58.6
	2000	145.3	12.9	19.1	172	154	47.2	25.5	111	464.7	92.3	298	117
中国香港	1988	64.0	118	110	127	996	2 021	473	127	8 204.0	138	123	164
	1994	—	158	153	—	—	2 185	607	—	24 881	185	131	172

注：①有的数字位数做了处理。②2000 年中国大陆信息化指数为预测值。

（资料来源：骆正山．信息经济学（第 2 版）．机械工业出版社，2013：231－232）

该模型是日本 20 世纪 70 年代经济发展的产物，当时的日本正处在高度发达的工业化时代，传统产业占主导地位。在其各项指标设置中，一方面缺少反映现代通信设备和其他信息产业变化情况的指标，特别是忽视计算机和网络在社会信息化水平测度中的重要性，这与飞速发展的现代信息经济是不相适应的，落后于时代发展。另一方面，把“每平方公里人口密度”作为重要指标，这在传统的农业社会和工业社会还适用，即人口越多，信息量越大。但在日趋信息化的现代社会，人口与信息量的关系早已不成正比，目前世界上大多数发展中国家和地区人口密度都比较大，而社会信息化程度却比较低，这项指标显然与现实不符。在计算上，该模型过于简单、不全面，有些重要的信息活动指标未能体现和包括，算数平均得出的测度结果没有区分不同参数或不同因子的贡献大小，掩盖了实质上的差异；还有在某些概念缺乏明确界定和统一如“人均年使用函件数”和“个人消费中杂费比例”两项，前者外延太窄，不包括电子邮件、图文传真和数据交换，仅指传统意义上的纸质函件，而这种函件事实上却随着信息化的迅猛发展在日益减少；后者内涵过宽，把与信息消费无关的各种杂费尽囊括其中，未免有失偏颇。

7.5 信息经济测度方法的比较

7.5.1 马克卢普与波拉特信息经济测度的比较

前面说到，波拉特信息经济测度理论与方法是继承并在很大程度上扩展了马克卢普的研究成果。两者都是从人类信息活动的经济角度和生产结构等角度，对信息产业运行机制进行研究，考察信息经济在国民生产总值（GNP）中所占的比例，这是两者的共同之处。然而两者的研究之间还是存在着重要的差别。

1. *两者在研究中对信息经济含义的理解方面存在差异*

马克卢普信息经济的基本单元是生产知识信息的个人和组织，而波拉特信息经济的基本单元则是信息活动或信息市场。其区别如表 7.5 所示。

表 7.5 马克卢普与波拉特关于信息经济定义的差别

	马克卢普信息经济	波拉特信息经济
基本单位	生产信息商品和提供信息服务的个人或组织，如企业、研究部门、行政部门、个人或家庭	信息活动。首先考虑每一种活动，分析其是否与信息有关，并以价值来衡量。信息活动的主要部分是信息，另一部分是与信息相关的活动
目的	将上述各方面重新组成教育、研究与开发、通信媒介信息服务、信息设备五个分支，用于测度信息经济的范围，因为它们都具有价值	通过将信息价值纳入美国国民核算体系的方法测度信息经济规模

这种差异体现在数据分析和提取上，具体表现为马克卢普计算了没有在市场上交易的部分价值，且在计算总需求时将投资等某些中间项包括进去，而未将其删除。即波拉特是将信息部门划分一级信息部门和二级信息部门分别进行信息活动的测度；而马克卢普是将它们混合在一起进行计算的。体现在方法论上，马克卢普侧重于知识生产在最终需求中所占的份额，而波拉特注重个体的考察信息作为中间产品投入在经济中的作用。

2. *两者对信息经济测度的方法不同*

马克卢普对信息经济测度采用最终产品法；而波拉特则采用最终需求法和增加值法的结合（主要采用增加值法）来进行测度的。此法在一定程度上可以克服马克卢普的方法中重复计算的情况。

3. *两者在产业分类上存在重大差别*

马克卢普的研究不仅仅局限于那些可以从经济分析部门获得的有关信息数据，而且涉及许多需要重新定义和统计的领域；而波拉特的研究则严格遵守国民收入账户提供的信息价格和成本数据。

这两种信息经济测度理论从不同角度各有其优点，很难说哪种更优越。通过运用它们对美国信息经济发展规模进行计算，其基本结论是相似的。

7.5.2 波拉特法和信息化指数法的比较

波拉特法将 GNP 作为衡量信息经济部门增值的统一参照指标，为一个国家或地区纵向比较信息经济发展进程和横向比较不同国家或地区的信息经济规模，提供了建立于相同参照系上的指标体系，因而成为各国测算信息化水平通常采用的方法。信息化指数法是宏观测度社会信息化程度的一项重要测算方法，在纵向与横向比较各国或地区不同时期的信息化程度方面，具有直观、简便、实用的特点。尽管以上两种方法与其他方法比较起来，科学性和可操作性都较好，但是它们在严谨性、准确性和完整性等方面还存在一些问题。总体来看，国际上还缺乏一套对信息化发展水平和信息化对经济增长的贡献进行分析测算的科学、权威、系统的方法体系。

7.6 信息经济测度理论的新发展

马克卢普法、波拉特法、日本信息化指数法为信息经济测度理论做出了开创性的工作，但在测度方法和标准方面，处于探索的阶段，没有形成共识，带有学术讨论的性质。例如马克卢普的“知识产业”的界定，虽然在经济学上具有开创性的意义，但是也引起人们的批评。其定义并不严谨，而且很难纳入统计的实践之中。马克·波拉特的工作为定量研究信息及其相关活动提供了一整套可操作的方法，影响着世界各国和地区信息产业的研究，例如，经济合作与发展组织、日本、委内瑞拉、欧洲共同体和我国都采用了波拉特的方法对信息经济进行了各自的测算，但它也受到批评：对信息职业的定义过于宽泛，缺乏实际操作意义，对信息工作者的分类自相矛盾。日本的信息化指数法确实弥补了对社会生活信息化方面统计太弱的缺陷，而且数据容易收集，统计方便，计算简单，具有很好的可操作性和对比性，实用性强。但其缺陷在于使用的方法粗糙，对在国民经济中信息化的作用又反映太弱，在信息技术飞速发展的今天，明显感到对整个体系概括得不全。

在数据来源和数据处理方面也存在诸多困难。由于各国的产业分类体系及国际标准产业分类体系中都没有为信息经济和信息产业留出合适的位置，所以在官方统计体系中信息技术、信息产业、信息经济都难以得到体现。这也就决定了这一阶段的信息化测度是带有学术研究的性质，不可能进入官方统计的范畴。其测度主体不是国家和国际统计机构，而是学术性的组织所进行的。

1993 年美国于公布了国家信息基础设施计划，引发全球范围的信息基础设施建设热潮，成为信息经济测度新发展的标志性事件。随后，信息通信技术（ICT）融合和 Internet 在全世界迅速普及。ICT 从根本上改变了人类加工、传递和利用信息的方式和手段，各种信息都可以用计算机的二进制进行数字化处理，从而实现相互转换。人类信息交流的更大部分正在被数字化（或者 E 化）。ICT 的集中表现是网络。互联网的迅速崛起是信息社会以网络为中心的最有力的佐证。据统计，1995 年的互联网用户仅为百万余户，现在全球有 32 亿互联网用户，其中 15 亿人是出生于 1980 年以后，互联网已经深刻地影响了世界。“光在中国已经有近 7 亿人使用互联网”。由于互联网的普及使得信息社会几乎在一夜之间从梦想变成了现实。网络已经成为社会信息基础结构的雏形，成为一个吸纳、承载人类生产、工作与生活的大平台，一种全新的生存方式。

由于“教育、知识、信息和通信是人类进步、努力和福祉的核心，此外，对我们生活的几乎所有方面都产生极大影响”，国际上对信息社会的理解逐渐统一到以信息技术为基础的范式，对 ICT 及其扩散、影响进行测度。从 1997 年开始，OECD（经济合作与发展组织）在信息社会测评方面做了大量开创性的工作。该组织的信息计算机与通信政策委员会（ICCP Committee）出版的《经济合作与发展组织信息科技展望》，主要分析了信息产业的趋势与其对于经济成长的影响。OECD 于 1997 年成立了 WPIIS（信息社会指标工作组）。将 ICTs 扩散和影响分为准备、使用、影响三个阶段，信息化测量指标可以分为准备、使用的密度以及影响指标三组，设计了一个基于供给和需求分析的 ICT 测度模型，其工作包括信息社会测度的概念、定义、产业范围、调查工具、案例积累等。1999 年，OECD 出版《测量电子商务》，2002 年出版《测度信息经济》，2005 年提出信息社会测度的分析框架，为其后其他国家和组织进行信息社会测度奠定了基础。

当测度的焦点聚集到 ICT 后，一个非常明显的发展特点是 ICT 是处在快速的变化和发展之中的，2009 年，美国出台国家宽带计划，再次引发新的信息基础设施建设的热潮，包括宽带和移动互联网、云计算、物联网和大数据等，集中体现在以互联网为核心的，围绕互联网发展的新一代信息技术。一些传统的信息技术出现饱和，或者被新技术所取代，例如固定电话的发展速度要远远慢于移动电话的发展速度，所以在测度方面必然会需要设置新的测度指标。这就决定了跟踪 ICT 的指标体系也要随着技术的发展来进行调整。新一代信息技术的发展和信息社会政策对信息化测度产生的需求主要表现在以下方面：第一，要求对信息技术的深入认识，表现在测度方面，对理论模型、标准化的测度方法的进一步研究。第二，对信息技术经济和社会影响的测量。第三，国际可比的测量问题。第四，对于进入官方统计的实际问题的关注。统计能力、标准、数据基础（数据库）和国际分工等。

信息化测度的三个发展阶段如表 7.6 所示。

表 7.6 信息化测度的三个发展阶段

	第一阶段（1962—1995）	第二阶段（1995—2005）	第三阶段（2005— ）
技术背景	计算机、PC 发展和普及	互联网普及泛在信息技术发展	新一代信息技术
政策背景	信息社会主要是学术研究的主题，还没有真正进入政策的视野	发达国家关注，重点在于为信息社会做好基础设施的准备政策重点在建设基础设施，注重供应方，注意技术的研发、信息产业部门的发展等	信息社会政策的覆盖面更加广泛到 2010 年，全球 90% 以上的国家都制定了信息社会战略同时关注供应和需求方，而且需求方受到越来越多的重视
标示性事件	马克卢普于 1962 年出版的《美国知识的生产与分配》，该书首次提出了“知识产业”的概念，尝试性地进行了信息经济的测度	1993 年美国提出建设 NII 的计划 1995 年互联网开始在全世界普及	2003—2005 年两个阶段召开的信息社会世界峰会

续表 7.6

		第一阶段（1962—1995）	第二阶段（1995—2005）	第三阶段（2005— ）
测度理论		信息产业划分和测算 信息化指数模型	技术扩散的 S 曲线模型 供给—需求模型	技术经济范式模型 GPT
典型测度实践		马克卢普 波拉特 日本	IDC/WorldTimes 的信息社会指标 英国经济学人集团下属的 EIU（经济学情报单）e-Readiness 报告 WEF/Networked Readiness Index（NRI） 美国商务部数字经济测度 OECD《测度信息经济》《信息社会测度指南》 ITU 的 DAI《测度信息社会》系列年度报告	WEF/Networked Readiness Index（NRI）的持续修订 EIU（经济学情报单位）e-Readiness 的持续修订 美国商务部宽带测度系列报告 欧盟的 DESI OECD《信息社会测度指南》的修订 思科针对新一代信息技术的测度
总体特点	对象	对测度的对象没有形成共识。处于探索阶段	各国在测度对象的问题上已经达成共识，即对信息技术及其扩散、影响进行测度	新一代信息技术的基础设施、扩散、影响
	方法	数据来源：非官方数据，推断分段数据处理：非标准化的处理	数据来源：部分官方统计数据，部分问卷调查。但缺乏国际可比性 数据处理：指标定义标准化	数据来源：国际合作进行数据收集，建立统一的数据库 数据处理：国际组织编写测度方法手册，方法的标准化
	测度主体	学者个体性的探讨	学术性组织商业组织、学术组织、国家、国际组织	国际组织和国际合作。尤其有代表性的是伙伴关系及其工作
	国际标准和合作	无	地区的标准（OECD、欧盟）区域合作	如国际标准（联合国推动和认可）广泛的国际合作，以伙伴关系为代表
	官方统计	无	国家、区域	国际

（资料来源：吕斌．信息化测度的三个发展阶段：兼论新一代信息化测度．图书馆杂志，2016（1））

7.7 应用与案例

7.7.1 2015 中国信息经济发展状况

2015 年 9 月中国信息通信研究院发布《2015 中国信息经济研究》，报告显示：

（1）2014年我国信息经济总量达到16.2万亿元，同比名义增长超过21.1%，较2002年增加了15.8个百分点。信息经济总量增长显著高于当年GDP增速，占GDP比重为26.1%，同比提升2.4个百分点。信息经济已成为近年来带动经济增长的重要动力，2014年中国信息经济对GDP的贡献已达到58.35%。中国信息经济对GDP增长的贡献不断增加，接近甚至超越了某些发达国家的水平（根据工信部电信研究院的测算，同期美国、日本、英国的信息经济对GDP贡献率分别为69.39%，42.21%，44.21%），信息经济在国民经济中的地位不断提升。在中国经济进入新常态的大背景下，信息经济正在逐渐成为国家经济稳定增长的主要引擎。

根据报告提供的说明，信息经济的测算是由生产部分和应用部分统计加总得到。其中，2014年信息经济生产部分规模为4.2万亿元，同比名义增长11.6%，占同期GDP的比重为6.8%；信息经济应用部分规模为11.9万亿元，同比名义增长24.8%，占同期GDP的比重高达19.3%。

（2）"长江经济带"地区信息经济发展。按照"长江经济带"的地理区位，将其分为上游地区（四川、重庆、贵州、云南）、中游地区（安徽、江西、湖北、湖南）、下游地区（上海、江苏、浙江）等三个区域。初步测算结果表明，2014年以上三个区域信息经济占GDP的比重从高到低为下游地区、上游地区和中游地区，分别为30.6%，21.4%和20.8%。增速方面，2002年至2014年12年间，以上三个地区信息经济年平均增速依次为25.0%，21.6%和20.3%。

（3）"京津冀"地区信息经济发展。2014年"京津冀"地区（包括北京、天津、河北）信息经济总体规模突破1.96万亿元，占同期GDP比重为28.6%，高于全国平均水平2.6个百分点。2002年至2014年，"京津冀"地区信息经济名义增速超过25%，显著高于本地区GDP增速。

（4）"东北老工业基地"地区信息经济发展。2014年"东北老工业基地"（包括黑龙江、吉林、辽宁）信息经济总量达到1.2万亿元，占同期GDP比重为21.2%，低于全国平均水平4.8个百分点。2002年至2014年，"东北老工业基地"信息经济名义增速约为21.1%。

（5）"珠三角"地区信息经济发展。2014年"珠三角"地区信息经济总量达到2.39万亿元，占同期GDP比重为34.9%，高于全国平均水平8.9个百分点，是全国信息经济最为发达的区域。2002年至2014年，"珠三角"地区信息经济名义增速达到25.5%。

（6）西北地区信息经济发展。2014年我国西北地区2（包括陕西、甘肃、青海、宁夏、新疆）信息经济总量达到6 600亿元，占同期GDP比重为17.2%，低于全国平均水平8.9个百分点，是全国信息经济较为落后的区域。2002年至2014年，西北地区信息经济名义增速仅为16.3%。

报告指出，我国经济正处于转型升级的关键历史时期，信息经济作为一种新的经济形态，正在成为经济质量提升和增强产业竞争力的必然选择。一方面，信息经济大大优化了经济结构。移动互联网、云计算、物联网等技术的应用，对技术开发、生产加工、商业模式产生深远的影响，为传统产业的升级创造了契机。另一方面，信息经济能够降低交易成本，极大地激发社会各界的创业热情、拓展就业模式。

报告建议，未来我国要进一步发挥信息经济的引领作用，仍需做出诸多努力。首先，应加大力度开放公共数据资源，使公众享受公平高效和优质便捷的服务。其次，还应强化知识产权战略，加大对新兴业态创新成果的保护力度。此外，我国应完善信用体系基础支撑，培育信用服务市场，发挥信用体系的经济社会价值。

（资料来源：2015 中国信息经济研究报告）

【案例分析导引】

国家信息经济发展水平测度对国家经济现象的解释，对国家发展战略的制定、实施和评估的价值。

7.7.2 2015 年浙江省信息经济综合评价

2015 年浙江省信息经济发展指数为 125.6%，其中基础设施、核心产业、个人应用和企业应用发展指数分别为 151.1%，111.9%，137.8% 和 103.8%（详见表 7.7）。

表 7.7 2015 年浙江省信息经济主要指标完成情况

类别	一级指标	二级指标	单位	2014 年	2015 年
基础设施类	基础设施	1. 城域网出口带宽	Gbps	11 939	23 286
		2. 固定宽带段口平均速度	Mbps	10.5	30.9
		3. 每平方公里拥有移动电话基站数量	个/平方公里	1.5	2.0
		4. 固定互联网普及率	户/百人	31.1	34.7
		5. 移动互联网普及率	户/百人	89.8	102.9
		6. 付费数字电视普及率（含 IPTV）	户/百人	44.3	53.1
产业发展类	核心产业	1. 信息经济核心产业增加值占 GDP 的比例	%	7.1	7.9
		2. 信息经济核心产业劳动生产率	万元/人	25.0	28.3
		3. 信息制造业新产品产值率	%	46.1	52.2
融合应用类	个人应用	1. 人均移动互联网接入流量	G/人	2.5	6.2
		2. 全体居民人均通讯支出	元/人	879.0	956.5
		3. 人均电子商务销售额	元/人	8 723	10 255
		4. 网络零售额相当于社会消费品零售总额比例	%	31.6	38.5
	企业应用	1. 工业企业信息化投入相当于主营业务收入比例	%	0.2	0.4
		2. 工业企业电子商务销售额占主营业务收入的比重	%	3.6	3.7
		3. 工业企业每百名员工拥有计算机数	台/百人	24.0	25.1
		4. 工业企业从事信息技术工作人员的比例	%	1.7	2.0
		5. 工业企业应用信息化进行购销存管理普及率	%	56.5	55.7
		6. 工业企业应用信息化进行生产制造管理普及率	%	38.7	36.8
		7. 工业企业应用信息化进行物流配送管理普及率	%	12.5	11.8
	政府应用	该项指标暂不参与评价			

1. 信息基础设施建设水平大幅提升

近年来，浙江不断加大力度，加快完善基础设施建设，打造全方位互联互通格局，建设高速畅通、覆盖城乡、质优价廉、服务便捷的宽带网络基础设施和服务体系，网络覆盖和保障能力不断提升，各项指标均处于全国前列，2015 年全省电信业务总量（按 2010 年不变单价）达 1 581 亿元，较上年增长 38%。至 2015 年，浙江省城域网出口宽带达 22.7Tbps，固定宽带端口平均速率达 30.9Mbps，比上年分别增长 95.0% 和 194.3%。全省累计建成 4G 基站数约 10 万个，每平方公里拥有移动电话基站数量 2.0 个，TD - LTE/FDD 已完成全省商用覆盖，4G +/pre5G 启动试验网建设与应用。固定互联网普及率和移动互联网普及率分别达 34.7 户/百人和 102.9 户/百人，分别比上年提高 3.6 和 13.1 个点。全省广播电视有线网络“一省一网”整合基本完成，“三网融合”取得重大进展，全省付费数字电视普及率（含 IPTV）达 53.1%，比上年提高 8.8 个百分点。

2. 信息经济核心产业成为全省经济增长的新引擎

信息经济核心产业的发展以及相关创新能力的提升，为信息经济加速发展提供强劲拉动与内生动力。2015 年，浙江省信息经济核心产业增加值 3 373 亿元，按现价计算，比上年增长 18.2%，增幅比上年提高 3.8 个百分点，占全省 GDP 的比重为 7.9%，比上年提高 0.8 个百分点。信息经济核心产业劳动生产率为 28.3 万元/人，是全社会劳动生产率的 2.5 倍，比上年增长 13.2%。作为“新经济”的基础，信息经济核心产业已经成为我省重要的支柱产业。2015 年，信息制造业新产品产值率达 52.2%，高出全省规模以上工业 20.3 个百分点，信息制造业已成为我省工业新产品的高产区；信息服务业营业收入 3 615 亿元，增长 39.4%，增幅高于规模以上服务业营业收入 19.3 个百分点，对规模以上服务业增长的贡献率达 66.7%。全省大力推进以重点企业研究院为核心的产业技术创新综合试点，推进产业基地及特色小镇建设，已建成国家和省级信息产业基地、园区 40 个，省级信息经济示范区 12 个，省级信息经济类特色小镇 10 个。一批优势骨干企业快速成长，2015 年全省 13 家企业入围中国电子百强，9 家企业入围中国软件百强，22 家入围中国电子元件百强，入围百强数总体保持全国前列。

3. 融合应用深入推进

（1）个人信息消费成为激发消费增长的重要引擎。随着互联网、移动互联网、物联网、云计算、大数据等新一代信息技术的快速发展，个人信息消费热点不断涌现，新服务、新模式层出不穷，可穿戴设备、AR/VR、智能家电等智能硬件成为新的消费热点；网络约车、网络众筹、网络医院等分享经济不断创新发展，基于互联网的个人信息消费活力不断激发，成为消费增长的重要引擎。在 4G 用户大幅增长、套餐流量资费下降等因素影响下，浙江省居民个人信息消费额大幅增长，信息消费的领域不断拓宽，消费方式和消费习惯也发生了巨大的变化。2015 年，浙江省网络零售额 7 611 亿元，比上年增长 49.9%，省内居民网络消费 4 012 亿元，增长 39.6%。全年人均通讯支出 956 元/人，增长 8.8%。全年人均移动互联网接入流量 6.2G，比上年增加 3.7G，增长 148%，呈高速增长态势。人均电子商务销售额 10 255 元/人，比上年增长 17.6%。网络零售额相当于社会消费品零售总额的 38.5%，比上年提高 6.9 个百分点。浙江跨境电商进出口额约占全国的四分之一，仅次于广东，位居全国第二；跨境电商出口超 40 亿美元，约占全国的 16%。据阿里研究院发布的数据显示，2015 年全国电商百佳县中浙江占 42 席，全国 780 个淘宝村中，浙江占 280 席，均位居全国第一。

（2）企业融合创新应用进一步提升。新一代信息技术在企业各个关键环节的应用不断深化、应用面不断拓展，研发设计、生产装备、流程管理、物流配送、能源管理的数字化、网络化、智能化不断加速，信息技术正在从单项业务应用向多业务综合集成转变，从单一企业应用向产业链协同应用转变，全省机器换人和智能制造步伐不断加快，企业信息整合应用正在成为推动传统产业发展方式转变的重要动力。从全省近4万家规模以上工业企业的信息化调查情况来看，2015年，每百名员工拥有计算机25.1台，比上年增长4.6%；信息化投入272亿元，相当于企业主营业务收入的比例为0.4%，比上年提高0.2个百分点；专职从事信息技术工作人员13.9万人，占全部从业人员的2.0%，占比较上年提高0.3个百分点；应用信息化进行购销存管理普及率、生产制造管理普及率和物流配送管理普及率分别为55.7%，36.8%和11.8%。

全省信息化水平不断提升。据中国电子信息产业发展研究院发布的评估报告，2015年浙江省信息化发展指数达95.89，较2014年的84.8增长11.09，仅次于北京、上海，居全国第三位、各省区第一位；两化融合发展指数为98.15，相比2014年的86.26增长11.89，仅次于广东，位居全国第二。

附件1：浙江省信息经济综合评价指标体系

类别	一级指标	权数	二级指标	单位	权数
基础设施类	1. 基础设施	25	1. 城域网出口带宽	Gbps	4
			2. 固定宽带段口平均速度	Mbps	6
			3. 每平方公里拥有移动电话基站数量	个/平方公里	4
			4. 固定互联网普及率	户/百人	4
			5. 移动互联网普及率	户/百人	5
			6. 付费数字电视普及率（含IPTV）	户/百人	2
产业发展类	2. 核心产业	30	1. 信息经济核心产业增加值占GDP的比例	%	15
			2. 信息经济核心产业劳动生产率	万元/人	8
			3. 信息制造业新产品产值率	%	7
融合应用类	3. 个人应用	22	1. 人均移动互联网接入流量	G/人	6
			2. 全体居民人均通讯支出	元/人	7
			3. 人均电子商务销售额	元/人	6
			4. 网络零售额相当于社会消费品零售总额比例	%	3
	4. 企业应用	23	1. 企业信息化投入相当于主营业务收入比例	%	2
			2. 企业电子商务销售额占主营业务收入的比重	%	2
			3. 企业每百名员工拥有计算机数	台/百人	5
			4. 企业从事信息技术工作人员的比例	%	5
			5. 企业应用信息化进行购销存管理普及率	%	3
			6. 企业应用信息化进行生产制造管理普及率	%	3
			7. 企业应用信息化进行物流配送管理普及率	%	3
	5. 政府应用	该项指标暂时不参与评价，待条件具备再纳入指标评价			

附件2：浙江省信息经济综合评价指标解释

一、基础设施

（1）城域网出口带宽。反映本地区在数据和互联网业务上与国内和国际其他地区数据传输服务能力。

城域网出口带宽＝各运营商城域网出口带宽之和

（2）固定宽带端口平均速度。反映本地区宽带平均接入速度。

固定宽带端口平均速度＝∑（各运营商固定宽带端口平均速率×固定宽带总条数）÷∑各运营商固定宽带总条数

（3）每平方公里拥有移动电话基站数量。反映本地区移动基站覆盖情况。

每平方公里拥有移动电话基站数量＝各运营商移动基站数之和÷行政区划面积

（4）固定互联网普及率。反映本地区互联网普及应用水平。

固定互联网普及率＝各运营商固定宽带总条数之和÷常住人口总数

（5）移动互联网普及率。反映本地区移动互联网普及应用水平。

移动互联网普及率＝各运营商移动互联网用户数之和÷常住人口

（6）付费数字电视普及率（含IPTV）。反映本地区付费数字电视服务使用水平。

付费数字电视普及率（含IPTV）＝（付费数字电视用户数＋IPTV用户数）÷总户数（公安）

二、核心产业

（1）信息经济核心产业增加值占GDP的比重。反映信息经济核心产业发展对区域经济发展与产业结构优化的贡献度。

信息经济核心产业增加值占GDP的比重＝信息经济核心产业增加值÷GDP×100%

（2）信息经济核心产业劳动生产率。反映企业生产效率、劳动投入的重要指标，是企业生产技术水平、经营管理水平、职工技术熟练程度和劳动积极性的综合表现。

规模以上信息经济核心产业劳动生产率

＝（规模以上信息制造业增加值＋规模以上信息服务业增加值）÷

（规模以上信息制造业年平均用工人数＋规模以上信息服务业年均从业人员数）

（3）信息制造业新产品产值率。反映信息制造业企业自主创新能力及新产品开发和应用强度。

信息制造业新产品产值率＝规模以上信息制造业新产品产值÷规模以上信息制造业工业总产值×100%

三、个人应用

（1）人均移动互联网接入流量。反映本地区移动数据流量使用水平。

人均移动互联网接入流量＝移动互联网接入流量÷常住人口总数

（2）全体居民人均通讯支出。反映本地区居民用于通信方面的通信工具、电话费、邮费及其他通信费用等全部支出的水平。

全体居民人均通讯支出＝全体居民通讯总支出÷常住人口总数

（3）人均电子商务销售额。反映规模以上工业企业、有资质的建筑业企业、限额以上批发和零售业企业、限额以上住宿和餐饮业企业、房地产开发经营业企业、规模以上服务业法人企业借助网络订单而销售的商品和服务总额的水平。

人均电子商务销售额＝全社会规上（限上）企业电子商务销售额÷常住人口总数

(4) 网络零售额相当于社会消费品零售总额比例。反映本地区通过网络实现零售额与全社会消费品零售总额的比例关系。

网络零售额相当于社会消费品零售总额比例
＝网络零售额÷社会消费品零售总额×100%

四、企业应用

(1) 企业信息化投入相当于主营业务收入比例。反映本地区企业信息消费（投入）水平。

企业信息化投入相当于主营业务收入比例
＝规模以上企业信息化投入÷规模以上企业主营业务收入×100%

(2) 企业电子商务销售额占主营业务收入的比重。反映企业借助网络订单而销售的商品和服务占企业销售的份额。

企业电子商务销售额占主营业务收入的比重
＝规模以上企业电子商务销售额÷规模以上企业主营业务收入×100%

(3) 企业每百名员工拥有计算机数。反映企业计算机应用情况。

企业每百名员工拥有计算机数
＝规模以上企业期末计算机拥有数÷规模以上企业从业人员平均人数

(4) 企业从事信息技术工作人员的比例。反映企业信息化人才使用情况。

企业从事信息技术工作人员的比例
＝规模以上企业信息技术人员数÷规模以上企业从业人员平均人数×100%

(5) 企业应用信息化进行购销存管理普及率。反映企业销售与采购环节信息化应用水平。

企业应用信息化进行购销存管理普及率
＝应用信息化进行购销存管理的规模以上企业数÷
使用信息化管理的规模以上企业数×100%

(6) 企业应用信息化进行生产制造管理普及率。反映企业生产环节信息化应用水平。

企业应用信息化进行生产制造管理普及率
＝应用信息化进行生产制造管理的规模以上企业数÷
使用信息化管理的规模以上企业数×100%

(7) 企业应用信息化进行物流配送管理普及率。反映企业物流环节信息化应用水平。

企业应用信息化进行物流配送管理普及率
＝应用信息化进行物流配送管理的规模以上企业数÷
使用信息化管理的规模以上企业数×100%

五、政府应用

反映本地区政府信息技术投入水平。政府应用暂不参与评价，待条件具备再纳入指标体系进行综合评价（数据来源：基础设施指标数据来源于浙江移动、电信、联通、华数和省新闻出版广电局，网络零售额数据来源于省商务厅，总户数数据来源省公安厅，其余数据来源于省统计局和国家统计局浙江调查总队)。

（1）2015 浙江省信息经济发展综合评价报告。

《2015 浙江省信息经济发展综合评价报告》是浙江省首个以政府部门名义发布的信息经济发展水平综合评价报告，从基础设施、核心产业、个人应用和企业应用 4 个维度 20 个指标对 11 个设区市和 90 个县（市、区）信息经济发展水平进行了综合评价（由于该报告于 2015 年统计分析得出，所用数据截止到 2014 年底)。报告显示：2014 年浙江省信息经济发展指数为 116.9%，其中基础设施、核心产业、个人应用和企业应用发展指数分别为 127.4%，110.4%，124.6% 和 106.7%。

（2）信息技术产业以年均 23% 左右的速度增长。

近年来，浙江省大力推进宽带普及提速、无线城市、4G 网络等信息基础设施升级，网络覆盖和保障能力不断提升，各项指标处于全国前列。随着浙江省信息基础设施的不断升级，信息经济核心产业成为全省经济快速发展的新引擎。省信息技术产业在进入新世纪以来，以年均 23% 左右的速度快速增长，初步形成通信、信息机电、应用电子等多个特色优势产业，在数字视频监控、IP 网络设备、集成电路设计等领域占据国内领先地位。

2014 年，浙江省信息经济核心产业增加值 2 854 亿元，比上年增长 14.4%，比全省 GDP 现价增幅高 8 个百分点，占全省 GDP 的比重为 7.1%。同时，信息经济核心产业劳动生产率为 25 万元人，是全社会劳动生产率的 2.3 倍，信息经济核心产业劳动生产率比上年增长占 16.8%；信息制造业新产品产值率达 46.1%，高出全省规模以上工业占 17.8 个百分点，信息制造业已成为我省工业新产品的高产区。

（3）跨境电商进出口额约占全国的 20%。

信息产业的良好发展势头也表现在全省个人信息消费活力不断增强，成为消费增长的重要引擎。2014 年，浙江年信息消费规模达到 2 905 亿元，比上年增长 21.1%，比全省 GDP 现价增幅高出 14.7 个百分点。

具体来说，人均通信支出 879 元，比上年增加 20 元。全年人均移动互联网接入流量 2.5G，比上年增加 1.0G。

此外，网络零售额相当于社会消费品零售总额的 31.6%，比上年提高 7.7 个百分点；跨境电商进出口额约占全国的 20%，仅次于广东，位居全国第二；农村电子商务领跑全国，据阿里研究院发布的数据显示，2014 年全国电子商务百强县中浙江占 49 席，全国 211 个淘宝村中浙江占 62 席，均位居全国第一。

（资料来源：2016 年浙江省信息经济发展综合评价报告）

【案例分析导引】

地区信息经济发展水平测度指标体系的共性、区域性和时代性。

参考文献

[1] 谢康，肖静华. 信息经济学［M］. 3 版. 北京：高等教育出版社，2013.

[2] 陈禹，王明明. 信息经济学教程［M］. 2 版. 北京：清华大学出版社，2011.

[3] 葛伟民. 信息经济学［M］. 上海：上海人民出版社，1991：301 - 304.

[4] 张守一. 信息经济学［M］. 沈阳：辽宁人民出版社，1991：50.

[5] 骆正山. 信息经济学［M］. 2 版. 北京：机械工业出版社，2013.

[6] 乌家培. 信息经济学［M］. 北京：高等教育出版社，2002.

[7] 王则柯. 图解信息经济学［M］. 北京：中国人民大学出版社，2008.

[8] 张维迎. 博弈论与信息经济学［M］. 上海：上海三联书店，上海人民出版社，1996.

[9] 陈瑞华. 信息经济学［M］. 天津：南开大学出版社，2003.

[10] 陈建斌，郭彦丽. 信息经济学［M］. 北京：清华大学出版社，2010.

[11] 马费成. 信息经济学［M］. 武汉：武汉大学出版社，2012.

[12] 陈禹. 信息经济学教程［M］. 北京：清华大学出版社，1998.

[13] 靖继鹏. 应用信息经济学［M］. 北京：科学出版社，2010.

[14] 马费成，王晓光. 信息经济学信息商品的定价策略及方法［J］. 情报理论与实践，2003（3）.

[15] 尚新丽. 信息市场简论［J］. 内蒙古科技与经济，2008（7）.

[16] 司辉许炜. 信息商品定价策略分析［J］. 国书情报知识，2006，111（5）：79 - 82.

[17] 陈景艳. 信息经济学［M］. 北京：中国铁道出版社，1995.

[18] 2015 中国信息经济研究报告［R］. 北京：中国信息通信研究院，2015.

[19] 邢志强. 河北省社会信息化指数的测算、比较与分析［J］. 情报理论与实践，1998（2）：95 - 98.

[20] 程岩. 信息经济的社会信息化水平的测定［J］. 情报资料工作，1993（5）.

[21] 梁海丽，于洪彬. 我国信息化指数测度研究［J］. 情报资料工作，1999（4）.

[22] 马忠庚. 我国社会信息化指数的测算与分析［J］. 情报理论与实践，1999（5）：340.

[23] 卢泰宏，吴伟萍. 信息宏观测度的研究［J］. 情报学报，1992（5）：326.

[24] 靖继鹏，王欣. 信息产业结构与测度方法比较研究［J］. 情报科学，1993（1）：14.

[25] 贾怀京，许飞月. 信息化指数模型及 1985—1994 年我国信息化水平的测定［J］. 情报学报，1997（6）：461 - 467.

[26] 贾怀京，谢奇志. 我国各地 1994 年信息化水平的测定与分析［J］. 情报理论与实践，1997（6）：358 - 361.

[27] 卢泰宏，王宵. 信息环境评估模型［J］. 信息系统建设，1992（2）：23 - 30.

[28] 谢圣明，秦宗熙，等. 人类社会研究法［M］. 武汉：武汉大学出版社，1988.

[29] 陈禹，谢康. 知识经济的测度理论与方法［M］. 北京：中国人民大学出版社，1998.

[30] 贺铿. 关于信息产业和信息产业投入 - 产出表的编制方法［J］. 数量经济技术经济研究，1982（2）.

[31] 小松崎清介，等. 信息化的由来及其经济含义［M］//李京文，等. 信息化与经济发展. 北京：社会科学文献出版社，1994.

[32] 竹内启. 信息化于今后的经济学［J］. 经济学译丛，1988（5）.

[33] 邢志强. 宋淑凤. 我国社会信息化指数测度研究述评［J］. 情报理论与实践，2000（4）.

[34] 郑建明，王育红. 信息测度方法模型分析［J］. 情报学报，2000（12）.

[35] 靖继鹏，马哲明. 信息经济测度方法分析与评价［J］. 情报科学，2003（8）.

[36] 梁春阳. 经济社会信息化测评理论与方法评析［J］. 图书与情报，2004（1）.

[37] 郑建明，王育红，张庆锋. 中国社会信息化进程测度报告［J］. 情报学报，2000（10）.

[38] 金玉国，牟芳华. 社会信息化水平统计测度方法评介 [J]. 统计与信息论坛，2000 (9).

[39] 宋玲. 信息化水平测度的理论与方法 [M]. 北京：经济科学出版社，2001.

[40] 梁海丽，于洪彬. 我国信息化水平指数测度研究 [J]. 情报资料工作，1999 (4).

[41] 靖继鹏. 吉林省信息产业测度分析 [J]. 情报学报，1993 (6).

[42] 荆林波. 信息服务与经营模式 [M]. 北京：经济科学出版社，2005.

[43] 王中华. 信息产业投入－产出表的编制及其模型应用 [J]. 中南财经大学学报，1989 (4).

[44] 马克卢普. 美国的知识生产与分配 [M]. 孙耀君，译. 北京：中国人民大学出版社，2007.

[45] Alistair Black. The scope of the syllabus of information society studies [J]. Education for Information, 2001 (19): 245－252.

[46] 吕斌，李国秋. 有关信息社会的五种观点 [J]. 图书情报工作，1997 (3): 62－63.

[47] 李国秋，吕斌. 美国信息社会概念及其文化假设 [J]. 图书与情报，1996 (3): 70－72.

[48] Duff S. On the present state of information society study [J]. Education for Information, 2001 (19): 231－244.

[49] 波拉特. 信息经济论 [M]. 李必祥，译. 长沙：湖南人民出版社，1987.

[50] UNCTAD. 2004 年 E-事务全球概览. UN, 2004 [EB/OL]. [2015－02－23]. http://measuring－ict.unctad.org.

[51] 吕斌，李国秋. 信息化测度的创新概念基础：基于 ICTS 的核心信息能力 [J]. 图书情报工作，2011 (8): 10－14, 83.

[52] 乔治阿克洛夫，等. 阿克洛夫、斯彭斯和斯蒂格利茨论文精选 [M]. 乌家培，等，译. 北京：商务印书馆，2010.

[53] 陆桔利，何玉长. 诚信的信息经济学分析 [J]. 学术月刊，2003 (12).

[54] 张维迎，柯荣住. 信任及其解释：来自中国的跨省调查分析 [J]. 经济研究. 2002 (10).

[55] 李玉梅. 企业德风险特征分析 [J]. 管理工程师. 2009.

[56] 罗肇鸿. 高科技与产业结构升级 [M]. 上海：上海远东出版社，1998: 143－145.

[57] 马克卢普. 美国的知识生产与分配 [M]. 孙耀君，译. 北京：中国人民大学出版社，2007.

[58] Alistair Black. The scope of the syllabus of information society studies [J]. Education for Information, 2001(19): 245－252.

[59] Duff S. On the present state of information society study [J]. Education for Information, 2001(19): 231－244.

[60] 波拉特. 信息经济论 [M]. 李必祥，译. 长沙：湖南人民出版社，1987.

[61] 李国秋. 基于 ICTS 核心信息能力的信息化测度研究 [M]. 上海：华东师范大学出版社，2011.

[62] 吕斌，李国秋. GPT 视角下的新一代信息化测度 [J]. 图书馆杂志，2016 (1): 84－94.

[63] 吕斌. 信息化测度的三个发展阶段：兼论新一代信息化测度 [J]. 图书馆杂志，2016(1).